中文社会科学引文索引（CSSCI）来源集刊

产业经济评论
REVIEW OF INDUSTRIAL ECONOMICS

第18卷 第4辑 （总第60辑）

主编 臧旭恒

中国财经出版传媒集团
经济科学出版社
Economic Science Press

图书在版编目（CIP）数据

产业经济评论. 第18卷. 第4辑/臧旭恒主编.
—北京：经济科学出版社，2019.12
ISBN 978-7-5218-1131-5

Ⅰ.①产… Ⅱ.①臧… Ⅲ.①产业经济学-文集
Ⅳ.①F260-53

中国版本图书馆 CIP 数据核字（2019）第287395号

责任编辑：宋　涛
责任校对：郑淑艳
责任印制：李　鹏

产业经济评论

第18卷　第4辑　（总第60辑）
主编　臧旭恒
经济科学出版社出版、发行　新华书店经销
社址：北京市海淀区阜成路甲28号　邮编：100142
总编部电话：010-88191217　发行部电话：010-88191522
网址：www.esp.com.cn
电子邮件：esp@esp.com.cn
天猫网店：经济科学出版社旗舰店
网址：http://jjkxcbs.tmall.com
北京季蜂印刷有限公司印装
787×1092　16开　11印张　210000字
2019年12月第1版　2019年12月第1次印刷
ISBN 978-7-5218-1131-5　定价：37.00元
（图书出现印装问题，本社负责调换。电话：010-88191510）
（版权所有　侵权必究　打击盗版　举报热线：010-88191661
QQ：2242791300　营销中心电话：010-88191537
电子邮箱：dbts@esp.com.cn）

目　录

"计划报废"策略与消费者效用
　　　　　　　　　　　　　　　　　　　　　　　刘鸿燕　陈　林　1

环境规制引致减排中的资源重置效应
　　——潜在意义、研究进展与展望
　　　　　　　　　　　　　　　　　　　　　　　韩　超　王　震　22

钢铁行业产能过剩测度及影响因素分析
　　——基于中国 30 个省份的经验验证
　　　　　　　　　　　　　　　　　　董长瑞　朱艳云　刘建旭　42

城市规模、发展模式与企业加成率
　　　　　　　　　　　　　　　　　　　郭　进　徐盈之　白俊红　65

互联网技术进步与中国产业结构优化升级：理论与实证
　　　　　　　　　　　　　　　　　　　　　　　徐伟呈　周　田　96

担保物权法改革、人力资本投入与民营企业生产率
　　——一项以制度环境为视角的企业行为研究
　　　　　　　　　　　　　　　　　　　　　　　　　　何毛毛　124

外商直接投资对京津冀城市职能专业化的影响
　　——基于价值链分工的视角
　　　　　　　　　　　　　　　　　　　　　　　张晓涛　易云锋　145

CONTENTS

Planned Obsolescence Strategy and Consumer Utility
Hongyan Liu   Lin Chen   1

Resource Reallocation Effect in Emission Reduction Induced by
　Environmental Regulation
　—Potential Significance, Research Progress and Prospects
Chao Han   Zhen Wang   22

Analysis of Over – Capacity Measurements and Influencing Factors
　in Steel Industry
　—Based on the Experimental Validation of 30 Provinces in China
Changrui Dong   Yanyun Zhu   Jianxu Liu   42

City Size, Development Modes and Enterprises' Markups
Jin Guo   Yingzhi Xu   Junhong Bai   65

Progress of Internet Technology and Optimization and Upgrading of
　China's Industrial Structure: Theory and Evidence
Weicheng Xu   Tian Zhou   96

Reform on Security Interests System, Input in Manpower and Private
　Enterprise Productivity
　—A Corporate Behavior Study from the Perspective of Institutional
　　Environment
Maomao He   124

Influence of Foreign Direct Investment on the Functional Specialization of
　Beijing – Tianjin – Hebei Urban Agglomeration
　—From the Perspective of Value Chain Division
Xiaotao Zhang   Yunfeng Yi   145

"计划报废"策略与消费者效用

刘鸿燕　陈　林[**]

摘　要：产品创新作为企业争夺消费市场的"利器"，即使多为"轻创新"，仍被广泛应用于市场竞争中，企业乐此不疲地缩短时间间隔、快速推出新一代产品。计划报废是一种企业策略性行为，它使知名品牌手机不能更换电池，使同一品牌单反相机的电池型号"日新月异"，进而使耐用消费品的更替更频繁。这种近乎"霸王条款"的计划报废策略性行为导致的产品生命周期缩短对消费者和社会有利也有弊。为此，本文通过构建理论模型，探讨了不同市场结构下企业的计划报废策略及其消费者效用。结果显示：当消费者对耐用消费品价格变动较敏感时，企业通过计划报废策略使得消费者购买新产品，放弃使用老产品，缩短了老产品的生命周期，但是在不同敏感水平和不同市场结构下，企业采用的计划报废策略工具不一致。对于消费者来说，老产品生命周期等于技术发展到新产品足以替代老产品的时间间隔时，消费者获得老产品最高效用，新产品的推出有利于提升消费者总效用。据此，政府为保护消费者利益，需要关注新产品推出速度、反映产品质量的属性设计，鼓励企业寻求更有利于提升消费者效用、社会福利的策略，例如以旧换新、再造耐用品等，既可以拓展消费者对耐用品的新需求，又可以减缓越来越严重的电子产品垃圾问题。

关键词：计划报废　策略性行为　耐用消费品　产品生命周期

一、引　言

在当前产品创新日趋频繁化的背景下，企业将产品创新作为其争夺消费市场的"利器"，即使多为"轻创新"，仍乐此不疲地缩短时间间隔、快速推出新一代产品。为何一些知名品牌的手机无法更换电池或者更换成本较高，为何同一品牌的专业相机电池型号不断更新换代，为何一些新功能软件

---

[*] 本文受2017年度国家自然科学基金面上项目"竞争政策与准入规制的协调机制研究"（71773039）、广东省高等学校珠江学者岗位计划资助项目（2019）资助。
感谢匿名审稿人的修改意见。
[**] 刘鸿燕，暨南大学经济学院；地址：广州市天河区黄埔大道西601号，邮编：510632；E-mail：lhy_zuoye@163.com。
陈林，暨南大学产业经济研究院；地址：广州市天河区黄埔大道西601号，邮编：510632；E-mail：1013357515@qq.com。

并不是在所有系统环境中都能使用？现有研究主要从生产商市场竞争的角度对这些问题进行探讨，并且多关注产品创新带来的正面效应，对过度创新及"轻创新"带来的负面效应分析较少。对于消费者而言，产品虽然升级换代，但新产品设计简直就是"霸王条款"。手机电池的寿命往往短于其他零部件，以至于消费者常常不得不因为电池功效退化，而弃置其保养良好的手机，并购买新一代手机。专业单反相机常常用于条件恶劣的户外摄影，电池质量对于拍摄的可持续性至关重要，可单反相机的电池型号不断更新，以至于新款电池不适用于旧款相机。软件的兼容性问题影响则更广，甚至可以说，几乎每个现代社会的参与人都曾或多或少面临过软件不兼容的困境。手机上一个简单的可拆卸设计，相机电池的塑料模具不变，软件的版本更新或补丁，都可以让消费者顺利解决这些产品使用方面的不便。然而，纵然技术上可行，企业却没有这么做。这是因为，上述影响消费者效用的行为，正是现代产业组织理论中的一种企业策略性行为——计划报废（planned obsolescence）。

"计划报废"是现代工业革命的产物。随着现代工业新产品推出速度加快，产品及其某代技术标准的生命周期越来越短，新老产品的生命周期逐渐重叠，两代相近产品的竞争加剧，使得老产品生命周期短于自然周期。分析企业推出新产品的行为，发现其不是简单地叠加产品属性，而是对产品的旧有属性有所放弃。企业利用消费者的"羊群效应"，不断推出新产品以促使消费者更新换代。从本质上看，企业的目标不是生产经久耐用的产品或者任由产品自动进入生命周期各个阶段，而是采取多个维度的策略性行为"旁敲侧击"，提高消费者对耐用消费品的需求增量，达到利润最大化的根本目标。简而言之，广义上的计划报废即生产者通过设计产品零部件缺陷、产品耐用度以及其他属性，策划新产品推出速度，选择新老产品或主辅产品的兼容性等途径，解决来自老产品及旧产品竞争的策略性行为，狭义上的计划报废主要是指产品的耐用度设计，例如企业使用某一材料进行生产，产品使用寿命可以达到更长，但企业出于提高消费者对下一代产品需求量考虑，采用另一替代性材料进行生产，使产品耐用度降低。

这种看似增加企业利润、损害消费效用的"计划报废"策略性行为，是否是所有企业都会采用的策略性行为？是否必然会减小消费者剩余？何种条件下不会对消费者剩余造成负面影响？在现阶段知识更新速度加快、耐用消费品产品生命周期缩短的趋势下，本文借鉴国外学者的模型处理技巧，研究同一技术水平下不同市场结构中的企业计划报废策略，在企业计划报废策略动态模型的基础上，构建消费者效用函数，分析不同的计划报废选择因素对消费者效用变化的影响，力求从产业组织理论角度拓宽企业计划报废策略的研究。可能的创新点在于：（1）研究切入角度方面，以往研究多关注企业具体的产品差异化策略，对不同市场环境下的企业进入决策、竞争与合作博弈、社会效率、网络外部性等进行分析。本文从计划报废策略带来的消费需求增加角度解释企业的"轻创新"行为,分析为何产品主功能创新不足之时,企业仍通过辅助功能的设计和创新,按照一定频率推出新产品,缩短老产品的自然生命周期。(2)本文根据耐用品消费特点,概括总结了企业采取产品属性设计、新产品推出时期选择等行为背后的共同点——解决耐用品消费时间间隔过长问题,开发消费者的需求。(3)从企业和消费者两个角度分别进行分析,企业层面,分析不同市场结构下,企业如何采取计划报废策略;消费者层面,分析企业计划报废策略达到何种程度,对消费者效用的影响会发生正负效用转变。后续内容结构安排为:第二部分对已有相关研究进行概括总结,梳理计划报废研究的发展脉络;第三部分运用动态模型分析不同市场结构下的企业计划报废策略行为;第四部分求解企业计划报废策略行为下消费者剩余最大化的条件;第五部分为本文的主要结论与政策含义。

二、理论分析

生产商为获取最大利润而采取各种策略,产业组织理论中研究了企业众多策略性行为,例如限制性定价、掠夺性定价等价格行为以及广告、空间先占、预告产品信息、提高转换成本、捆绑销售等非价格策略行为,这些策略性行为一方面提升生产商的竞争力,影响市场份额的分配;另一方面影响消费者的购买决策。现实证明,计划报废策略多被生产商应用于耐用消费品领域。由于耐用消费品具有跨期重复使用、周期内需求固定等特性,生产者的决策不能局限于产量和价格,需要同时考虑到耐用度、老产品与新产品的竞争、耐用品二手市场对新产品市场的影响、新产品的推出速度等因素。当然,这一类行为同样也会出现在耐用生产品和非耐用品中,最早关于该行为的研究就是与生产性机械设备相关(Knut,1934)。生产者在非耐用品中采用这一策略性行为往往难以为消费者所知觉,因为非耐用品多为快速消费品,消费者已经对重复购买产生惯性,重复购买时又可根据产品差异性进行选择,而对于产品少用一天或多用一天、产品早退出市场或晚退出市场不敏感。"计划报废"这一名词,国内研究甚少,相关研究主要集中于耐用品更新、兼容性等角度。而国外对于计划报废的研究则主要是运用理论模型分析最优耐用度选择、最优研发行为、产品更新等。

(一)计划报废策略范围界定研究

早期研究中,并没有给出计划报废策略的具体范围。Gregory(1947)将计划报废称为"purposeful obsolescence",即目的性淘汰,主要有两种存在情况:一是生产商生产物理寿命低于同等技术和成本条件下该行业生产能力的产品;二是生产商或者销售商引导公众更换仍可以使用的产品。在第一种情况下,生产商直接生产劣质或者低耐用性的产品,降低物理效用从而使得消费者更换原有产品。在第二种情况，生产商降低消费者手中已有产品的心理效用，心理效用的降低使得其在产品物理效用终止前更换产品。Bulow（1986）认为计划报废是指生产者生产经济性短期使用寿命的产品从而使得消费者重复购买。对计划报废的定义，国外学者逐渐扩展到新产品推出、产品兼容性等方面。Waldman（1993）从企业积极推出新产品使得旧产品退出市场的视角研究计划报废，认为生产者在决定是否引进新产品和增加新产品属性时，没有认识到现在的行为对过去产品的影响。Choi（1994）认为基于网络外部性，生产者可以生产与旧产品不兼容的产品来使得旧产品淘汰。Lee and Lee（1998）将由于技术进步、技术创新带来的新一代产品淘汰旧一代产品，不是旧产品物理上被淘汰，称为经济淘汰或经济报废（economic obsolescence），定义上与计划报废相类似。本文将计划报废理解为计划性淘汰，企业通过产品各类属性的设计来控制新老产品更新速度，从而达到干预消费者购买决策的目标。

（二）计划报废策略的具体工具

1. 耐用度选择

计划报废策略行为研究的起源点及前期研究重点是耐用品耐用度问题，并结合企业的耐用度选择讨论公共政策制定。20世纪60~70年代，学者对耐用度的研究焦点是垄断制造商对耐用品耐用度的选择及其效率分析，观点分为两种：一是耐用品行业垄断企业生产耐用品耐用度低于完全竞争条件下的耐用度；二是耐用度选择与市场结构无关。Martin（1962）研究垄断势力对均衡情况下耐用品寿命的影响，由于消费者需求对耐用性降低的敏感度低于对价格上涨的敏感度，完全竞争市场中的垄断合谋组织具有运用其垄断势力降低耐用性的动机。Bulow（1986）研究认为，从竞争市场结构到垄断竞争市场结构，最佳耐用度大小依次为：竞争市场 > 垄断竞争市场 > 垄断市场。Colangelo（1999）从消费者角度出发，证明了即使企业的市场势力很大，计划报废现象也不一定会发生，买者数量是需求的重要特征，对解释为何计划报废产生于垄断市场具有重要作用，在垄断企业议价能力不随消费者数量而改变、耐用性不影响产品生产成本的假设前提下，其得出结论：垄断企业对大型购买者提供的产品耐用性高于小买方，并认为Bulow（1986）的结论在面对大型购买者时不成立。这与现实情况吻合，大型机器设备企业具有较大的市场势力，但对于大型购买者生产企业难以最低化耐用性，由于买方具有买方势力，生产企业反而会通过提供长期维修服务等承诺产品的耐用性。

Goering（1993，1997，2007）在耐用度选择理论中，分别加入不确定因素、道德因素、相关非耐用品市场对耐用度选择影响进行讨论。Goering（1993）认为耐用性模型缺乏现实意义的原因在于经济决策中不确定因素比较难以模拟，其讨论需求不确定性对垄断企业产品耐用度决策的影响，当需求不确定性很小并且产品出租情况下，垄断企业产品耐用度与竞争企业一致。但是在产品销售的情况下，企业会生产低寿命产品，未来需求不确定性的减少会降低计划报废的程度。进一步地，Goering（1997）在生产者耐用度选择模型中加入道德因素，传统观点中生产者采用出租产品获取利润时，生产产品的耐用度高于销售方式下的耐用度。考虑出租企业面临的道德因素（租赁方对出租产品的破坏），则结论可能反过来，出租方式下的耐用度会低于销售方式下的耐用度。Goering（2007）假设耐用品垄断企业在耐用品和相关非耐用品市场都具有一定的垄断势力，同时生产耐用品与相关非耐用品，考虑替代性和互补性相关非耐用品，结论认为在出租市场上垄断企业的耐用度选择与相关非耐用品无关，出租市场上垄断企业会选择成本最小化的耐用度，例如施乐早期的复印机出租策略。在销售市场上，垄断企业会采用计划报废策略，当相关非耐用品对耐用品充分互补时，计划报废程度最大，因为企业期望从互补的相关非耐用品中获得最大收益，同时也解决了耐用品的动态承诺问题。如果相关非耐用品与耐用品是互为替代关系，当相关非耐用品与耐用品低替代性时，耐用品耐用度较高，高替代性时，耐用品耐用度低。

2. 新产品推出

新产品推出研究最开始关注的是更新换代频繁、生命周期不断缩短、产品价值在一定时期后容易衰减的高科技产品。Fishman and Rob（2000）假设技术上的淘汰快于产品物理性质上的淘汰，如果生产者不能缩短产品使用寿命（计划报废）或者给予重复购买者折扣，新产品的引入速度会低于最优水平，但是如果生产者能够缩短产品使用寿命或者给予重复购买者折扣，则能在一定程度上提高生产者利润，并且加快新产品引入速度。田雪飞等（2007）构建两个企业竞争时的收益函数，讨论得出结论正是两个企业的追逐竞争行为促进产品由导入期成长期迅速过渡到成熟期，每个企业都会快速推出新产品，进入下一轮的竞争，解释了易逝性高科技产品更新换代加速的原因。这一研究间接说明易逝性高科技产品竞争企业可能缩短老产品生命周期，使得老产品计划报废。已有研究虽然都提到新产品更新换代时期，但是对于新产品推出时期选择以及对企业利润函数的影响缺少深入探讨。新产品推出速度的另外一个反映角度是产品品质升级的速度。品质升级速度的最早衡量方式是价格变动幅度，但这一衡量方式存在偏差，只能反映品质升级的一部分，黄宇（2008）借鉴国外学者做法以品质恩格尔曲率作为耐用品价格的替代变量，得出结论：各类耐用品的品质升级速度不同，1998~2006年品质升级最快的是通信工具。

3. 兼容性选择

计划报废策略中兼容性选择行为利用的是原有产品的声誉、市场优势，通过制造新老产品的不兼容性来锁定消费者的更新需求。李贝贝、黄锋

(2003)认为顾客安装基础、品牌声誉以及技术创新能力是影响企业兼容性选择的主要因素。其在兼容性效应分析时提出一点：新老产品兼容降低了消费者的顾虑，消费者有继续与老产品消费者信息交流的机会，新老产品市场竞争加剧。由此可见，新老产品兼容可能使得新产品面临来自老产品需求的打击。Lee（2006）讨论兼容性选择这一计划报废行为，解释为何企业选择后向兼容而不是前向兼容，除了技术层面的原因之外，使旧产品计划报废也是原因之一。当企业为了引导消费者购买新附加产品和重复购买同等效用产品时，会设计新产品与旧产品不兼容，当企业仅为了引导消费者购买新附加产品时，会设计新产品与旧产品后向兼容。Miao（2010）构建两阶段模型，解释为何企业会选择捆绑推出新应用而不是单独推出新应用，即使单独推出新特性产品能够使得社会福利最优，但是将新特性与新系统绑定推出，能够使企业获得更高的收益。将新特性与新系统绑定推出能够利用与拓展产品的网络外部性，并且使得消费者放弃仍可提供服务的旧系统，重新购买新系统。

（三）计划报废策略的影响

1. 技术创新

计划报废策略与企业技术创新行为及投入息息相关。Fishman et al.（1993）认为在竞争性市场均衡中耐用度过高，潜在的创新者就会因缺乏创新激励而疲于投资新技术，过高的耐用度将锁定技术进步，提出计划报废（计划淘汰）可能是技术进步的必要条件。Waldman（1996）研究了生产者能够确认研发未来价值和不能够确认未来价值两种情况下的计划报废与研发决策，生产者在决定 R&D 投资额时面临现有产品和过去产品的报废影响，研究的焦点在于垄断者通过投资于研发继而引进高质量产品来报废旧产品。

Grout and Park（2005）创新性地将计划报废与二手市场"柠檬问题"联系在一起，对不同技术进步情况下计划报废是否产生进行讨论。其研究结论是，在快速技术进步情况下，不会产生计划报废现象，因为技术进步所带来的效用增加足以补偿消费者在二手市场上的效用损失，在这一情况下不需要计划报废来解决二手市场"柠檬问题"；而在技术进步慢的时候，对于消费者来说替换旧产品不能获得高效率，所以消费者会在一开始购买高质量的产品，企业需要生产质量足够高的产品；在中等速度的技术进步，则会出现计划报废，消费者认为技术进步所带来的效用增加不足以弥补二手市场上低价格所带来的效用损失，通过计划报废策略可以使消费者无论老产品的质量如何都更换产品。换而言之，在技术进步快和技术进步慢两种情况下，新产品市场和老产品市场不会相互侵蚀，生产者能够通过价格歧视来实现利润最大化，而在中等技术进步速度时，新产品将面临来自二手市场和老产品市场的竞争。

2. 福利分析

计划报废行为对企业效用、社会福利、消费者效用均会产生影响。在企业效用层面，Utaka（2006）对新产品推出使得旧产品淘汰这一计划报废行为进行企业销售福利分析，在新产品推出会降低旧产品使用者效用的情况下，企业的销售支出高于社会最优水平。Strausz（2009）认为企业为使得消费者重复购买，降低产品耐用度，出于重复购买的激励，企业需要提高其他方面的质量，企业在耐用度选择和其他质量方面存在隐性的交换。张翔等（2010）基于消费者的消费意愿及产品异质的前提条件，建立两阶段消费者效用模型，得出结论：耐用品销售时，耐用度的降低可以增加垄断企业的利润。在社会福利层面，一部分学者认为采用计划报废策略的企业是浪费制造者，Guiltinan（2009）阐述由于企业的计划报废行为，产生越来越多"废弃"耐用品，导致环境破坏和污染。从社会政策、企业责任感等方面探讨如何解决过度创新、计划报废所带来的环境问题。

国内外对计划报废策略的研究重点不同，国内研究主要集中于产品更新、消费者行为等营销学方面的研究，国外计划报废研究重点在于计划报废是解决时间不一致问题的策略还是其结果、垄断市场结构条件下耐用度选择、计划报废策略与研发决策问题、计划报废策略福利分析、产品兼容性等问题。由于微观数据获取以及模型中相关变量寻求代理数据难度较高，国内外都缺乏实证分析。随着研究的发展，耐用消费品由于其特殊性质以及消费特性（部分特殊耐用消费品由于兼具投资属性而除外，例如住宅，购房者对住宅的购买基本上属于一次性购买、长期消费），成为企业计划报废策略中重要的研究对象。

三、模 型 构 建

根据已有研究对计划报废行为的探讨，本文主要分析耐用品市场中的计划报废行为，包括有形的耐用品（电子产品、汽车等）和无形耐用品（软件等），认为计划报废是耐用品企业综合运用产品物理属性设计等各类工具，缩短老产品生命周期，减弱新产品市场竞争的行为，分析的基本立足点是计划报废策略会在一定程度上刺激消费者扩大对同一类耐用消费品的需求。本部分主要构建模型分析企业计划报废策略的影响因素。

（一）模型变量说明

根据耐用品消费市场特征，参考已有研究（Bulow，1986；Waldman，1993）的理论分析，本部分模型变量说明如下：

（1）新产品推出、兼容性选择等企业后期策略性行为会对现有产品或者老产品的预期生命周期产生影响,用 T 表示某一耐用消费品的预期产品生命周期。

(2) 现实当中,存在生产企业不是确定生命周期内产品总产量而是确定每一时点产量的情况。例如产品分批次生产,第一批产品是对产品市场进行检验,耐用消费品企业根据市场反映生产后续批次产品。假设 q 为时点产量,企业依据消费者耐用品需求决定其生命周期内每一时点上的产量,假设每一时点上消费者的服务需求量相等,则耐用品产品生命周期内为消费者提供的产品总量即服务效用总量为 Q = Tq,企业为实现每一时点利润最大化目标,对 T 和 q 作出决策。

(3) 提前推出新产品导致老产品使用周期缩短,假设 δ 为技术水平决定的外生变量,技术水平越高,新产品与老产品的差异化程度越高,提前推出新产品导致老产品使用周期缩短得越多。

(4) 消费者购买耐用品后,会根据消费体验,对耐用品服务作出价值评价,用 P_s 表示产品所具有的服务价值,$p_s = k(Tq)$。

(5) 由于耐用消费品多数为跨期使用,使用时间在 1 年以上,分析时基于利率将未来的价格和价值等贴现,用 r 表示利率。

(6) 假设耐用品价格 P 以价值评价为基础,在产品生命周期内按照利率 r 进行指数贴现,$P = \int_0^T (p_s e^{-(1-\delta)t}) e^{-rt} dt = \frac{p_s}{1-\delta+r}(1 - e^{-(1-\delta+r)T})$。

(7) 分析企业计划报废行为离不开讨论企业的生产技术水平。用 β 表示企业的生产技术水平。为简化后面的分析,保证 β 为正值,当 $C'(T) < 0$ 时,$\beta = -\frac{C'(T)}{C(T)}$;当 $C'(T) > 0$ 时,$\beta = \frac{C'(T)}{C(T)}$。

(二)前提假设

为更好地说明企业计划报废策略性行为的现实意义,本部分理论分析基于以下七个前提假设:

假设 1:耐用消费品的价值来源于其所提供的服务,消费者购买耐用消费品是为了获取其中包含的服务。耐用品服务消失代表耐用品报废,一单位产品带来的服务量同样为一单位,即耐用品服务与耐用品本身共存,消费者需要服务的量即为产品的需求量。

假设 2:耐用消费品产品生命周期至少在一年以上,企业在老产品生命周期内有足够的时间开发新产品、设计新产品的兼容性。这一模型假设的含义为:老产品生命周期终结时,耐用消费品企业都能够推出新产品。

假设 3:生命周期成本在概念上包含了产品所有有关的成本,从产品设计到产品最终退出市场,涉及设计、生产、推广、维护等成本。不同的耐用品产品生命周期成本变化具有不同特征。总的来说,企业生产耐用消费品的单位成本与产品生命周期长度相关，$C'(T)$ 存在两种情况。在该产品的需求价格弹性较小时，说明消费者对产品的需求较为旺盛，耐用消费品企业在前期投入设计成本之后，后期销售、维护成本较小，需要支付的可变成本里面多为生产成本，企业延长产品的生命周期有利可得，边际成本不断减少，此时 $C'(T) < 0$。当耐用品的需求价格弹性较大时，耐用消费品企业除了前期固定成本投入，后期销售、维护、工艺改进等成本投入较大，需要通过各种途径来吸引消费者的需求，并且与市场上的其他产品竞争，边际成本不断增加，即 $C'(T) > 0$，随着成本优势的下降，耐用消费品企业有动机推出新产品，来获得新一轮竞争的优势地位。$C''(T) > 0$，即假设单位产品成本函数二阶导大于0，说明产品生命周期延长带来的成本优势越来越小。

假设4：在同一时期技术水平下，假设同一个产品市场中耐用消费品生产企业的资源利用效率相同，不论是竞争性企业还是垄断性企业，产品单位耐用度或单位产品生命周期增加所需的成本增加率或减少率相同，即 $\dfrac{\frac{\Delta C}{C}}{\Delta \delta} = \dfrac{C'(\delta)}{C(\delta)}$ 或 $\dfrac{\frac{\Delta C}{C}}{\Delta T} = \dfrac{C'(T)}{C(T)}$ 相同。

假设5：耐用消费品企业销售产品获得的收益为 $R = PQ$，总成本为 $C_{total} = CQ$，则边际收益 $MR = \dfrac{\partial R}{\partial Q} = P$，边际成本 $MC = \dfrac{\partial C_{total}}{\partial Q} = C$，竞争市场中生产者均衡的条件是边际成本等于边际收益，本文将竞争市场简化为完全竞争的情况，即有利润最大化条件 $P = C$。

假设6：θ 为消费者需求价格弹性，$\theta = -\lim\limits_{\Delta p \to 0} \dfrac{\Delta Q}{\Delta P} \cdot \dfrac{P}{Q} = -\dfrac{k(Tq)}{Tqk'(Tq)}$，假定消费者为固定需求价格弹性。耐用消费品市场中，假设需求价格弹性 θ（或 η）>1 时，企业采用价格策略性行为会减少其销售收入，因此，其倾向于采用非价格策略性行为，耐用品价格保持不变，计划报废行为在这一情况中出现。当 $0 < \theta$（或 η）< 1，消费者需求价格弹性较小，企业可以轻易实施价格歧视，相比之下，非价格策略性行为不如价格策略性行为的影响直接，企业选择采取价格策略性行为来获取最大利润。

假设7：计划报废行为的本质是企业通过加快新产品推出速度，而没有让老产品在市场上自然退出，由于产品最长生命周期难以测度，本文判断企业是否采用计划报废行为的依据是：以垄断市场和竞争市场中较高的产品生命周期为标准，低于长的产品生命周期时，则认为那一市场结构中的企业采用了计划报废策略。

（三）模型构建

供需关系、技术水平、信息、经营环境的快速变化令企业更加注重新产品与老产品之间的更新换代问题，本文研究的新产品推出时期选择会对产品生命周期产生影响，产品推出加速将会缩短老产品生命周期，使得产品真实生命周期短于自然生命周期。在本节模型中，通过讨论不同市场结构下产品生命周期的长短，间接论证何种市场结构下，耐用消费品生产企业会采取计划报废策略。

1. 垄断市场结构

根据前提假设，企业的利润函数为：

$$\prod = [P - C(T)]q = \left[\frac{k(Tq)}{1-\delta+r}(1 - e^{-(1-\delta+r)T}) - C(T)\right]q \quad (1)$$

$$\frac{\partial \prod}{\partial q} = q\left[\frac{Tk'(Tq)}{1-\delta+r}(1 - e^{-(1-\delta+r)T})\right] + P - C(T) = 0$$

得到：
$$C(T) = P\left(1 - \frac{1}{\theta}\right)$$

$$\frac{\partial \prod}{\partial T} = q\left[\frac{qk'(Tq)}{1-\delta+r}(1 - e^{-(1-\delta+r)T})\right.$$

$$\left. + \frac{k(Tq)}{1-\delta+r}(1-\delta+r)e^{-(1-\delta+r)T} - C'(T)\right]$$

$$= 0$$

得到：
$$C'(T) = P\left[\frac{1-\delta+r}{e^{(1-\delta+r)T} - 1} - \frac{1}{\theta T}\right]$$

因为
$$\frac{\partial^2 \prod}{\partial^2 q} = \left(1 - \frac{1}{\theta}\right)\frac{Tk'(Tq)}{1-\delta+r}(1 - e^{-(1-\delta+r)T}) < 0$$

$$\frac{\partial^2 \prod}{\partial^2 T} = k(Tq)e^{-(1-\delta+r)T}\left[-\frac{1}{\theta T} - (1-\delta+r)\right] + \frac{1}{\theta T^2} - C''(T) < 0$$

所以存在利润最大化解。

当 $1 < \theta < \frac{e^{(1-\delta+r)T} - 1}{T(1-\delta+r)}$，$C'(T) < 0$ 时：

$$\beta = -\frac{C'(T)}{C(T)} = \frac{\frac{1}{\theta T} - \frac{1-\delta+r}{e^{(1-\delta+r)T} - 1}}{1 - \frac{1}{\theta}} \quad (2)$$

用 Maple7.0 模拟 $\theta = 2$，$\delta = 0.1$，$r = 0.03$ 时，β 与产品生命周期的关系。

$C'(T) < 0$ 时，β 越大，表示单位产品生命周期增加带来的成本下降幅度大，即企业的技术水平进步越大。从图1中可以看出，产品生命周期与企业技术水平呈现倒 U 型关系。$T < T_0$ 时，产品生命周期的延长会提高企业的技术水平；$T > T_0$ 时，产品生命周期的延长则会降低企业的技术水平。可见，过长的产品生命周期对耐用消费品企业的技术不具有促进作用。

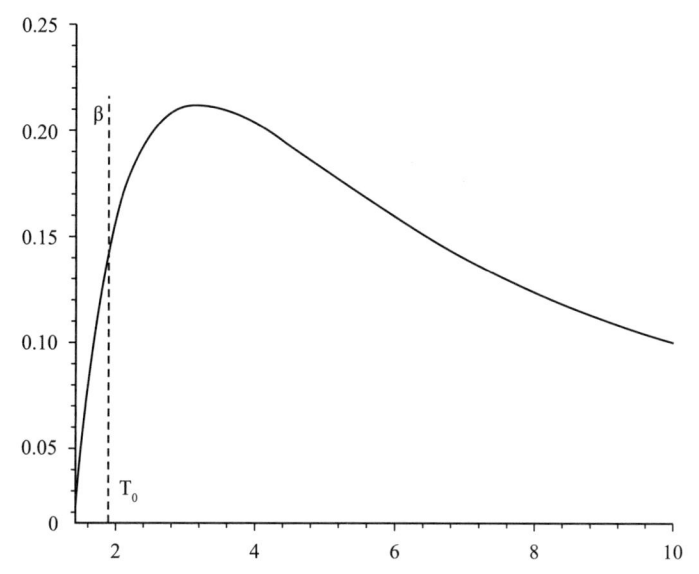

图1 需求价格弹性较小时,垄断市场中企业技术水平与产品生命周期关系图

当 $\theta > \dfrac{e^{(1-\delta+r)T}-1}{T(1-\delta+r)}$,$C'(T) > 0$ 时:

$$\frac{C'(T)}{C(T)} = \frac{\dfrac{1-\delta+r}{e^{(1-\delta+r)T}-1} - \dfrac{1}{\theta T}}{1-\dfrac{1}{\theta}} \tag{3}$$

用 Maple7.0 模拟 $\theta = 8$,$\delta = 0.1$,$r = 0.03$ 时,β 与产品生命周期的关系。

$C'(T) > 0$ 时,从图2中可以看出,β 越大,表示单位产品生命周期增加带来的成本上升越大,企业需要大量的成本投入维持老产品在市场上的销售,此时,企业会选择较短的产品生命周期。反观之,β 越小,表示单位产品生命周期增加带来的成本上升越小,说明企业仅需少量的成本投入维持老产品在市场上的销售,企业会选择较长的产品生命周期。

2. 竞争市场结构

竞争情况下,竞争企业利润最大化条件是边际成本等于边际收益,即 $C(T) = P = \dfrac{k(Tq)}{1-\delta+r}(1-e^{-(1-\delta+r)T})$。

$$\begin{aligned} C'(T) &= \frac{Tqk'(Tq)}{Tk(Tq)} \frac{k(Tq)}{1-\delta+r}(1-e^{-(1-\delta+r)T}) + k(Tq)e^{-(1-\delta+r)T} \\ &= -\frac{P}{\theta T} + P\frac{(1-\delta+r)e^{-(1-\delta+r)T}}{1-e^{-(1-\delta+r)T}} \end{aligned}$$

当 $1 < \theta < \dfrac{e^{(1-\delta+r)T}-1}{T(1-\delta+r)}$,$C'(T) < 0$ 时:

$$\beta = -\frac{C'(T)}{C(T)} = \frac{1}{\theta T} - \frac{(1-\delta+r)e^{-(1-\delta+r)T}}{1-e^{-(1-\delta+r)T}} \tag{4}$$

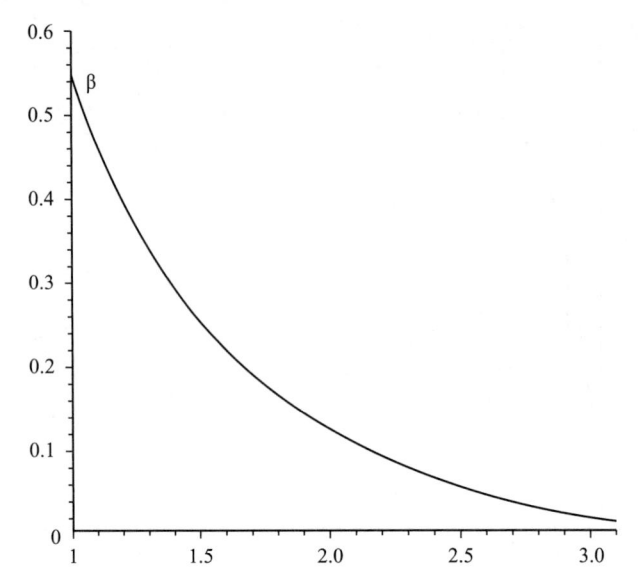

图 2　需求价格弹性较大时，垄断市场中企业技术水平与产品生命周期关系图

当 $\theta > \dfrac{e^{(1-\delta+r)T}-1}{T(1-\delta+r)}$，$C'(T) > 0$ 时：

$$\beta = \frac{C'(T)}{C(T)} = -\frac{1}{\theta T} + \frac{1-\delta+r}{e^{(1-\delta+r)T}-1} \tag{5}$$

（四）模型结果分析

根据耐用消费品市场现实情况，在符合理论分析假设前提下，以 $\theta=2$，$\delta=0.1$，$r=0.03$ 为例，用 Maple7.0 软件模拟需求价格弹性相对较小时（如电脑操作系统、Office 软件等），垄断市场和竞争市场下的企业产品生命周期选择行为，即作出式（2）和式（4）的比较图。

由图 3 可以看出，$C'(T) < 0$ 时，同一产品生命周期对应的企业技术水平，竞争市场企业高于垄断市场企业。在 $T > T_0$ 时，同一技术水平下，垄断企业选择的产品生命周期短于竞争企业。经济发展过程中，竞争企业技术水平较高，技术水平的提高，能够延长其产品在市场上的获利周期，从而其生命周期长于垄断企业。而垄断企业，由于技术水平的限制，产品生命周期延长带来的成本降低幅度越来越小，到最后产品生命周期延长不能使得成本下降，反而上升。

以 $\theta=8$，$\delta=0.9$，$r=0.03$ 为例，用 Maple7.0 软件模拟需求价格弹性相对较大时（手机、电脑等电子产品），垄断市场和竞争市场下的企业产品生命周期选择行为，即作出式（3）和式（5）的比较图。

从图 4 中可以看到，垄断市场耐用消费品企业选择的产品生命周期长于竞争市场下。纵观电脑、汽车、手机等耐用消费品近 30 年来的更新速度，初期国内电脑、汽车、手机等生产受外国企业技术垄断，同一产品在市场上存在的周期较长。随着市场上企业数量以及技术创新投入的增加，中国本土自主品牌逐渐兴起，与外国企业竞争，耐用消费品企业不断缩短产品生命周期，以期在竞争中处于领先者地位。

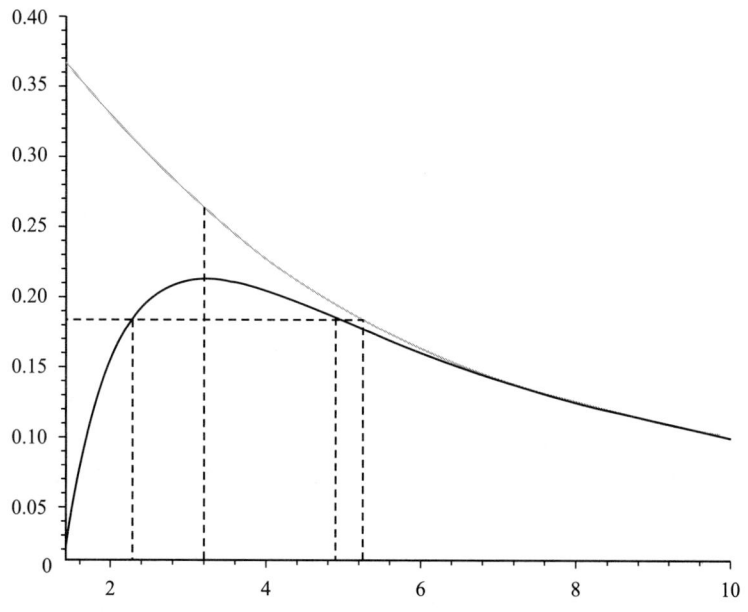

图3　需求价格弹性较小时，不同市场结构企业产品生命周期选择比较

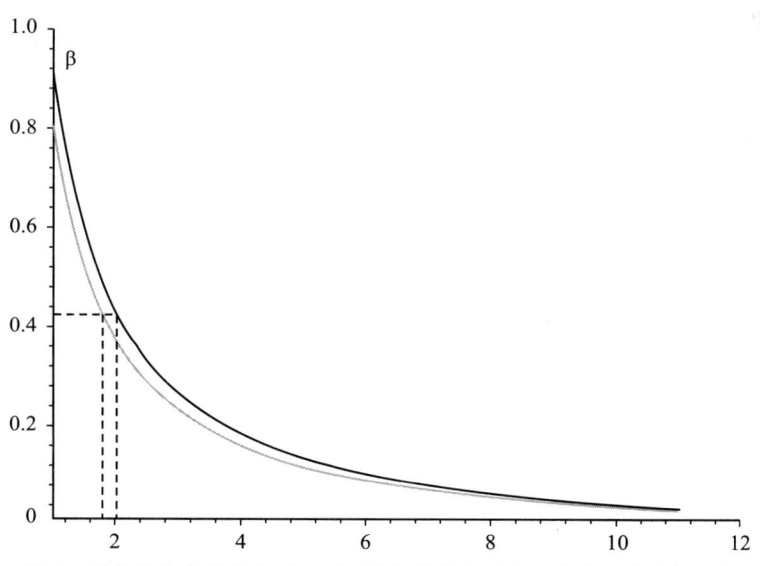

图4　需求价格弹性较大时，不同市场结构企业产品生命周期选择比较

命题 1：企业计划报废行为反映在新产品推出时间选择上，若企业决策变量为产品生命周期 T 和时点产量 q，垄断企业与竞争企业都有可能采取计划报废行为缩短老产品生命周期。当 $1<\theta<\dfrac{e^{(1-\delta+r)T}-1}{T(1-\delta+r)}$ 时，垄断企业选择的产品生命周期小于竞争企业；当 $\theta>\dfrac{e^{(1-\delta+r)T}-1}{T(1-\delta+r)}$ 时，竞争企业选择的产品生命周期小于垄断企业。

命题 1 说明，当消费者需求价格弹性较小时，垄断企业为驱逐市场上少有的竞争对手，保持其在产品市场上的绝对优势，会采用缩短老产品生命周期的"计划报废"行为，迫使消费者转向使用新产品；当消费者需求价格弹性较大时，竞争企业相对于垄断企业来说，更倾向于快速推出新产品。

消费者回味以往购买的手机、电脑等耐用电子产品，可以发现并不是每一款手机、每一台电脑都是因为不可使用而重新购买，一些手机仍可以作为通信工具，一些电脑仍可以运作，但是消费者仍然淘汰旧手机、旧电脑，产生新的需求，购买企业推出的新一代产品。企业为了刺激消费者需求，获取更大的利润，往往在设计产品时就限制其使用寿命，或者通过"轻创新"、兼容性限制以在产品使用过程中缩短消费者对产品的"心理使用寿命"，等产品作废后，吸引消费者重新购买。

从 1984 年世界上第一部移动电话摩托罗拉 DynaTAC 8000X 开始，至今 30 多年，手机从奢侈品逐渐变为"生活必需品"，经历了直板、翻盖、滑盖、旋盖、触屏等几代技术革命，随着更新换代，手机功能也已突破通信工具定位，拓展成集娱乐、消费、支付等功能为一体的综合性工具。当前，手机市场竞争激烈，偏向于竞争市场结构。苹果、华为、小米等企业为了获取更大的市场份额，基本上以 1 年为一个周期[1]，发布系列产品的新款，消费者对手机的消费周期亦逐渐缩短。手机企业在发布新产品时，就已经设计好该款产品的使用寿命，例如苹果官方曾表示，iPhone 最长使用时间在 5 年，平均使用时间为 3 年，而消费者实际体验中，往往一年就面临手机续航能力下降、内存不足、运行缓慢等性能问题，更换手机实际为 2 年左右。除此之外，手机电池、屏幕、非模块化配件设计复杂化、维修信息不对称等都将增加消费者持续使用手机产品的难度和成本，由此而产生重新购买产品的需求。

综合而言，计划报废是企业作出的对产品生命周期产生影响的决策，垄断企业与竞争企业都有可能采取计划报废策略缩短老产品生命周期，具体采用何种计划报废行为则受消费者需求价格弹性影响。

---

[1] 对于手机这一类耐用电子消费品而言，1 年为一个周期，已经接近最短间隔。由苹果、华为、小米等发布新产品的频率也可以看出，过短的产品更新周期反而可能不利于扩大消费需求。

四、计划报废策略与消费者效用

据德国消费数据显示,大部分耐用消费品出现故障的时间都是在保修期结束之后,过去5年,平均每位消费者淘汰的手机为两部、电脑至少一台、打印机一台,小件耐用消费品更换率更高,消费者已经习惯了电子设备、家用设备的损坏和更换。产品更换能够为消费者带来新的效用,消除持续使用旧产品带来的效用损失。无论消费者是出于自愿还是非自愿更换耐用品,可以发现这其中或多或少与企业计划报废策略相关。本部分主要是在第三部分的基础上,分析耐用消费品企业计划报废策略对消费者效用的影响。企业推出新产品或者设计产品属性,使消费者使用旧产品获得效用的周期缩短,新老产品在市场上共存的那段时间,加速了老产品效用的衰减。从直观上来说,消费者能够从新老产品兼容或者老产品生命周期延长中获得额外效用,总是希望老产品生命周期能够足够长,直到新技术生产出的新产品能够提供足够高的效用之时,才放弃老产品。

(一) 前提假设

依据第三部分的模型假设,消费者对产品价值的评价为 $p_s = k(Tq)$,产品销售价格是消费者预期的产品生命周期和单位时点产量共同确定的总需求量的价格函数 $P = \frac{k(Tq)}{1-\delta+r}(1-e^{-(1-\delta+r)T})$,基于本文的大前提假设——企业在消费者需求价格弹性较大时,不采取价格策略性行为,而是采取非价格策略性行为,假设市场上同一种产品的价格不会改变。在产品销售过程中,消费者每一时点购买的服务量为 q,对应的单位产品效用为 M,因此当期获得的时点效用为 Mq,在产品的整个生命周期内获得的效用为 $\int_0^{T_0} Mqe^{-rt}dt$。并且企业在销售过程中依据新产品的研发情况,更新老产品的生命周期为 T_0,即消费者只能享受到老产品带来 T_0 期效用。

(二) 模型构建与分析

消费购买产品,从产品使用中获取服务体验,由本部分假设以及第三部分的分析可得,消费者获得的净效用函数为:

$$U = \int_0^{T_0} Mqe^{-rt}dt - \frac{k(Tq)}{1-\delta+r}(1-e^{-(1-\delta+r)T})T_0q$$

$$= \frac{Mq}{r}(1-e^{-rT_0}) - \frac{k(Tq)}{1-\delta+r}(1-e^{-(1-\delta+r)T})T_0q \qquad (6)$$

根据一阶和二阶效用最大化条件:

$$\frac{\partial U}{\partial T_0} = Mqe^{-rT_0} - \frac{k(Tq)}{1-\delta+r}(1-e^{-(1-\delta+r)T})q$$

$$= q\left(Me^{-rT_0} - \frac{k(Tq)}{1-\delta+r}(1-e^{-(1-\delta+r)T})\right) = 0 \quad (7)$$

$$\frac{\partial^2 U}{\partial^2 T_0} = -rMqe^{-rT_0} < 0 \quad (8)$$

所以 $$\frac{M}{P} = e^{rT_0}$$

当 $Me^{-rT_0} = P$ 时，即消费者从单位产品获得的效用按照利率水平以及产品生命周期指数贴现等于产品的价格时，存在使得消费者效用最大化的最优产品生命周期。解 T_0 表达式可得，当 $T_0 < \frac{\ln M - \ln P}{r}$ 时，消费者效用随着产品生命周期的延长而增加，当 $T_0 > \frac{\ln M - \ln P}{r}$ 时，消费者效用随着产品生命周期的延长而降低。$\ln \frac{M}{P}$ 表示单位产品效用与产品价格比值的对数，经济含义是消费者效用与价格对数比率。$\frac{\ln M - \ln P}{r}$ 说明以 r 为增长率时，达到消费者效用与价格对数比率需要多长时间，当企业新产品技术以利率的速度发展时，$\frac{\ln M - \ln P}{r}$ 表示企业技术进步到足以抵消效用—价格比率的时间，也就是新产品足以替代老产品的时间间隔。老产品生命周期小于新产品足以替代老产品的时间间隔时，新产品带来的净效用还不能弥补消费者放弃老产品的效用损失，说明老产品生命周期延长能够为消费者带来效用增加。老产品生命周期大于新产品足以替代老产品的时间间隔时，说明新产品技术发展已经超过老产品带来的净效用，这时候老产品生命周期的延长只会使得消费者损失新产品效用。

命题 2：消费者从企业合理的产品生命周期设计中获得高效用，老产品生命周期等于技术发展到新产品足以替代老产品的时间间隔时，消费者获得老产品最高效用。

随着技术升级发展，尽管耐用品的贬值率较高，但只是需要支付较高的价格购买新的替代品，可以立即享受多功能、高性能和质量的产品或者名义上的"新产品"，对于消费者来说，企业计划报废策略带来的可能是正效用。企业通常会迎合消费者的这一心理，尽力引入新产品，赚取更多利润，另外一些消费者可能会以低价购买现有旧款产品，或寻找性价比高的产品。消费者通过衡量新老产品的效用来选择产品类型，企业则根据利润来有计划地分配市场上新老产品比例。

以中小学教辅材料及教科书为例。从产品性质来说，教辅材料属于耐用品，由于知识更新速度较为平稳，教辅材料内容并不会太大改变，消费者购买之后可重复使用。图书市场上，高等教育教辅材料以及教科书不定期会更新版本，但存在着一个规律——时间间隔短，同一学科专业课程中，每年都会有大量新版本的教材或教辅材料出版，而知识更新远达不到这一频率。中小学教辅材料的更新更是明显，基本上同一出版社同一系列的书，每一年更新一次。出版商通过这种快速更新行为，使得旧版教辅材料快速退出市场。目前，教辅材料出版社众多，出版社正是抓住消费者的心理效用，通过不断推出修订的新版本辅导书吸引当期对教辅材料有需求的顾客，其产品更新速度可谓耐用品中最频繁的。

但是过快的产品更新速度也可能给消费者带来负效用。例如苹果公司于2012年同时推出了iPad3和iPad4，两代产品公布时间相差约为7个月，产品属性、价格都相差不大，苹果公司有将iPad3当作iPad4过渡品的倾向，明显地，iPad4挤占了iPad3的潜在需求。从消费者角度来说，iPad4推出时iPad3仍处于发展成熟期，消费者对产品的效用与价格评价比还较高，产品生命周期仍可延伸较长时间，足以大于半年。如此高速的更新换代周期，使得消费者心理效用损失大，苹果公司完全可以在iPad3在市场上需求疲软时再推出iPad4，在这期间可以加大iPad4的创新程度。苹果公司的这一策略性行为，对旧产品消费者和老产品潜在消费者的效用造成负面影响。2013年2月，苹果公司的这一行为在巴西遭遇了集体诉讼，巴西政法软件协会（IBDI）指控苹果在推出iPad4时，存在为增加销量而故意制造缩短商品生命周期的行为。IBDI强调，苹果在发布iPad3时就应该把所有的新技术用于该产品之上，从产品推出的间隔来说，iPad2与iPad4的间隔为1年多，苹果公司完全可以在技术成熟之时再推出iPad3，而不是在推出iPad4的中间加入iPad3。IBDI认为苹果此举是刻意缩短前代产品的生命周期或者缩短前代产品为消费者带来的心理效用寿命，加速消费者的效用衰减，以增加公司营业额，是不公平的商业行为。

五、主要结论

从众多现实例子可以看到，当前企业创新行为在创新速度和创新数量、质量上都有不同程度的体现。计划报废行为对企业、消费者、社会具有正反两方面的影响。企业灵活、合理运用这一策略性行为既能提高其在产品市场上的竞争实力，又能够提升消费者效用。本文研究结论主要有以下几方面：

（1）企业计划报废策略会对老产品生命周期产生影响，国外已有的研究表明，计划报废会使得老产品提前退出市场。企业决策变量为时点产量和产品生命周期时，垄断企业和竞争企业在不同的需求价格弹性范围内行为不同，需求价格弹性大于1小于某一定值（见命题1）则垄断企业选择的产品生命周期小于竞争企业，例如软件行业，操作系统企业与普通应用软件企业的表现验证了这一点结论,需求价格弹性大于某一定值则竞争企业选择的产品生命周期小于垄断企业,例如汽车行业(需求价格弹性较大),中国加入WTO之后,汽车市场竞争力量增大,汽车型号、款式、配置更新加快。

(2)对于消费者来说,企业计划报废策略影响其获得的净效用。当老产品生命周期等于新技术发展到提供足够大效用的周期时,消费者能够从中获得最高效用,而如果企业加快推出选择老产品生命周期低于这一自然周期时,消费者从老产品中获得的效用受到侵蚀。

随着消费市场因素的复杂化,企业创新从数量创新逐步转向价值创新,从企业市场竞争行为来看,正由简单的价格、产量竞争上升到非价格策略性行为的较量。本文研究重点是耐用消费品行业中由产品创新衍生出的企业计划报废策略以及其对消费者效用的影响。因此,政策含义可以从企业和消费者两个角度思考。

(1)企业计划报废行为涉及产品的两方面——质量和创新。兼容性是产品使用价值的度量维度之一,对产品兼容属性进行直接监督能够辅助解决变相降低产品兼容性获取市场势力问题。并且,政府可以通过放开市场,促进市场竞争机制的形成,令企业自动提升产品的兼容性。竞争企业有动机缩短产品生命周期,这一灵活机制,同样可以激励企业的创新。

(2)消费者维权意识随着制度完善以及可选择产品多样化而增强。计划报废行为既有提升社会福利的一面,又有削弱消费者效用的一面。加快新产品推出激励企业进行新产品研发,但过快的新产品推出则可能是过度创新,消费者效用在频繁的产品更新中降低。新产品推出速度计划报废行为对政府保障消费者权益的重要启示就是:建立新产品推出预告制度,企业提前告知消费者何时会推出新一代产品,消费者根据新产品信息以及需求迫切程度决定是否购买当前类型的产品,而不是直接抑制企业的创新行为。

(3)鼓励寻求更有利于消费者、社会福利的计划报废行为,例如以旧换新、再造耐用品等,这些与计划报废行为内涵很贴近的策略政策意义很强。企业将旧产品回收再造对减少耐用品垃圾、改善环境、提高资源利用效率及企业新产品销售均有利。

本文研究由于缺少耐用消费品企业的详细数据,所以没有进行实证论证,后续研究可从实证分析的角度拓展,收集行业企业生产产品的详细数据。并且,计划报废策略的内涵正在逐渐拓宽,例如现阶段部分耐用消费品行业企业采取的"回购""以旧换新"策略,这些角度都是未来计划报废策略研究的可创新之处。

参 考 文 献

[1] 黄宇:《品质升级的衡量与评价——基于对转型时期我国耐用品的实证分析》,载

《产业经济评论（山东大学）》2008年第3期。
[2] 李贝贝、黄锋：《信息技术的兼容性分析——以软件业为例》，载《中国工业经济》2003年第7期。
[3] 田雪飞、罗利、宋绍峰：《易逝性高新科技产品更新速度研究》，载《科技进步与对策》2007年第3期。
[4] 张翔、杨波、谭德庆：《考虑团购消费者的耐用品销售定价策略》，载《统计与决策》2010年第2期。
[5] Bulow, J., 1986: An Economic Theory of Planned Obsolescence, *The Quarterly Journal of Economics*, Vol. 101, No. 4.
[6] Choi, J. P., 1994: Network Externality, Compatibility Choice, and Planned Obsolescence, *The Journal of Industrial Economics*, Vol. 42, No. 2.
[7] Colangelo, G., 1999: Durability in a Monopoly with a Small Number of Buyers, *Australian Economic Papers*, Vol. 38, No. 3.
[8] Fishman, A., and Rob, R., 2000: Product Innovation by a Durable-good Monopoly, *The RAND Journal of Economics*, Vol. 31, No. 2.
[9] Fishman, A., Gandal, N., and Shy, O., 1993: Planned Obsolescence as an Engine of Technological Progress, *The Journal of Industrial Economics*, Vol. 41, No. 4.
[10] Gregory, P. M., 1947: A Theory of Purposeful Obsolescence, *Southern Economic Journal*, Vol. 14, No. 1.
[11] Goering, G. E., 1993: Durability Choice Under Demand Uncertainty, *Economica*, Vol. 60, No. 240.
[12] Goering, G. E., 1997: Product Durability and Moral Hazard, *Review of Industrial Organization*, Vol. 12, No. 3.
[13] Goering, G. E., 2007: Durability Choice with Differentiated Products, *Research in Economics*, Vol. 61, No. 2.
[14] Grout, P. A., and Park, I. U., 2005: Competitive Planned Obsolescence, *The RAND Journal of Economics*, Vol. 36, No. 3.
[15] Guiltinan, J., 2009: Creative Destruction and Destructive Creations: Environmental Ethics and Planned Obsolescence, *Journal of Business Ethics*, Vol. 89, No. 1.
[16] Knut, W., 1934: *Lectures on Political Economy*, London: Routledge & Kegan Paul.
[17] Lee, H. I., and Lee, J., 1998: A Theory of Economic Obsolescence, *The Journal of Industrial Economics*, Vol. 46, No. 3.
[18] Lee, H., 2006: Durable Goods Monopolists and Backward Compatibility, *The Japanese Economic Review*, Vol. 57, No. 1.
[19] Martin, D. D., 1962: Monopoly Power and the Durability of Durable Goods, *Southern Economic Journal*, Vol. 28, No. 3.
[20] Miao, C., 2010: Tying, Compatibility and Planned Obsolescence, *The Journal of Industrial Economics*, Vol. 58, No. 3.
[21] Strausz, R., 2009: Planned Obsolescence as an Incentive Device for Unobservable Quality, *The Economic Journal*, Vol. 119, No. 540.
[22] Utaka, A., 2006: Planned Obsolescence and Social Welfare, *The Journal of Business*,

[23] Waldman, M., 1993: A New Perspective on Planned Obsolescence, *The Quarterly Journal of Economics*, Vol. 108, No. 1.

[24] Waldman, M., 1996: Planned Obsolescence and the R&D Decision, *The RAND Journal of Economics*, Vol. 27, No. 3.

Planned Obsolescence Strategy and Consumer Utility

Hongyan Liu   Lin Chen

Abstract: As a tool for enterprises competition in consumer market, product innovation is widely used, even if it is mostly "light innovation". Enterprises are willing to shorten the time interval and quickly launch a new generation of products. Planned obsolescence is a kind of corporate strategic behavior, which makes the famous brand mobile phones unable to replace the battery, and the battery model of the same brand SLR camera is change frequently, so that the replacement of durable consumer goods is more frequent. This almost mandatory requirement leads to a shortened product life cycle that benefits both consumers and society. This paper explores the planned obsolescence strategies and consumer utility of enterprises under different market structures by constructing theoretical models. The results show that when consumers are more sensitive to the changes of durable consumer goods' price, companies plan to scrap new strategies, make consumers buy new products, abandon the use of old products, shorten the life cycle of old products, but under different sensitive levels and different market structures, planned obsolescence strategy tools adopted by the company are inconsistent. For consumers, when the life cycle of an old product is equal to the time interval between the development of technology and the replacement of old products with new products, Consumers get the greatest utility of old products, and the introduction of new products is conducive to improving the total utility of consumers. Accordingly, in order to protect the interests of consumers, government needs to pay attention to the speed of new product launches and the design of attributes that reflect product quality, and encourage enterprises to seek strategies that are more conducive to improving consumer utility and social welfare, such as trade-in and reconstruction durable goods, it can be Expanding consumer demand for durable goods, can slow down the growing problem of electronic product waste.

Keywords: Plan Obsolescence   Strategic Behavior   Durable Consumer Goods   Product Life Cycle

JEL Classification: L11   L15   L25

环境规制引致减排中的资源重置效应

——潜在意义、研究进展与展望[*]

韩 超 王 震[**]

摘 要：伴随中国高速的经济增长，环境污染问题愈发严峻，中国陆续出台并实施了系列环境规制政策。在环境规制政策工具的作用效果下，环境污染问题得到明显改善。但是随着规制治理的深入，科学的规制决策与实施对于规制效果的影响愈发重要，而微观的资源重置效应是环境规制内在作用机制的基础，同时也是困扰环境规制实施中的关键问题。本文从环境规制实施中揭示资源重置效应的潜在理论与现实意义、相关研究进展以及未来可能的研究方向等方面进行了概括性梳理与总结。本文认为，资源重置效应的揭示有利于探究排放变动的驱动因素，有利于识别环境规制实施中的政策偏向性，有利于更全面且深入地了解环境规制影响的作用机制，为此可以更完善、更科学地进行环境规制政策的制定与实施。

关键词：环境规制 资源重置 政策偏向 综述

一、为什么要考虑资源重置效应？

环境问题是当前中国经济发展中亟待解决的关键问题，规制政策则是治理环境问题过程中首要的工具选择。根据有关研究结论，中国环境污染的经济代价已经占到年均 GDP 的 8%~15%（冉冉，2013），同时近年来"雾霾锁城"等污染问题愈发突出，环境问题已经成为中国转型与改革过程中无法回避的重要问题。自 20 世纪 70 年代末建立环境规制体系以来，无论是机构建设、法律保障，还是治理投资等方面，中国一直在致力于环境规制工作

---

[*] 本文受到国家自然科学基金面上项目"异质性企业约束下环境规制对工业污染排放影响机制"（71774028）、国家自然科学基金青年基金项目"异质性企业视角下环境规制对公平竞争的影响"（71803101）、辽宁省"兴辽英才计划"青年拔尖人才（XLYC1807254）、辽宁省社科规划项目"绿色发展背景下环境规制对东北工业污染减排的影响：事实、机制与政策"（L18AJY004）的资助。
衷心感谢审稿人的专业建议！

[**] 韩超：东北财经大学产业组织与企业组织研究中心；地址：辽宁省大连市沙河口区尖山街217号，邮编：116025；E-mail：super263@126.com。
王震：东北财经大学产业组织与企业组织研究中心；地址：辽宁省大连市沙河口区尖山街217号，邮编：116025；E-mail：15927284140@163.com。

（韩超等，2016；刘郁、陈钊，2016），并取得了一定成效。从国家与中央的政策文件的整体趋势看，中国正逐步加强环境规制政策方面的制定与实施。党的十七大报告首次将生态文明写入报告，十八大则明确提出扭转生态环境恶化趋势，十八届三中全会更是把生态文明改革列为五大体制改革之一。具体到政策层面而言，环境规制政策工具日趋丰富，但对其进行科学分析，揭示其影响机制的研究仍然不足，由此无法更全面地揭示中国的环境规制影响，更无法对中国污染减排的动因给出科学的证据支撑，因而也无法为制定更加完善的环境规制政策提供参考。

污染排放变动与规模因素（scale effect）、结构因素（composition effect）以及技术因素（technique effect）有关，而考察以上这些因素在环境规制引致减排中的作用则需要揭示资源重置效应。从现有排放事实来看，本文绘制了中美两国二氧化硫排放与产出水平的变动趋势图（见图1）。从中可知，中美在产出变动与污染变动间的趋势关系方面存在显著差异。中国自身"产出—污染排放"非线性关系表明，规模因素并不是中国工业污染排放变动的唯一驱动因素，结构因素与技术因素依然可能发挥重要作用。但是，更深层次的到底是结构因素、技术因素还是结构与技术因素兼具？对这些问题的回答则离不开企业异质性视角下资源重置效应的揭示。企业间存在的生产率、污染水平等普遍的差异表明，工业污染排放在微观层面的分解以及异质性视角的资源重置是深入探析工业污染排放变动驱动因素的基石。鉴于中国为了治理工业污染排放在环境规制领域出台的"规划""标准""排污费""排污权交易"等系列规制政策与工具，不得不令人思考环境规制如何通过影响企业行为，进而影响工业污染排放？

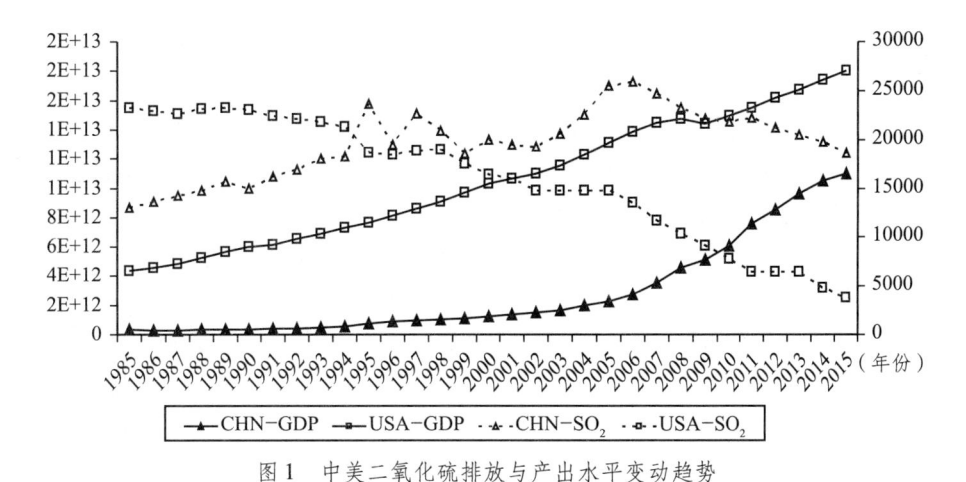

图1 中美二氧化硫排放与产出水平变动趋势

资料来源：中美GDP数据来源于世界银行；中国SO_2数据来源于中国环境状况公报，美国SO_2数据来源于EPA网站。

在异质性企业约束下，环境规制政策外生冲击下，有的企业进入或退出，有的企业快速成长或衰退，同时在产业间、地区间也会发生环境规制导致的资源重新组合或配置的作用，这就是环境规制的资源重置效应（见图2），是探析微观环境规制影响机制的基础。在中国的现实情境下，尽管国内少数学者已经关注到异质性企业条件下资源重置在规制政策影响中所发挥的作用，但也仅仅聚焦于环境规制对产业发展的影响。例如韩超等（2017）利用"十一五"规制政策发现，规制作用下污染行业的资本要素会流向高生产率企业，同时高生产率企业的市场份额也显著提高，最终显著提升了污染行业的生产率水平；王勇等（2019）发现环境规制尽管通过促使高生产率企业规模扩张以及低生产率企业退出实现了资源在企业间的优化配置，但环境规制对企业生产率增长存在负向影响。在此基础上，刘悦、周默涵（2018）在异质性企业框架下还考虑到环境规制对企业研发投资的影响，发现在局部均衡情况下企业会降低投资导致生产率下降，但在一般均衡下研发投资会显著增加进而提升生产率。可见，如果不考虑企业间的资源重置时，则将很难准确评估环境规制政策对生产率的影响。

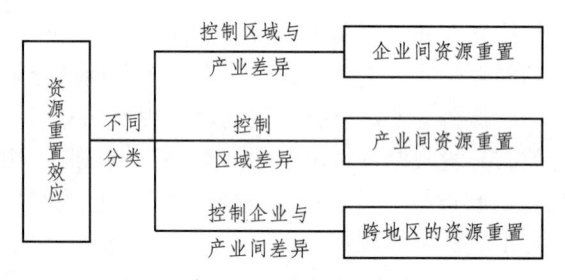

图 2 资源重置效应的具体含义

资料来源：作者绘制。

同样，评估环境规制对污染治理效果的影响也离不开异质性企业条件下资源重置效应的揭示。现实中，环境规制实施后，有关治理效果只能通过媒体以及官方通报获得，但其只能得到最终结果（工业污染变动情况），无法得知规制影响的内在作用机制。如果资源重置效应机制不能揭示，那么也就无法打开规制影响的"黑箱"。因而，资源重置是困扰环境规制实施中的关键问题，对此进行分析有助于完善规制政策，提高规制效果，降低污染排放。但是，从现有研究来看，尽管已有部分研究从资源重置的视角探究了环境规制政策对污染治理效果的影响，但依然没有从全局上考虑资源重置效应，例如Heutel（2011）探究了环境规制政策对不同企业的投资与减排行为的影响，但却忽略了企业进入退出因素。一些研究指出，环境规制会显著增加投资建设新企业所需要的投资成本（Becker and Henderson，2000），这会影响企业作出是否进入市场的决策，无独有偶，环境规制也会导致企业退出市场（Greenstone，2002），而进入退出也会影响企业资源配置效率。基于中国的环境规制事实下的系统研究尚未看到。因而，在异质性企业视角下，研究环境规制引致下的资源重置效应是评估环境治理效果的关键，资源重置效应的揭示，不仅可以呈现规制政策影响的"两头"，还可以呈现规制影响的过程，尤其是基于异质性企业理论，揭示政策对不同类型企业的影响差异，能够呈现一幅更为完整的政策影响"画卷"，同时也可以据此更为科学地进行规制政策评价与政策完善，力图通过优化环境规制政策进一步促使减排。具体而言，本文认为从资源重置视角研究环境规制的减排效应具有以下的理论与现实意义：

（1）将污染排放变动进行企业层面因素分解，有利于深化对工业污染排放驱动因素的认识。环境规制等政策作用的末梢在于企业层面，因而企业行为选择以及由此带来的污染排放是观察中国工业污染排放中不能忽视的微观基础。然而，现有研究极少将工业污染排放变动分解细分到企业层面，无法得知完整的中国工业污染变动的各因素贡献，不能满足政策评价等研究的需要。

（2）将环境规制对工业污染排放中微观影响机制进行揭示与验证，进一步拓展并完善了现有环境规制影响研究。现有关于环境规制问题的有关研究，一直在寻求打破规制与企业之间的"黑箱"，努力强调微观机制的作用。但是，客观上目前的研究仍然仅限于产业层面分析，只是将企业作为"代表性企业"考虑，忽视了企业间的普遍差异性，无法全面深入地揭示环境规制的微观影响机制。而资源重置效应的研究将在打开规制与企业间"黑箱"的同时，基于异质性企业理论，结合具体政策分析规制的资源重置效应及其治理效果，这一研究为规制问题研究提供了较为崭新的研究视角，势必会深化和拓展现有环境规制研究。

（3）可以融合异质性企业理论、经济增长理论与环境政策研究有关文献，能够进一步将真实世界"科学化"描述，并客观上丰富了多个领域的研究。基于异质性企业理论的资源重置效应已在国际贸易、经济增长等领域多有论述，但其在环境政策的研究中仍较少涉及，但资源重置效应又是观察环境规制政策影响，解释微观影响机制的必经路径。基于资源重置效应研究环境规制则将拓展异质性企业理论以及资源重置效应应用性，促进了异质性企业理论、经济增长理论与环境政策研究的融合。

（4）基于资源重置探究环境规制减排效应可以更科学、更精准地完善规制政策，有助于纠正目前环境规制实施影响中的片面认识以及由此可能产生的误导性政策设计。中国环境规制的现实与政策已经日渐丰富，但研究层面仍然比较滞后，这显然无法满足当前中国环境问题亟待解决的需求。国内环境规制政策制定与实施中"一刀切"政策等都反映了当前政策实施与制定仍然处于基础阶段，太过粗放，其可能对企业行为产生扭曲影响，进而对污染减排产生不利影响。构建一个统一、系统的环境规制资源重置效应及其影响的分析框架，是进行政策制定与评价的基础。

二、传统环境规制影响范式：忽视企业间差异的影响

无论从实践现实还是从理论分析看，环境规制的影响主要指两个方面，即对产业发展的影响以及对环境治理效果的影响。本部分拟从这两个方面归纳梳理环境规制的相关文献（见表1）。事实上，现有研究由于将企业视为"代表性企业"从而忽视了普遍存在的企业异质性，因此分析逻辑仍然遵循点对点的线性范式：即影响结果是企业平均的结果，不同企业的权重是相同的。

表1　　　　　　　　　揭示环境规制影响的相关文献

类别	主要观点	文献支持
环境规制影响产业发展	遵从成本假设：环境规制引致污染治理成本增加，会挤占生产型要素资源投入，导致生产率降低	降低整体的生产率水平：Gray（1987）；Barbera and McConnell（1986、1990）
		降低企业的生产率水平：Gollop and Roberts（1983）；Gray and Shadbegian（1995）；Boyd and McClelland（1999）
	后续发展了"波特假说"：环境规制能够引导企业实现技术创新，进而提升生产率	Porter and van der Linde（1995）；Berman and Bui（2001）；Jaffe and Palmer（1997）
	但也有研究质疑"波特假说"	可能存在企业管理者的理性决策偏离：Ambec et al.（2013）；Ambec and Barla（2006）
		可能存在市场失灵问题：Ambec et al.（2013）；Simpson and Bradford（1996）；Mohr（2002）；Xepapadeas and Zeeuw（1999）；Feichtinger et al.（2005）
环境规制的治理效果	环境规制的直接影响：规制有效性即环境规制能够直接降低污染水平	Dasgupta et al.（2002）；何小钢、张耀辉（2011）；包群等（2013）；王书斌、徐盈之（2015）
	环境规制的间接影响："污染天堂"假说	Keller and Levinson（2002）；Spatareanu（2007）；Dean et al.（2009）；Tole and Koop（2011）；刘朝等（2014）；Chung（2014）
	环境规制的间接影响："污染光环"假说	Birdsall and Wheeler（1993）；Reppelin-Hill（1999）
	遵循"污染天堂"还是"污染光环"假说并不确定	可能取决于当地的腐败水平：李子豪、刘辉煌（2013）

（一）规制影响产业发展：遵从成本假设

环境规制与企业发展间关系的讨论由来已久，诸多学者研究认为环境规制会加大企业运营成本，减缓其生产率增长（Jaffe et al.，1995；Gollop and Robert，1983；Gray，1987；Gray and Shadbegian，2003），这是由于伴随着环境规制强度的加大，企业需为自身的污染排放行为支付一定的费用，引致成本增加，可能会挤占企业的投资性资金，导致生产率有所降低。规制是政府通过制定标准等方式，解决经济主体行为过程中产生的负外部性等市场不完全问题（Crafts，2006），但规制实施将直接提高企业的遵从成本。具体到环境问题，规制约束下企业将直接增加污染治理和排污成本，而这些成本将挤占生产型要素资源投入，直接降低生产率并进而影响整体的经济增长。在整体的经济增长方面，规制目标的实现将直接降低7%~8%的GDP。如果具体到生产率水平，Gray（1987）认为20世纪70年代12%的美国生产率降低可以由环境规制实施加以解释，这一结论在Barbera and McConnell（1986，1990）等研究中加以印证。Gray（1987）、Barbera and McConnell（1986，1990）等有关结论建立在对加总生产率水平的分析上，由于加总生产率缺乏充分的微观基础，不能直接得到环境规制影响机制。Gray（1987）将规制的生产率影响分解为测度效应（measurement effect）和真实效应（real effect），分析发现美国20世纪70年代的OSHA与EPA每年降低制造业企业生产率约0.44个百分点。后续研究如Gollop and Roberts（1983）、Gray and Shadbegian（1995）以及Boyd and McClelland（1999）等采用企业层面生产率水平进行分析也得到规制降低生产率的结论。国内学界对此也进行了大量研究，也得到规制与产业竞争力相抵触的结论（彭文斌等，2014；等等），部分结论支持补贴环境研发水平（杨仕辉、魏守道，2015；等等），部分研究发现其对不同产业的影响存在差异（李廉水、徐瑞，2016；等等）。

（二）规制影响产业发展：倒逼机制的创新作用

从结论看，基于遵从成本假设的文献大多认为规制之所以降低生产率源于规制遵从成本的增加导致生产型要素投入不足即挤出效应，其忽视了规制影响下对生产过程（production process）的可能影响（Becker，2011）。如果考虑规制对生产过程的影响，严格且适宜的规制并不必然降低生产率，甚至可以引导技术创新等提升生产率，即"波特假说"（Porter and van der Linde，1995）。Porter and van der Linde（1995）弥补了以前规制对生产率分析中的缺陷，提出假说认为良好设计的环境规制可能会提高而不是降低产业竞争力，此后关于具体规制提高技术创新进而影响生产率的研究开始涌现（Berman and Bui，2001；Jaffe and Palmer，1997）。但Porter的观点也受到诸多学者的挑战（Palmer et al.，1995）。从现有文献来看，基于这些质疑的后续理论完善主要着力于企业管理者的理性决策偏离（Ambec et al.，2013；Ambec and Barla，2006）以及可能存在的市场失灵问题（Ambec et al.，2013；Simpson and Bradford，1996；Mohr，2002；Xepapadeas and Zeeuw，1999；Feichtinger et al.，2005）。基于中国进行的研究也已较为丰富，其研究结论对于规制改革具有重要意义（傅京燕、赵春梅，2014；傅京燕、李丽莎，2010；傅京燕、吴丽敏，2015；胡元林、孙华荣，2015）。

（三）环境规制的实施效果

在环境治理的工具选择中环境规制无疑是影响环境污染的最重要因素（Dasgupta et al.，2002）。一部分学者支持污染避难所假说，即认为规制程度的加深，会导致污染企业的转移，进而产生污染区域的变动（Keller and Levinson，2002；Spatareanu，2007；Dean et al.，2009；Tole and Koop，2011；刘朝等，2014；Chung，2014），但在另外一些研究中，这一结论却呈现相反的方向（Fabry and Zenghi，2002；郭红燕、韩立岩，2008；Kheder and Zugravu，2012）。还有一些文献直接研究了环境规制对污染的影响，其研究结论基本支持规制有效性的结论（Dasgupta et al.，2002；何小钢、张耀辉，2011；包群等，2013；王书斌、徐盈之，2015；等等）。

随着污染避难所假说的经验研究日臻完善，Birdsall and Wheeler（1993）及 Reppelin - Hill（1999）相继从理论上提出了"污染光环假说"。原因在于跨国企业在东道国进行的投资可以带来更环保的生产标准与技术，并通过技术扩散的方式，对东道国的环境保护产生积极影响。Eskeland and Harrison（2003）结合5个国家的产业层面数据实证发现相对于当地企业，外资企业反而能更有效地使用清洁能源。一些对中国的研究也发现"污染天堂"假说并不成立（许和连、邓玉萍，2012；盛斌、吕越，2012）。纵观现有的研究，相关结论莫衷一是。一些采取折中观点，李子豪、刘辉煌（2013）就认为遵循"污染天堂"还是"污染光环"假说取决于当地的腐败水平，当腐败水平低于某一门槛值时，FDI 对当地的环境质量起到改善作用，当超过门槛值时，会加剧污染排放。

通过以上文献的梳理可知，无论是环境规制对产业发展的影响还是环境规制对环境治理效果的影响，现有研究大多是以产业、加总的地区层面为研究对象，较少以企业作为研究对象。在以企业为研究对象的文献中，国际文献中仅有 Becker et al.（2013）、Greenstone et al.（2012）以及 Heutel（2011）。国内研究只有刘悦、周默涵（2018）、王勇等（2019）、韩超等（2017），但其只是通过生产率离散度的粗略测量间接分析了异质性企业条件下规制政策影响，其仍没有给出基于企业层面行为选择的内在机制，仍不能给出系统的结论，无法为规制政策改革完善提供经验支持。

三、异质性视角下资源重置效应：在环境规制问题中研究有限

基于异质性企业理论的资源重置效应已在国际贸易、经济增长等领域多有论述，但其在环境规制政策方面的研究中仍较少涉及（见表2），虽然部分文献关注到环境规制对企业行为的影响，但认识到企业异质性及其影响的文献仍然稀少，基于异质性企业约束进行环境规制资源重置效应分析的文献更是罕见。由于资源重置效应又是观察环境规制政策影响、解释微观影响机制的必经路径，是提升环境规制实施效果的重要基础，因而有必要在异质性企业约束下分析规制的资源重置行为。

表2　环境规制问题中探究资源重置效应的相关文献

类别	研究方向	文献支持	研究不足
污染排放变动的驱动因素探究	通过将污染排放分解为规模因素、结构因素与技术因素来探究究竟是哪种因素驱动减排	针对国外的研究：Selden and Forrest (1999)；Levinson (2009)；De Bruyn (1997)；Fan et al. (2007)；Paul and Bhattacharya (2004) 针对国内的研究：于峰等（2007）；庞军等（2013）；黄菁等（2009）；陈媛媛、李坤望（2010）	类似研究基于产业层面，忽略企业异质性
环境规制对不同企业的影响差异	研究环境规制在企业间产生的不平等影响，例如环境规制会对小企业形成进入障碍，但对大企业没有影响	Pashigian (1984)；Dean and Brown (1995)；Dean et al. (1998)	仅仅关注某一方面，仍未系统研究环境规制政策的资源重置影响
环境规制的资源重置效应研究	研究环境规制政策对产出、生产率以及减排行为的影响	Becker et al. (2013)；Greenstone et al. (2012)；Heutel (2011)	未关注包含企业进入退出等行为的资源重置的一般均衡问题
	研究环境规制影响中企业异质性问题	Tombe and Winter (2015)；Li and Sun (2015)；Holland (2012)	未考虑资源重置效应对污染减排的影响

（一）污染排放变动因素与异质性企业假设基础

探究环境规制减排是对规制政策评估的基础，其根本是如何利用规制政策有效地推动减排。而在探究减排变动中，不同的驱动因素则是解剖环境规制影响排放的重要视角。对工业污染排放进行因素分解可以探究污染排放变动趋势以及各种形成机制，一般的做法是将污染排放因素分解为规模因素、

结构因素与技术因素，分别代表经济规模的影响、内部结构变动的影响，以及排放强度变动的影响（Grossman and Krueger，1994）。这一分解思路可以追溯到 Leontief（1970），并由 Koo（1974）给出了框架性概述，后续有很多的文献采用了这一分类进行研究（Ederington et al.，2004；Gamper - Rabindran，2006）。举例而言，Selden and Forrest（1999）以美国空气清洁法案为例，分析了环境政策对污染物排放的影响，其研究发现结构因素并没有呈现显著地降低污染物排放作用。Levinson（2009）总结认为，以上文献忽略了通过进口中间品生产带来的污染，并对此进行修正，研究结论表明美国 1987 ~ 2001 年的污染排放下降的主要因素来自技术因素，其次才是结构因素。De Bruyn（1997）将荷兰和西德的污染排放强度因素分解为结构因素和行业内的技术因素，分析表明环境政策对 SO_2 排放的下降具有最大的贡献。Fan et al.（2007）按照这个分解思路对中国的碳排放分解得到强度变化是下降的主要原因。Paul and Bhattacharya（2004）针对印度的研究发现，能源效率是工业污染排放降低的主要因素。

得益于污染排放因素分解理论与应用的迅速发展，国内对污染排放因素分解进行的研究也比较多，如于峰等（2007）、庞军等（2013）、黄菁等（2009）、陈媛媛、李坤望（2010）等文献，但类似研究更多的是局限在现象描述，尚未结合政策进行分析。更为重要的是，以上研究虽然已经成熟，但其分解的理论基础与具体方法仍然是基于产业层面，而非企业层面，在这一系列分析中企业是同质，处于"黑箱"状态。在新古典经济学的企业理论中，企业是同质的，即所有企业均遵循代表性企业的行为方式。忽视了企业之间的差异。一定程度上讲，新古典经济学的同质性假设的最基本的意义在于分析手段与方法的简便（白永秀、赵勇，2005），而非现实问题的揭示。Melitz（2003）基于 Dixit - Stiglitz 模型框架，在 Krugman（1991）的基础上将基于生产率差异的异质性嵌入到国际贸易模型中，从而分析了不同企业行为选择对国际贸易的影响，开创了异质性企业理论，而其对排放变动驱动因素的分解具有直接的启发价值。受 Melitz（2003）的启发，很自然的考虑就是污染排放的分解如果从企业层面考虑会有什么不同？由于环境规制等政策作用的末梢在于企业层面，因而企业行为选择以及由此带来的污染排放是观察中国工业污染排放中不能忽视的微观基础。具体将环境规制嵌入异质性企业模型中进行分析，分析环境规制政策如何引致资源重置，即规制政策如何导致资源在在位企业、进入以及退出企业间变动，进而识别规制对企业间资源重置和企业内资源配置的影响，并分析其对污染排放的影响。但是，回顾国内外文献可知，现有研究主要从行业整体视角去分析污染排放及其强度影响因素，从中尚未看到基于企业异质性分类的工业污染排放因素分解。

（二）资源重置效应内容及其作用

资源重置效应源于异质性企业约束下，由于政策等因素影响产生了"楔子"作用,进而带来要素的资源重置。根据 Hopenhayn（1992）、Baily et al. （1992）以及 Ericson and Pakes（1995）等研究结论,企业间在投入、产出和生产率水平等方面存在显著的差异,而由此导致的资源重置效应则越来越成为产业组织研究的重要视角（简泽,2011）。目前文献中大量出现的资源误置（Resource Misallocation,也有不少文献译为"资源错配"）则是指在异质性企业约束下资源的错误配置,是不利于经济发展的"负向"的资源重置效应。如果资源重置没有达到最优,即资源未能实现最优配置,其结果自然是低效率的企业反而得到更多资源进而仍然留在市场,这一资源配置将会对潜在进入者产生不利影响,就会在产业内乃至产业间产生显著的资源误置效应（Jones,2011）。综合现有文献,可知资源误置的含义是,相对最优均衡而言要素扭曲作用将会降低生产率较高企业的要素资源使用进而降低其产量,进而降低整体生产率（Restuccia and Rogerson,2008；Hsieh and Klenow,2009；Brandt et al.,2012）。

产生资源重置（误置）效应的因素有很多,主要包含调整成本、国有企业、非正规部门、贸易成本以及才能的误置（钱学锋、蔡庸强,2014）,金融摩擦、贸易壁垒以及与行业政策有关的法律法规（Restuccia and Rogerson,2012）。由于本项目主要研究环境规制政策导致的资源重置效应,因而本项目将主要综述政策因素导致的资源重置效应。从政策的影响看,政策将对企业进入与退出产生显著影响,而这也将会产生显著的资源误置效应。Hopenhayn（1992）构建静态的模型分析了企业进入与退出对资源重新配置的影响。研究认为资源重置效应可由就业周转率以及行业内企业进入、退出率反映,在企业生产率存在普遍差异的基础上,资源的重置将伴随企业的规模缩小以致退出,然后资源转移至新进入企业进而实现规模扩张。也有研究假设企业的进入退出是内生的,进而分析进入成本对资源重置的影响（Barseghyan and DiCecio,2011；Yang,2011）。Barseghyan and DiCecio（2011）研究发现更高的进入成本将会带来更大的资源重置效应,且其产生显著的资源误置影响,这是由于较大的进入成本事实上保护了在位企业的利益,将潜在进入者排除在市场之外,不利于整体生产率的提升,而 Yang（2011）则分析了摩擦可能产生扩展边际的资源误置。

在对进入与退出行为的研究基础上,已有很多研究结合具体政策进行资源重置效应的研究。Restuccia and Rogerson（2008）认为,一切可能产生扭曲的政策均会带来资源的错误配置。Lashitew（2012）认为,限制进入、退出壁垒、金融摩擦及要素扭曲对资源重置有显著影响。Adamopoulos and Restuccia（2014）研究认为累进税与补贴、土改、租约等因素是要素扭曲的来源,并分析了其对落后国家农场规模的扭曲影响。在新古典增长模型的假设下,Restuccia and Rogerson（2008）的模型揭示了企业间资源配置差异对产出差异的影响,而那些可能影响企业异质性价格的政策则会产生显著影响。还有研究对劳动市场的有关政策进行了分析（Lagos，2006；Hopenhayn and Rogerson，1993；等等）。Hopenhayn and Rogerson（1993）研究表明，解雇税扭曲了劳动要素在企业间的配置，后续发现以解雇赔偿金为代表的劳动保护政策也会显著产生资源误置效应，这一效应在劳动调整需求（如高解雇率的行业）较大的行业中更为明显（Lashitew，2015）。Lagos（2006）分析了招聘与就业补贴、事业救济与解雇税的影响，发现前者具有负向的资源重置效应（即带来资源误置），而后者则具有积极的资源重置效应。在拓展的 Lucas（1978）模型基础上，Guner et al.（2008）分析了规模依赖性政策实施过程中产生的扭曲及其导致的资源误置行为，研究表明这类政策的资源误置效应很大，可以导致企业平均规模降低20%，导致产出减少8.1%。

国内也有不少学者基于中国的现实情境进行了系列研究。聂辉华、贾瑞雪（2011）对中国制造业的资源误置刻画后，发现国有企业的存在是导致资源误置的重要原因。龚关、胡关亮（2013）的研究表明，中国的国有制造业的生产率更低，要素边际产品价值更低，同等情况下国有企业退出概率更低，其结论与聂辉华、贾瑞雪（2011）基本一致，国有企业占据了大量的资源，导致资源的低效配置。后续还有不少研究得到类似结论：罗德明等（2012）发现中国国有偏向的政策带来明显效率损失；Brandt et al.（2013）则进一步证明中国省级地区内的扭曲主要是由国有偏向引发的资源误置导致。

（三）环境规制中资源重置效应探析

环境规制的资源重置体现在规制实施过程中不同主体的受影响差异。现有研究虽然没有太多的对这一概念进行论述但也有部分研究在这个方面进行了一定分析。环境规制对新企业进入的影响。有文献认为环境规制会在企业间产生不平等影响，对新企业的进入造成沉重负担（Pashigian，1984）。Pashigian（1984）发现环境管制减少了污染密集型产业中的企业数量以及小厂商的市场份额。Dean and Brown（1995）实际验证了由于遵循不对称、执行不对称和行政不对称的存在，较强的环境规制与较少的小企业形成有关，但对大企业并没有影响。环境规制更容易对小企业产生单位成本劣势并对其形成进入障碍。因此，对于在位企业而言，他们可以策略性地通过环境规制（比如促使设立对他们有利的环境法规）来增强竞争优势和盈利能力。然而，前提条件是潜在的进入障碍导致收益大于污染治理带来的成本，或者需求曲线无弹性（Carlton and Perloff，1990）。

而更直接系统地研究环境规制政策的资源重置影响研究，已有部分研究有所涉及。Becker et al.（2013）、Greenstone et al.（2012）、Heutel（2011）等文献注意到环境规制政策可能会对不同企业产生不同影响，并重点分析作为固定成本的环境规制政策对产出、生产率以及减排行为的影响，但以上研究没有关注到政策影响下包含企业进入退出等行为的资源重置的一般均衡问题（LaPlue，2016）。Tombe and Winter（2015）、Li and Sun（2015）以及Holland（2012）等也关注了环境规制影响中企业异质性问题，但其并仍未考虑资源重置效应对工业污染减排的影响，真正关注资源重置效应对污染排放影响文献，只有LaPlue（2016）一篇。而在国内，对此进行的系统研究仍未见到。

综合以上资源重置的有关研究可知，无论是国内还是国外，进行环境规制政策资源重置效应的研究仍然很少。但是，无论是基于政策评价，还是基于政策优化完善，还是揭示规制政策的实施机制，进行环境规制资源重置的研究都十分必要，这是打开产业内部影响"黑箱"的必经之路。

四、环境规制如何与资源重置结合？研究方向初探

借鉴现有在国际贸易领域已经发展成熟的异质性企业理论，以及由此衍生的资源重置效应，可以更全面也更深入的分析环境规制的实施机制，一方面可以揭示政策实施过程中的偏向性行为及其福利效应；另一方面则可以分析污染变动的驱动因素；再者可以进一步分析环境规制影响污染排放的资源重置效应。

（一）工业污染排放变动的驱动因素探究

从文献的角度看，现已有大量的文献关注污染排放问题，这与中国日益重视生态文明建设具有重要的联系，但是在众多的文献中仍无法看到对以上问题的回答。具体而言，从空间的视角揭示中国污染企业选址特征与变动趋势，将企业选址行为分地区、分不同污染程度产业、分时期进行描述，从纵向的时间维度与横向的区域维度对中国污染企业选址行为进行统计分析，获得企业选址行为特征并探析产业的时空变动趋势。同时，从企业动态成长的视角，比较进入企业、退出企业与在位企业在工业污染排放上的表现差异，并探究环境规制与以上企业工业污染排放变动的相关趋势，获得环境规制通过影响企业动态成长影响工业污染排放的特征事实。再者，中国工业污染排放变动是由产业层面的结构因素导致？还是由规模因素导致？还是由产业内企业的进入退出因素导致？还是由在位企业间的结构因素导致？还是由在位企业的技术因素导致？进而分析以上因素对工业污染排放的贡献在时间以及地区间变动趋势。进行这项研究势必需要利用资源重置效应，在此基础上的研究发现可以全面系统认识中国工业污染排放问题。基于异质性企业理论，中国工业污染排放在企业间存在显著的生产率及污染程度差异，企业污染排放变动的差异是把握工业污染排放变动特征事实的重要基础，也是进行模型

构造与影响机制实证检验的基础。

（二）环境规制实施中偏向性行为及其影响

研究环境规制对企业创新、生产率、技术水平，乃至产业转移、区域协调、国际贸易、资本流动等问题的文献已非常完善，但很少有涉及对市场公平竞争影响的研究。特别是在社会对环境保护的呼声日益高涨的情形下，以及政府反复强调维护市场竞争机制的约束下，现有的环境规制政策是否一定程度上对公平竞争产生影响？影响机制及程度是怎样的？作为微观主体的企业在其中所起的作用是什么？如何处理二者之间的关系？而以上问题揭示的前提是异质性企业理论。在异质性企业理论基础上，可以嵌入所有制偏向的规制政策，探究如规制与所有制偏向双重政策、官员绩效考核等中国制度情形下的规制影响效应，并在相关的实证研究中进行针对性的分析验证。同时，应注重对我国现实市场环境与结构的研究，充分考量中国产业中不完全竞争因素的独特性及其与环境规制间的相互影响，针对不同市场结构的微观主体行为选择合理适用的研究方法，为设计符合中国国情的"严格但恰当的"环境规制手段和工具提供理论基础和实践指导。

（三）异质性企业视角下环境规制如何影响资源重置？

而这一影响又如何对工业污染排放产生作用？现有研究虽然也有研究了规制的企业行为影响，但其基本把企业作为"代表性企业"，忽视了企业异质性的普遍存在性，无法得到科学的结论。由于异质性企业对于政策制定尤为关键，是科学决策的基础，因而在异质性企业约束下分析规制的资源重置行为就显得尤为重要。在这方面可以考虑分析产业内—产业间以及区域间的资源重置。具体而言，产业内的资源重置指将环境规制的资源重置效应集于产业内，力求从作用机理以及实证分析两方面探究环境规制对企业行为影响，进而分析嵌入中国制度特征的环境规制如何对在位企业、进入企业以及退出企业产生影响，揭示以上影响如何作用于工业污染排放水平及排放强度。同时，工业污染治理不仅取决于产业内部的企业间资源重置，还取决于地区内产业间的资源重置，可以着重探究环境规制如何导致资源在产业间的资源重置，进一步揭示这一影响在工业污染减排中的作用。而在区域间的资源重置效应则忽视了地区内部资源重置因素，主要关注规制导致的跨区域资源重置效应，更关心规制导致的企业选址和迁移、产业转移等资源的区域配置，并基于中国现实情境的制度特征集中分析这一资源配置对工业排放的影响。

参 考 文 献

[1] 白永秀、赵勇：《企业同质性假设、异质性假设与企业性质》，载《财经科学》2005年第5期。
[2] 包群、邵敏、杨大利：《环境管制抑制了污染排放吗？》，载《经济研究》2013年第12期。
[3] 陈德敏、张瑞：《环境规制对中国全要素能源效率的影响》，载《经济科学》2012年第4期。
[4] 陈媛媛、李坤望：《中国工业行业 SO_2 排放强度因素分解及其影响因素》，载《管理世界》2010年第3期。
[5] 傅京燕、李丽莎：《环境规制、要素禀赋与产业国际竞争力的实证研究》，载《管理世界》2010年第10期。
[6] 傅京燕、吴丽敏：《制度和环境政策影响了可再生能源产业出口贸易吗？》，载《国际贸易问题》2015年第12期。
[7] 傅京燕、赵春梅：《环境规制会影响污染密集型行业出口贸易吗？》，载《经济学家》2014年第2期。
[8] 龚关、胡关亮：《中国制造业资源配置效率与全要素生产率》，载《经济研究》2013年第4期。
[9] 韩超、张伟广、冯展斌：《环境规制如何"去"资源错配——基于中国首次约束性污染控制的分析》，载《中国工业经济》2017年第4期。
[10] 韩超、张伟广、郭启光：《环境规制实施的路径依赖》，载《天津社会科学》2016年第1期。
[11] 何小钢、张耀辉：《行业特征、环境规制与工业 CO_2 排放》，载《经济管理》2011年第11期。
[12] 胡元林、孙华荣：《环境规制影响企业绩效的路径研究》，载《中国科技论坛》2015年第12期。
[13] 黄菁：《环境污染与工业结构：基于Divisia指数分解法的研究》，载《统计研究》2009年第12期。
[14] 简泽：《企业间的生产率差异、资源再配置与制造业部门的生产率》，载《管理世界》2011年第5期。
[15] 李廉水、徐瑞：《环境规制对中国制造业技术创新的影响研究》，载《河海大学学报》（哲学社会科学版）2016年第3期。
[16] 李子豪、刘辉煌：《外商直接投资、地区腐败与环境污染——基于门槛效应的实证研究》，载《国际贸易问题》2013年第7期。
[17] 刘朝、韩先锋、宋文飞：《环境规制强度与外商直接投资的互动机制》，载《统计研究》2014年第5期。
[18] 刘郁、陈钊：《中国的环境规制：政策及其成效》，载《经济社会体制比较》2016年第1期。
[19] 刘悦、周默涵：《环境规制是否会妨碍企业竞争力：基于异质性企业的理论分析》，

载《世界经济》2018 年第 4 期。
[20] 罗德明、李晔、史晋川：《要素市场扭曲、资源错置与生产率》，载《经济研究》2012 年第 3 期。
[21] 聂辉华、贾瑞雪：《中国制造业企业生产率与资源误置》，载《世界经济》2011 年第 7 期。
[22] 庞军、石媛昌、胡涛、闫玉楠、梁龙妮：《我国出口贸易隐含污染排放变化的结构分解分析》，载《中国环境科学》2013 年第 12 期。
[23] 彭文斌、吴伟平、邝嫦娥：《环境规制对污染产业空间演变的影响研究——基于空间面板杜宾模型》，载《世界经济文汇》2014 年第 6 期。
[24] 钱学锋、蔡庸强：《资源误置测度方法研究述评》，载《北京工商大学学报》（社会科学版）2014 年第 3 期。
[25] 冉冉：《"压力型体制"下的政治激励与地方环境治理》，载《经济社会体制比较》2013 年第 3 期。
[26] 盛斌、吕越：《外国直接投资对中国环境的影响——来自工业行业面板数据的实证研究》，载《中国社会科学》2012 年第 5 期。
[27] 王书斌、徐盈之：《环境规制与雾霾脱钩效应——基于企业投资偏好的视角》，载《中国工业经济》2015 年第 4 期。
[28] 王勇、李雅楠、俞海：《环境规制影响加总生产率的机制和效应分析》，载《世界经济》2019 年第 2 期。
[29] 许和连、邓玉萍：《外商直接投资导致了中国的环境污染吗？》，载《管理世界》2012 年第 2 期。
[30] 杨仕辉、魏守道：《气候政策的经济环境效应分析——基于碳税政策、碳排放配额与碳排放权交易的政策视角》，载《系统管理学报》2015 年第 6 期。
[31] 于峰、齐建国：《开放经济下环境污染的分解分析——基于 1990~2003 年间我国各省市的面板数据》，载《统计研究》2007 年第 1 期。
[32] Adamopoulos, T., and Restuccia, D., 2014: The size distribution of farms and international productivity differences, *The American Economic Review*, Vol. 104, No. 6.
[33] Ambec, S., and Barla, P., 2006: Can environmental regulations be good for business? An assessment of the Porter hypothesis, *Energy Studies Review*, Vol. 14, No. 2.
[34] Ambec, S., Cohen, M. A., and Lanoie, P., 2013: The Porter hypothesis at 20: can environmental regulation enhance innovation and competitiveness?, *Review of Environmental Economics and Policy*, Vol. 7, No. 1.
[35] Baily, M. N., Hulten, C., and Caves, R. E., 1992: Productivity dynamics in manufacturing plants, *Brooking papers on Economic Activity: Microeconomics*.
[36] Barbera, A. J., and McConnell, V. D., 1990: The impact of environmental regulations on industry productivity: direct and indirect effects, *Journal of environmental economics and management*, Vol. 18, No. 1.
[37] Barbera, A. J., and McConnell, V. D., 1986: Effects of pollution control on industry productivity: a factor demand approach, *The Journal of Industrial Economics*.
[38] Barseghyan, L., and DiCecio, R., 2011: Entry costs, industry structure, and cross-country income and TFP differences, *Journal of Economic Theory*, Vol. 146, No. 5.

[39] Becker, R., and Henderson, V., 2000: Effects of air quality regulations on polluting industries, *Journal of political Economy*, Vol. 108, No. 2.

[40] Becker, R. A., Pasurka, C., and Shadbegian, R. J., 2013: Do environmental regulations disproportionately affect small businesses? Evidence from the pollution abatement fosts and expenditures survey, *Journal of Environmental Economics and Management*, Vol. 66, No. 3.

[41] Becker, R. A., 2011: Local environmental regulation and plant-level productivity, *Ecological Economics*, Vol. 70, No. 12.

[42] Berman, E., and Bui, L. T., 2001: Environmental regulation and productivity: evidence from oil refineries, *Review of Economics and Statistics*, Vol. 83, No. 3.

[43] Birdsall, N., and Wheeler, D., 1993: Trade policy and industrial pollution in Latin America: where are the pollution havens?, *The Journal of Environment & Development*, Vol. 2, No. 1.

[44] Boyd, G. A., and McClelland, J. D., 1999: The impact of environmental constraints on productivity improvement in integrated paper plants, *Journal of Environmental Economics and Management*, Vol. 38, No. 2.

[45] Brandt, L., Tombe, T., and Zhu, X., 2013: Factor market distortions across time, space and sectors in China, *Review of Economic Dynamics*, Vol. 16, No. 1.

[46] Brandt, L., Van Biesebroeck, J., and Zhang, Y., 2012: Creative accounting or creative destruction? Firm-level productivity growth in Chinese manufacturing, *Journal of Development Economics*, Vol. 97, No. 2.

[47] Carlton, D. W., and Perloff, J. M., 1990: Modern Industrial Organization. Scott, Foresman.

[48] Chung, S., 2014: Environmental regulation and foreign direct investment: Evidence from South Korea, *Journal of Development Economics*.

[49] Crafts, N., 2006: Regulation and productivity performance, *Oxford Review of Economic Policy*, Vol. 22, No. 2.

[50] Dasgupta, S., Laplante, B., and Wheeler, D., 2002: Confronting the environmental Kuznets Curve, *The Journal of Economic Perspectives*, Vol. 16, No. 1.

[51] De Bruyn, S. M., 1997: Explaining the environmental Kuznets curve: structural change and international agreements in reducing sulphur emissions, *Environment and Development Economics*, Vol. 2, No. 4.

[52] Dean, T. J., and Brown, R. L., 1995: Pollution regulation as a barrier to new firm entry: Initial evidence and implications for future research, *Academy of Management Journal*, Vol. 31, No. 1.

[53] Dean, J. M., Lovely, M. E., and Wang, H., 2009: Are foreign investors attracted to weak environmental regulations? Evaluating the evidence from China, *Journal of Development Economics*, Vol. 90, No. 1.

[54] Ederington, J., Levinson, A., and Minier, J., 2004: Trade liberalization and pollution havens, *Advances in Economic Analysis & Policy*, Vol. 3, No. 2.

[55] Ericson, R., and Pakes, A., 1995: Markov-perfect industry dynamics: A framework

for empirical work, *The Review of Economic Studies*, Vol. 62, No. 1.

[56] Eskeland, G. S., and Harrison, A. E., 2002: Moving to greener pasture, *Multinationals and the Pollution Haven*, NBER Working Paper, No. 8888.

[57] Fabry, N., and Zenghi, S., 2002: FDI and the environment: Is China a polluter haven, *Universite de Marne-la-Vallee Working Paper*.

[58] Fan, Y., Liu, L. C., and Wei, Y. M., 2007: Changes in carbon intensity in China: empirical findings from 1980 - 2003, *Ecological Economics*, Vol. 62, No. 3 - 4.

[59] Feichtinger, G., Hartl, R. F., and Veliov, V. M., 2005: Environmental policy, the porter hypothesis and the composition ofcapital: Effects of learning and technological progress, *Journal of Environmental Economics and Management*, Vol. 50, No. 2.

[60] Gamper - Rabindran, S., 2006: NAFTA and the environment: What can the data tell us?, *Economic Development and Cultural Change*, Vol. 54, No. 3.

[61] Gollop, F. M., and Roberts, M. J., 1983: Environmental regulations and productivity growth: The case of fossil-fueled electric power generation, *Journal of political Economy*, Vol. 91, No. 4.

[62] Gray, W. B., and Shadbegian, R. J., 1995: Pollution abatement costs, regulation, and plant-level productivity, *NBER Working Paper*, No. 4994.

[63] Gray, W. B., and Shadbegian, R. J., 2003: Plant vintage, technology, and environmental regulation. *Journal of Environmental Economics and Management*, Vol. 46, No. 3.

[64] Gray, W. B., 1987: The cost of regulation: OSHA, EPA and the productivity slowdown, *The American Economic Review*, Vol. 77, No. 5.

[65] Greenstone, M., 2002: The impacts of environmental regulations on industrial activity: Evidence from the 1970 and 1977 clean air act amendments and the census of manufactures, *Journal of Political Economy*, Vol. 110, No. 6.

[66] Greenstone, M., List, J. A., and Syverson, C., 2012: The effects of environmental regulation on the competitiveness of US manufacturing, *National Bureau of Economic Research*, No. 18392.

[67] Grossman, G. M., and Krueger, A. B., 1994: Environmental impacts of a North American free trade agreement, *National Bureau of Economic Research*.

[68] Guner, N., Ventura, G., and Xu, Y., 2008: Macroeconomic implications of size-dependent policies, *Review of Economic Dynamics*, Vol. 11, No. 4.

[69] Heutel, G., 2011: Plant vintages, grandfathering, and environmental policy, *Journal of Environmental Economics and Management*, Vol. 61, No. 1.

[70] Holland, S. P., 2012: Emissions taxes versus intensity standards: Second-best environmental policies with incomplete regulation, *Journal of Environmental Economics and Management*, Vol. 63, No. 3.

[71] Hopenhayn, H. A., 1992: Entry, exit, and firm dynamics in long run equilibrium, *Econometrica: Journal of the Econometric Society*, Vol. 60, No. 2.

[72] Hopenhayn, H. A., and Rogerson, R., 1993: Job turnover and policy evaluation: A general equilibrium analysis, *Journal of Political Economy*, Vol. 101, No. 5.

[73] Hsieh, C. T., and Klenow, P. J., 2014: The life cycle of plants in India and Mexico,

The Quarterly Journal of Economics, Vol. 129, No. 3.

[74] Hsieh, C. T., and Klenow, P. J., 2009: Misallocation and manufacturing TFP in China and India, *The Quarterly Journal of Economics*, Vol. 124, No. 4.

[75] Jaffe, A. B., Peterson, S. R., and Stavins, R. N., 1995: Environmental regulation and the competitiveness of U. S. manufacturing: What does the evidence Tell Us?, *Journal of Economic Literature*, Vol. 33, No. 1.

[76] Jaffe, A. B., and Palmer, K., 1997: Environmental regulation and innovation: A panel data study, *Review of Economics and Statistics*, Vol. 79, No. 4.

[77] Jones, C. I., 2011: Misallocation, economic growth, and input-output economics, *NBER Working Paper*, No. 16742.

[78] Keller, W., and Levinson, A., 2002: Pollution Abatement costs and foreign direct investment inflows to U. S. states, *The Review of Economics and Statistics*, Vol. 84, No. 4.

[79] Kheder, S. B., and Zugravu, N., 2012: Environmental regulation and french firms location abroad: An economic geography model in an international comparative study, *Ecological Economics*, Vol. 77.

[80] Koo, A. Y., 1974: Environmental repercussions and trade theory, *The Review of Economics and Statistics*.

[81] Krugman, P., 1991: Increasing returns and economic geography, *Journal of Political Economy*, Vol. 99, No. 3.

[82] Lagos, R., 2006: A model of TFP, *The Review of Economic Studies*, Vol. 73, No. 4.

[83] LaPlue III, L. D., 2016: The Environmental Effects of Trade and Environmental Policy Within and Across Sectors.

[84] Lashitew, A. A., 2012: Misallocation, aggregate productivity and policy constraints: Cross-country evidence in manufacturing, *Working Paper*.

[85] Lashitew, A. A., 2015: Employment Protection and Misallocation of Resources Across Plants: International Evidence, *CESifo Economic Studies*, Vol. 62, No. 3.

[86] Leontief, W., and Ford, D., 1970: Environmental repercussions and the economic structure: an input-output approach, *Review of Economics and Statistics*, Vol. 52, No. 3.

[87] Levinson, A., 2009: Technology, international trade, and pollution from us manufacturing, *American Economic Review*, Vol. 99, No. 5.

[88] Li, Z., and Sun, J., 2015: Emission taxes and standards in a general equilibrium with entry and exit, *Journal of Economic Dynamics and Control*, Vol. 61.

[89] Lucas Jr, R. E., 1978: On the size distribution of business firms, *The Bell Journal of Economics*, Vol. 98, No. 2.

[90] Melitz, M. J., 2003: The Impact of trade on intra-industry reallocations and aggregate industry productivity, *Econometrica*, Vol. 71, No. 6.

[91] Mohr, R. D., 2002: Technical change, external economies, and the porter hypothesis, *Journal of Environmental Economics and Management*, Vol. 43, No. 1.

[92] Palmer, K., Oates, W. E., and Portney, P. R., 1995: Tightening environmental standards: the benefit-cost or the no-cost paradigm?, *Journal of economic perspectives*, Vol. 9, No. 4.

[93] Pashigian B. P., 1984: The effect of environmental regulation on optimal plant size and factor shares, *The Journal of Law and Economics*, Vol. 27, No. 1.

[94] Paul, S., and Bhattacharya, R. N., 2004: CO_2 emission from energy use in India: a decomposition analysis, *Energy Policy*, Vol. 32, No. 5.

[95] Porter, M. E., and Van der Linde, C., 1995: Toward a new conception of the environment-competitiveness relationship, *Journal of Economic Perspectives*, Vol. 9, No. 4.

[96] Reppelin-Hill, V., 1999: Trade and environment: An empirical analysis of the technology effect in the steel industry, *Journal of Environmental Economics and Management*, Vol. 38, No. 3.

[97] Restuccia, D., and Rogerson, R., 2008: Policy distortions and aggregate productivity with heterogeneous establishments, *Review of Economic Dynamics*, Vol. 11, No. 4.

[98] Slden, T. M., Forrest, A. S., and Lockhart, J. E., 1999: Analyzing the reductions in US air pollution emissions: 1970 to 1990, *Land Economics*, Vol. 75, No. 1.

[99] Simpson, R. D., and Bradford Ⅲ, R. L., 1996: Taxing variable cost: Environmental regulation as industrial policy, *Journal of Environmental Economics and Management*, Vol. 30, No. 3.

[100] Spatareanu, M., 2007: Searching for Pollution havens: the impact of environmental regulations on foreign direct investment, *The Journal of Environment and Development*, Vol. 16, No. 2.

[101] Tole, L., and Koop, G., 2011: Do Environmental regulations affect the location decisions of multinational gold mining firms? *Journal of Economic Geography*, Vol. 11, No. 1.

[102] Tombe, T., and Winter, J., 2015: Environmental policy and misallocation: The productivity effect of intensity standards, *Journal of Environmental Economics and Management*, Vol. 72.

[103] Xepapadeas, A., and de Zeeuw, A., 1999: Environmental policy and competitiveness: the Porter hypothesis and the composition of capital, *Journal of Environmental Economics and Management*, Vol. 37, No. 2.

[104] Yang, M. J., 2011: Micro-level misallocation and selection: Estimation and aggregate implications, *Mimeo*, UC Berkeley.

Resource Reallocation Effect in Emission Reduction Induced by Environmental Regulation

—Potential Significance, Research Progress and Prospects

Chao Han   Zhen Wang

Abstract: With China's rapid economic growth, the environmental pollution issue has become more and more serious. China has successively introduced and implemented a series of environmental regulation policies. Under the effect of the environmental regulation policy tools, the environmental pollution issue has been significantly improved. However, with the deepening of regulatory governance, the impact of scientific regulatory decision-making and implementation on the effectiveness of regulation is becoming more and more important, and the micro-resource-reallocation effect is the basic of the internal mechanism of environmental regulation, and it is also a key issue in the implementation of environmental regulation. This paper summarizes the potential theoretical and practical significance of resource reallocation effects, related research progress and possible future research directions from the implementation of environmental regulation. This paper believes that the revealing effect of resource reallocation is conducive to exploring the driving factors of emission changes, helping to identify the policy bias in the implementation of environmental regulations, and is more conducive to a more comprehensive and indepth understanding of the mechanism of environmental regulation impact. In the end, the formulation and implementation of environmental regulation policies can be carried out more comprehensively and scientifically.

Keywords: Environmental Regulation   Resource Reallocation   Policy Bias   Survey
JEL Classification: L52   D21   Q58

钢铁行业产能过剩测度及影响因素分析[*]
——基于中国 30 个省份的经验验证

董长瑞　朱艳云　刘建旭[**]

摘　要：钢铁行业是经济发展的支柱型产业，在工业化进程中发挥着至关重要的作用。然而由于产能过剩等因素的影响，钢铁行业的发展正面临巨大的挑战。本文基于 2008~2015 年全国除西藏以外的 30 个省份钢铁行业的生产数据，利用随机前沿分析法测度不同省份钢铁产业的产能过剩指数，并借助协整回归等方法分析了该行业产能过剩的影响因素。研究结果显示：江苏、山东、广东、上海和北京等地区的产能过剩较为严重；政府财政补贴对该行业产能过剩具有显著的正向影响，而钢铁价格、市场需求和行业技术水平等与行业产能过剩之间呈现负相关关系。在分析影响钢铁行业产能过剩的主要因素基础上，提出了增强员工创新能力、提升企业科技水平以及合理控制钢铁行业补贴等政策建议。

关键词：钢铁行业　产能过剩　随机前沿分析　面板回归模型

一、引　言

21 世纪初，中国经济在积极的财政政策和稳健的货币政策下稳步增长，钢铁产业在这个阶段迅速发展起来。然而，由于国内外各种因素的变化，钢铁产能过剩已经成为该行业发展的顽疾。国家发改委发布的《2019 年钢铁化解过剩产能工作要点》要求，更科学、有效地做好去产能工作，加快钢铁业结构调整和转型升级。由此可见，钢铁行业去产能的任务仍然艰巨。通过对产能过剩的测度及原因分析，一方面有利于从根源找对策缓解我国钢铁行业产能过剩问题；另一方面有效增强我国钢铁行业发展的健康性和可持续性。此外，因钢铁行业是资本密集型行业的代表，通过对该行业进行研究，

---

[*] 感谢匿名审稿人的宝贵意见！
[**] 董长瑞：山东财经大学经济学院；地址：山东省济南市市中区舜耕路 40 号山东财经大学舜耕校区，邮编：250014；E-mail：crdsdufe@126.com。
朱艳云（通信作者）：山东财经大学经济学院；地址：山东省济南市市中区舜耕路 40 号山东财经大学舜耕校区，邮编：250014；E-mail：zhuyayun315@163.com。
刘建旭：山东财经大学经济学院；地址：山东省济南市市中区舜耕路 40 号山东财经大学舜耕校区，邮编：250014；E-mail：liujianxu1984@163.com。

可以为煤炭、电力、水泥、电解铝等行业产能过剩的研究提供重要的借鉴意义。

本文对产能过剩研究的贡献在于：一是用产能过剩指数来反映中国钢铁行业产能过剩情况，是对已用产能利用率作为衡量指标的继承和补充；二是构建了产能过剩影响因素的分析体系，为产能过剩的形成提供了系统的解释；三是从量上考察了钢铁行业产能过剩指数变动对其影响因素的传导作用以及钢铁行业产能过剩影响因素变动与"需求—供给"比率的关系，为相关部门合理地调整钢铁行业的投入及产品供给提供理论指导。

文章结构如下：第二部分文献综述；第三部分构建产能过剩指数模型及变量，首先从理论上说明本文采用的模型及测度方法能够较好地测度钢铁行业产能过剩的原因，然后介绍模型设定、数据来源和样本选择；第四部分是中国钢铁行业产能过剩指数的测度及对测度结果的分析；第五部分构建了分析钢铁行业产能过剩影响因素的指标体系，分别从三个层面，即政府、企业和市场层面来分析中国钢铁行业产能过剩的因素；第六部分预测了钢铁行业产能过剩指数并进行了情景分析；第七部分是结论和政策建议。

二、文献综述

"产能过剩"的定义最早是由国外学者 Chamberlin（1947）提出的，指的是企业实际生产能力因超过市场需求的生产能力而造成的过剩。当前，研究产能过剩的相关文献主要分为两个方面：一是站在产出角度，Kirkley et al.（2002）认为产能过剩可以由行业潜在产出与观测的实际产出比率表示。若实际产出水平低于该行业潜在的产能产出，则说明该行业存在产能过剩现象。徐齐利（2018）持相似的观点，他认为如果企业由于资源配置效率受损、未能使生产要素得到充分利用等原因导致其在投产阶段额定的产能产出大于市场出清时的均衡产出，则可以说该企业存在产能过剩。二是站在市场供求角度，李江涛（2006）认为产能过剩的考察对象主要是产品的生产能力，这时产能过剩的状态是产品的有效需求能力小于产品的实际生产能力，且两者之间的差距需达到一定程度。韩国高等（2011）从微观和宏观两方面阐释产能过剩是指在一定时期内，某行业生产要素充分利用后能够产生的最佳生产水平高于该行业实际产出水平。因此，对钢铁行业产能过剩的界定可分为两个层面：一是市场上钢铁产量大于钢铁需求带来的产能过剩；二是在钢铁的生产过程中，对固定资产、技术、原料等利用不充分，即产能利用率低。

产能利用率是当前考察产能过剩的主要指标。唐子惠等（2018）利用 DEA 法测算了中国 2010~2015 年各地区的工业产能利用率，并考察了市场化程度、经济结构、经济周期、产业开放度、新增固定资产投资等对工业产能利用率的影响，在此基础上为提高工业产能利用率提出了相应的政策建议；仲云云（2018）也基于 DEA 法对中国制造业 1996~2016 年的产能利用率进行了测算，在产能利用率影响因素方面，其观点与唐子惠等研究基本一致，但在此基础上又考察了环境污染纵容以及技术创新不足等因素的影响。此外，王韧、马红旗（2019）主要基于制度性因素的视角，运用成本函数法测算了中国钢铁行业的产能利用率，研究得到我国产能过剩的形成明显受到制度性因素的影响，银行信贷支持和信贷资源配置是我国重工业领域产能过剩演变的主导力量。以上研究均基于产能利用率的角度考察产能过剩情况，而忽略了市场中供求不平衡这一因素，本文为克服这一缺陷，利用随机前沿法测算了钢铁行业产能过剩指数，并结合现实中的"需求—供给"比率调整产能过剩指数的结果，使测度结果更加确切及更具说服力。进一步梳理现有产能过剩的影响因素，主要分为以下几个方面：首先是政府不当干预。孙正等（2019）认为地方政府在实现 GDP 最大化的激励下，制定相应的税收政策，产能过剩问题相伴而生。地方政府的干预不仅体现在税收政策上，更多地体现在对行业或企业不同形式的补贴上。徐齐利等（2019）通过数理模型分析得出，政府补贴是导致产能过剩的重要原因。虽然短期内政府补贴不会带来产能过剩，但从长期来看，政府无论以何种补贴模式，只要补贴强度达到足以激励新企业进入的程度，产能过剩问题就会出现。并且产能过剩程度与补贴强度呈现正向的关系。张亚斌等（2018）认为地方补贴性竞争在信息不对称的市场环境背景下，所引致的产能过剩率长时间高于正常产能过剩率，并且行业内的产能过剩出现概率与企业所获补贴之间具有正相关关系，企业得到的补贴越多，行业内越容易出现产能过剩。其次是"潮涌现象"，林毅夫（2007）认为发展中国家相比于发达国家具有明显的后发优势，可以通过学习发达国家的产业发展进程，确定下一阶段有前景的产业。但由于企业外部信息不对称，企业一旦对经济形势具有良好的预期，便会大量投入生产要素，最终导致生产能力的过剩。"潮涌现象"同样引起了钢铁行业的产能过剩。陈新良（2013）考察了钢铁行业产能过剩情况，分析了导致钢铁行业产能过剩的影响因素是行业内大量中小型企业涌入，促使低质量的钢产品数量快速增长。企业"潮涌"行为的根本原因无非是该行业存在巨大的发展潜力、能够获得较高的经济利益，因此可以说这是企业的一种逐利行为。最后是技术创新不足。杨新玥（2018）认为技术创新能有效预防及解决产能过剩问题。技术创新与产能利用率的关系是正向的，一个行业内技术创新水平越高，产能利用率就会越高，产能过剩问题随之得到化解。吴振明、周江（2019）通过测算我国 2010~2016 年各省市工业产能利用率得出，工业产能利用率在很大程度上受到技术进步有效性的影响。技术进步无效及中性型的区域长期存在产能过剩，技术进步弱有效的区域从 2016 年也出现了大范围的产能过剩，产能过剩的主要原因是技术问题引致的落后产能。

总的来看，关于产能过剩的文献尽管很多，但绝大多数都采用产能利用率这一指标来衡量产能过剩情况。此外针对钢铁行业产能过剩的研究相对较少。钢铁行业产能过剩的治理及钢铁产品市场的健康有序发展是我国供给侧结构性改革的重任之一。

三、产能过剩指数模型和变量

（一）函数模型设计

本部分采用随机前沿分析方法（SFA）通过设定随机前沿面模型形式进行产能过剩指数的估计。根据产能过剩指数公式设定可得，对产能过剩指数的测度本质上是对产能利用率的测度。估算产能利用率时被广泛应用的是成本函数法，该方法是基于资本、劳动力等多要素投入的估算，但难以核算成本和获取数据信息。因此为有效避免价格和成本等因素造成的误差，本文选用随机前沿分析（SFA）。具体计算方法为：钢铁产品包括生产和销售两个环节。在生产环节上，产能利用率为实际产出与潜在生产能力的比值，即公式（4）中的CU_k。在销售环节上，用"需求—供给比率"修正生产环节中得到的产能利用率，以考察产能利用率对消费能力变动的反应程度。SFA相较于其他测度方法优势为其考虑了不同生产要素的替代弹性，并且在测度潜在产出的生产前沿时其结果是随机的。此外，SFA测度方法通过设定具体的生产函数来检验各个参数与模型本身设定的合理性。通过考虑时间变化的因素和技术中性的强假设放宽的条件下，可以更多揭示经济系统内的特征（杨振兵、张诚，2015）。

根据Sriboonchitta et al.（2017）的模型设定，将随机前沿面模型的形式、分布假设和产能利用率定义如下：

$$\ln Y_{it} = \alpha_0 + \alpha_1 \ln k_{it} + \alpha_2 \ln L_{it} + v_{it} - u_{it} \quad (1)$$

$$\varepsilon_{it} = v_{it} - u_{it} \quad (2)$$

$$v \sim N(0,\ \sigma_v^2),\ u \sim N^+(0,\ \sigma_u^2) \quad (3)$$

$$CU_{K_{it}} = \frac{E[f(x_{it},\ \beta)\exp(v_{it} - u_{it})]}{E[f(x_{it},\ \beta)\exp(v_{it} - u_{it}) \mid u_{it} = 0]} = \exp(-u_{it}) \quad (4)$$

其中，Y表示行业产出，i和t分别表示省份和年份，k代表资本投入，L表示劳动力投入，α_0表示截距，v为随机误差项，表示不可控的影响因素，u为技术损失误差项，用以计算技术非效率。CU代表产能利用率。v服从于均值为0，方差为σ_v^2的正态分布。u假设服从方差为σ_u^2的半正态分布。考虑到产能过剩来源于产出和市场需求两个方面，借鉴杨振兵和张诚（2015）构建产能过剩指数的概念，将调整后的产能过剩指数定义为：

$$EXCA = 1/CU_A - 1 = 1/(CU_K \times SR) - 1 \quad (5)$$

其中，EXCA表示产能过剩指数，CU_K表示生产环节的生产能力利用率，

SR 表示市场需求与现实产量的比值,即"需求—供给"比率,CU_A 表示产能利用率,用公式表示为 $CU_A = CU_K \times SR$。由于现有资料无法提供钢铁行业 30 个省准确及完整的产品供给和需求数据,因此我们用全国各年钢铁生产量表示市场供给,用表观需求量表示市场需求。

在得到产能过剩指数后,继续深入研究产能过剩的影响因素。面板回归方程表述如下:

$$\widehat{EXCA}_{it} = \alpha_0 + \alpha_1 X_{1it} + \alpha_2 X_{2it} + \cdots + \alpha_n X_{nit} + e_{it} \tag{6}$$

其中,$\widehat{EXCA}_{it}$ 是产能过剩指数的估计值,$X_1, \cdots, X_n$ 是解释变量,α_i 是待估参数,e_{it} 是随机误差项。

本文用面板协整回归考察各指标变量对钢铁行业产能过剩指数的影响效应,在进行面板回归之前,首先通过单位根检验证明变量间是否同阶单整,若变量间满足同阶单整的条件,则进行协整检验,以考察变量之间是否具有长期稳定的协整关系。若上述条件均满足,则进行面板的协整回归。为了进一步考察面板数据随个体或时间变化的程度,本文引入面板固定效应模型及随机效应模型。

(二) 数据来源和样本选择

本文选取 2008~2015 年中国除西藏外的 30 个省份的面板数据作为研究样本,其中产出、资本投入、劳动投入数据来自《中国工业经济统计年鉴》,分别以工业总产量、固定资产原价、全部从业人员年平均人数来衡量。由于《中国工业经济统计年鉴》中并没有直接给出钢铁行业上述指标数据,因此,将钢铁行业的四个分行业即黑色金属和非金属矿采选、非金属制造、黑色金属压延的工业数据加总,代表整个钢铁行业的工业总产量。然后,用 2008~2015 年国家统计局公布的年度分省生产者价格指数(PPI)对上述钢铁工业资本投入进行平减,得到以 2008 年为基期的相关数据。最后,对钢铁行业的工业总产量、平减后的资本投入以及劳动力投入均取对数,便得到被解释变量 lnY、解释变量 lnK 和 lnL。此外,钢铁行业产能过剩影响因素指标数据主要来自中国工业经济、中国劳动等统计年鉴。

四、钢铁行业产能过剩指数测度结果分析

表 1 是根据式(1)~式(5)计算得出的 2008~2015 年中国 30 个省份产能过剩指数。在表 1 中,我们可以发现钢铁产能过剩在我国大多数省份普遍存在,这是由产能利用率低和供大于求的双重原因所导致的。产能过剩指数大于 1 意味着潜在生产能力超过市场实际需求的 1 倍以上。本文研究样本中产能过剩指数连续 3 年及以上超过 1 的省份有北京、湖北、天津、河北、湖

南、辽宁、上海、江苏、广东、浙江、福建、山东、河南。这反映了我国大部分地区普遍存在钢铁严重产能过剩情况。

表1 中国30个省份2008~2015年钢铁行业产能过剩指数（EXCA）

地区	2008年	2009年	2010年	2011年	2012年	2013年	2014年	2015年	年均值
北京	2.33	2.35	3.29	2.98	3.14	3.26	3.51	2.92	2.97
天津	0.97	0.65	1.42	1.18	1.48	1.73	1.84	2.75	1.50
河北	1.37	1.68	1.34	1.36	1.69	1.61	1.58	2.76	1.67
山西	0.19	0.11	0.55	0.05	0.38	0.35	0.63	1.55	0.48
内蒙古	0.19	0.11	0.37	0.25	0.42	0.48	0.71	0.53	0.38
辽宁	1.11	1.24	2.37	1.51	1.61	1.63	2.28	2.81	1.82
吉林	0.19	0.11	0.39	0.29	0.30	0.45	0.37	0.39	0.31
黑龙江	0.19	0.11	0.21	0.05	0.05	0.06	0.09	0.13	0.11
上海	1.59	1.83	2.37	1.29	1.50	1.70	1.86	2.85	1.88
江苏	1.33	1.99	2.74	2.46	2.38	2.96	3.16	4.20	2.65
浙江	0.62	0.52	1.41	1.13	1.52	1.54	1.55	2.13	1.30
安徽	0.19	0.11	0.63	0.58	0.83	0.91	1.40	1.41	0.76
福建	0.67	0.31	1.11	1.43	1.12	1.39	1.69	2.01	1.22
江西	0.19	0.11	0.30	0.12	0.12	0.66	0.57	1.02	0.39
山东	1.07	1.20	2.10	2.05	2.34	2.70	2.92	3.13	2.19
河南	0.19	0.21	1.07	0.87	1.26	1.56	1.86	2.44	1.18
湖北	0.67	0.53	1.45	1.26	1.31	1.49	1.99	2.55	1.41
湖南	0.42	0.93	0.89	0.87	1.50	1.02	1.65	1.83	1.14
广东	1.80	1.79	2.58	1.59	1.57	2.26	2.34	3.39	2.17
广西	0.19	0.11	0.29	0.12	0.43	0.36	0.50	0.96	0.37
海南	0.19	0.11	0.21	0.05	0.05	0.06	0.09	0.12	0.11
重庆	0.19	0.11	0.50	0.34	0.43	0.65	0.84	1.28	0.54
四川	0.23	0.65	1.19	0.85	1.20	1.46	0.92	1.65	1.02
贵州	0.19	0.11	0.21	0.05	0.06	0.09	0.12	0.11
云南	0.19	0.11	0.21	0.05	0.07	0.23	0.10	0.34	0.16
陕西	0.27	0.11	0.38	0.50	0.76	0.93	1.41	1.09	0.68
甘肃	0.19	0.11	0.21	0.05	0.05	0.06	0.09	0.23	0.12
青海	0.19	0.11	0.21	0.05	0.05	0.06	0.09	0.12	0.11
宁夏	0.19	0.11	0.21	0.05	0.05	0.06	0.09	0.12	0.11
新疆	0.19	0.11	0.21	0.05	0.06	0.15	0.16	0.58	0.19

资料来源：笔者整理。

为了分析钢铁产能过剩在时间、区域及分布的特征，我们进一步细化了表1中的产能过剩指数。图1反映的是我国30个省份2008~2015年产能过剩指数年均值的情况。根据图表可以得到钢铁产能过剩指数年均值最低的5个省份分别为黑龙江、海南、贵州、青海、宁夏，且各省份5年内的产能过剩指数均在0.21以下，这说明在黑龙江等5个省份钢铁产能过剩情况并不严重。可能的原因在于这些省份经济不发达，矿产资源较少，没有大型的钢铁企业，从而造成产能利用率很低。也就是说技术的落后可能是这些省份产能过剩的主要原因。产能过剩指数最高的5个省份分别为北京、江苏、山东、广东、上海。产能过剩指数年均值最低的海南与产能过剩指数年均值最高的北京相差2.86。相对比于黑龙江等省份，这些地区具有截然相反的特征，比如经济发达、技术水平高、钢铁产出高等。可以说钢铁的过多生产是这些地区产能过剩的主要原因。由此可见，我国钢铁行业产能过剩问题总体上已经相当严重，并且区域差异明显，因此在治理钢铁产能过剩时可以首先从问题严重区域入手，分层次、有重点地破解产能过剩问题。

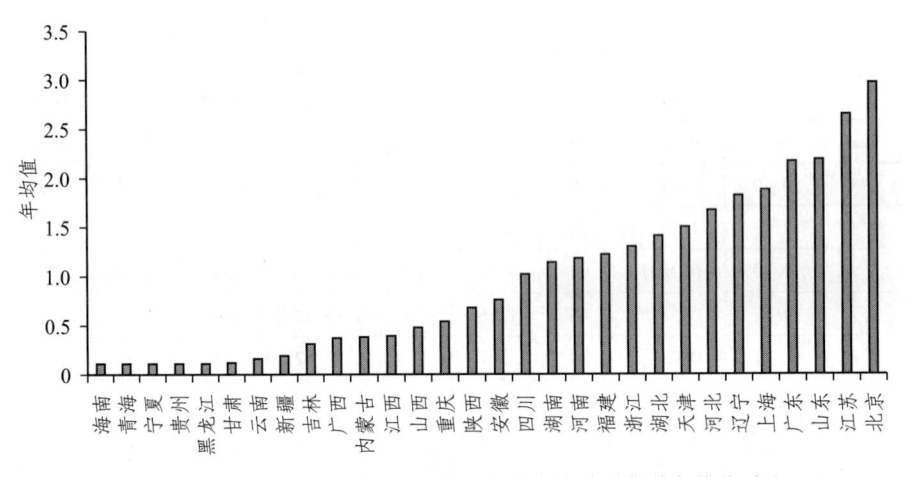

图1 中国2008~2015年30个省份钢铁产能过剩指数年均值对比

图2反映的是上述10个省份2008~2015年的产能过剩指数变动趋势。从横轴来看，随着时间的推移，所选样本省份的产能过剩指数大多有上升趋势。可能的原因在于从2008年开始中国钢铁行业受到全球金融危机的影响，行业整体不景气，钢铁出口大幅下滑，产能利用率开始下降，即图中所示的产能过剩指数的上升。在全球粗钢消费量萎缩及贸易摩擦加剧的背景下，我国钢材出口面临挑战。然而，随着我国"一带一路"倡议的逐步推进和我国钢铁产能过剩政策的实施，未来几年钢铁产能过剩一定能够得到有效控制。从纵轴来看，尽管位于排名两端的城市在产能过剩指数上都存在着差距，但位于前五位的省份之间在数值上相差略大，而位于后五位的省份之间虽有差

距,但相差甚小。

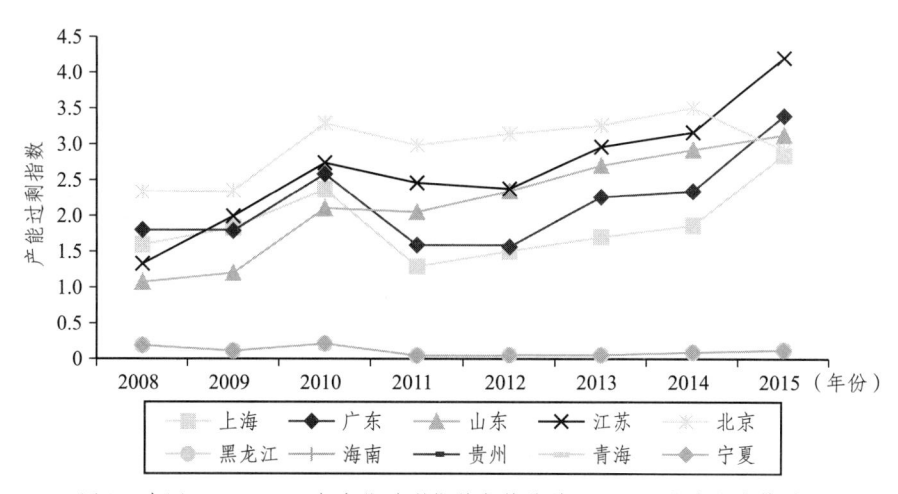

图 2 中国 2008~2015 年产能过剩指数年均值前五及后五位省份走势对比

图 3~图 6 是通过对我国地区的四种不同划分标准来分析我国钢铁行业产能过剩情况。图 3 反映的是东中西三大区域 2008~2015 年产能过剩指数年均值占比情况。由图 3 可知,东部地区的产能过剩指数年均值在全国范围占比为 60%,这直观地说明了我国产能过剩问题主要集中在东部地区,这可能与东部地区市场需求、生产的技术设备等情况密切相关。东部地区经济发达,雄厚的资金力量足以支撑钢铁企业投入先进设备,加之东部地区对钢铁需求量大,刺激钢铁企业的生产,往往导致市场供过于求,带来产能过剩。同时,其他地区也存在着一定程度的产能过剩。近几年,黑龙江、海南、贵州、青海、宁夏纷纷出台了相应的去钢铁产能政策。如 2019 年 5 月 9 日黑龙江省发布《关于做好 2019 年重点领域化解过剩产能工作的通知》,以更科学有效地化解钢铁过剩产能,加快该行业结构调整及转型升级。

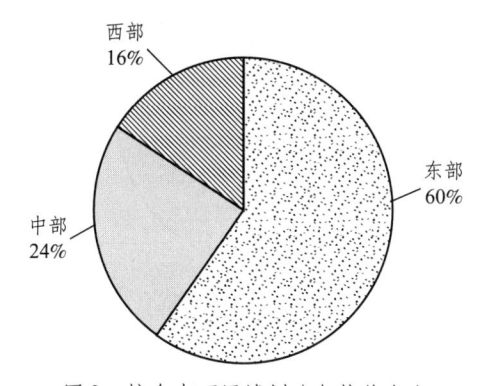

图 3 按东中西区域划分年均值占比

图 4 显示的是全国八大经济区域钢铁产能过剩年均值所占比值。该区域包括东北、北部沿海、东部沿海、长江中游和黄河中游、南部沿海、西南、西北 8 个综合经济区。从图 4 中可以看到，东部沿海地区及北部沿海地区的产能过剩年均值在全国范围内占比最高，分别达到了 23% 和 24%，这两个区域所包含的省份有上海、江苏、浙江、山东、河北、北京和天津。由此可见，东北和京津冀地区、山西和山东等省份的钢铁行业产能过剩相对严重，同时，福建、上海、湖南、江苏、浙江等省份，也存在产能过剩的情况。

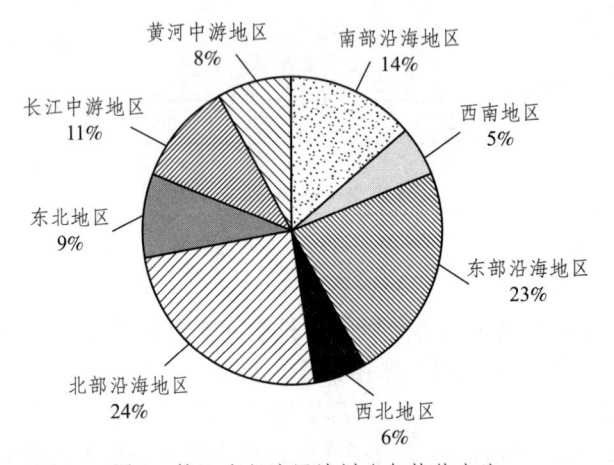

图 4 按八大经济区域划分年均值占比

图 5 反映的是九大钢铁基地所在 11 个省份与国内其他省份产能过剩指数年均值对比情况。由图 5 可以看出，十一大钢铁省份产能过剩指数年均值占全国总体的 61%，这说明我国钢铁行业产能过剩问题主要集中在钢铁大省，但其余省份也占据了不小的比重。

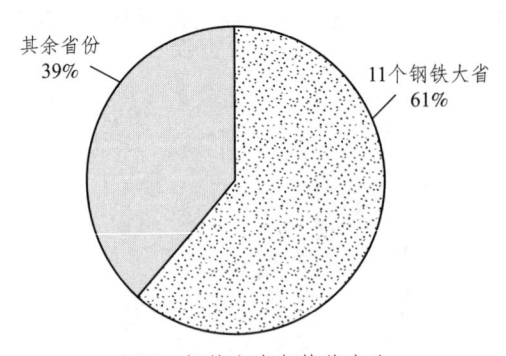

图 5 钢铁大省年均值占比

图 6 是七大地理分区所体现的产能过剩指数年均值占比情况。七大地理分区的划分是根据不同地区各异的地理、环境及人文特点。由图 6 可以直观

地看出，我国 2008~2015 年产能过剩指数年均值占比前三位的区域有华北地区、华东地区及华中地区，三者之和占比约 63%。

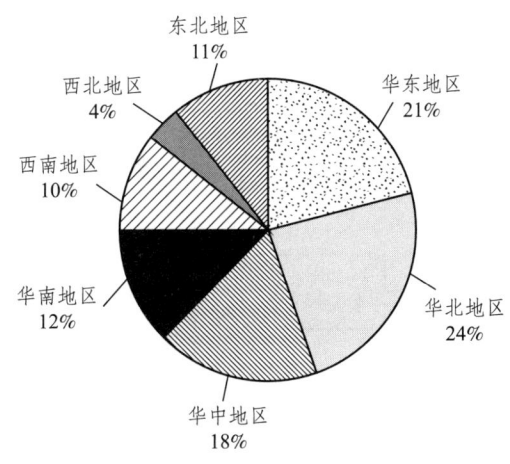

图 6　七大地理分区年均值占比

结合上述 4 个图示可以得到，东北地区、京津冀地区、山西和山东等地是我国钢铁行业产能过剩较为集中的区域。这些地区尽管拥有丰富的劳动力资源、工业产值及制造业占比高，但是技术创新水平和高端技术较低。这些地区的钢铁企业主要生产单一的钢铁产品，导致某些钢产品供给量大于需求量并超过一定程度，带来产能过剩。此外存在产能过剩情况的地区还有福建、浙江、江苏、上海、湖南等省份。但这些地区的产能利用率总体上呈现波动变化状态，并非长期处于低水平。原因在于这些地区的技术水平及创新能力高，生产的产品类型多样，往往不会出现对某单一产品的盲目供给。即使钢铁产品产能出现了过剩，在一段时间内也会回归正常状态。但是，上述地区若无法及时退出落后产能、调整政府和企业对钢铁行业的过度投资，产能过剩就无法得到根治。

五、产能过剩影响因素的指标体系及分析

（一）指标体系与数据来源

上文主要测度了我国各省钢铁行业产能过剩指数，下面将进一步分析影响产能过剩的因素及影响效果。基于文献综述中学者们对产能过剩因素的分析，本文借鉴林毅夫等（2010）和其他学者的研究成果，在考虑政府行为及市场经济运行状况的基础上，引入了政府补贴、钢铁价格、人均可支配收入增长率、新增铁路里程、钢铁行业员工高中及以上学历的人数情况等影响因

素构建产能过剩影响因素指标体系。如图 7 所示，该指标体系考虑了政府、市场和企业三个层面，各变量之间的联系及其选取理由与计算方法说明如下。

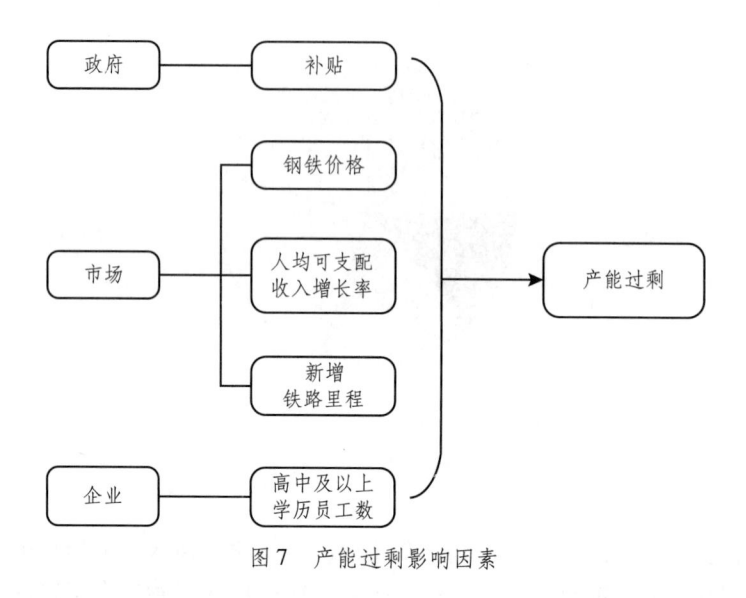

图 7 产能过剩影响因素

根据最低限价的价格维持政策，本文在政府方面选取政府对钢铁行业的补贴作为变量指标。在最低限价政策下，政府安排企业生产和交易的最低价格通常高于市场均衡价格。最低限价使行业产品购买量低于未加干预时市场均衡产量，而供给量高于未加干预的市场均衡产量。该过程导致的产品剩余由政府按最低限价购买，即政府对行业的补贴。最低限价这一行为最终导致行业产能和产出的双重过剩。本文用政府对钢铁业劳动者的补贴代表政府对整个钢铁行业的补贴状况。具体的计算公式为：政府对钢铁行业的补贴 =（钢铁行业劳动力人数/全国年末就业总人数）× 地方财政社会保障和就业支出。

根据西方经济学中商品供求与商品价格的关系理论，本文中将钢铁价格引入作为分析钢铁产能过剩的一个重要影响因素。由于钢材种类众多，且价格不论从时间还是区域上都存在较大差别，而螺纹钢生产及应用范围广，占据整个钢材生产的比重大，因此本文用螺纹钢的价格粗略表示钢材的价格。

基于经济学中一定时间内需求与产量关系理论，本文考虑到影响钢铁行业产能过剩的因素还有市场需求这一指标。产能过剩往往不会在市场对产品需求较大时出现，这时的产能过剩指数较小；当市场对产品的需求较小时，产能过剩出现的概率越大，这时的产能过剩指数较大。因此，市场需求的变动与产能过剩指数呈负相关关系。本研究中以 N 表示市场需求。由于市场需求不易衡量，因此本文采用我国人均可支配收入增长率数据来表示的研究方式。

铁路建设行业作为钢铁行业的重要下游产业,会给钢铁行业提供足量的支撑,我国铁路用钢项目主要包括铁路的新建、维修及改选原有铁路、建设铁路桥梁等。据粗略估计,铁路建设每投资1亿元,将平均消耗钢材0.333万吨。

根据《2016年中国经济前景分析》中提到的产能过剩与技术创新能力关系,本文用钢铁企业高中及以上学历员工数量来反映企业技术情况以考察其对产能过剩的影响。一般而言,企业中高学历员工数量越多,则业务能力、技术水平越强。在钢铁行业限产的情况下,钢铁企业越多的员工受教育程度高,代表技术水平越高,实际产出越接近潜在产出面,则产能过剩指数越小。由于钢铁行业高学历员工数量的数据不可得,因此本文所考察的是在该行业高中及以上学历职工人数。具体的计算公式为:各省钢铁企业高中及以上学历员工数量 = 各省钢铁行业职工人数 × 分地区全国就业人员受教育比例。

本部分数据主要来自《国家统计年鉴》、中国工业经济及中国劳动统计年鉴、Wind 数据库。

根据构建的指标体系,最后形成的回归方程如下:

$$\widehat{\text{EXCA}}_{it} = \alpha_0 + \alpha_1 \text{allowance}_{it} + \alpha_2 \text{price}_{it} + \alpha_3 N_{it} + \alpha_4 \text{railway}_{it} + \alpha_5 \text{EMP}_{it} + e_{it} \tag{7}$$

式(7)中,allowance_{it}、price_{it}、N_{it}、railway_{it} 及 EMP_{it} 分别表示中国30个省份2008~2015年政府对钢铁行业的补贴、钢铁价格、人均可支配收入增长率、新增铁路里程及该行业科研潜力。该式各解释变量的统计性描述与方差膨胀因子分别如表2和表3所示,从中可以得到,最大的VIF为1.35,远小于10,可以忽略多重共线性的问题。

表2　　　　　　　　　　各变量的统计性描述

变量	个数	均值	标准差	最小值	最大值
exca	248	0.997	0.957	0.048	4.205
allowance	248	0.211	0.262	0.000	1.296
price	248	8.247	0.197	7.833	8.473
N	248	9.437	2.961	−4.405	23.526
railway	248	0.316	0.192	0.03	1.21
EMP	248	16.003	5.278	0.966	28.545

资料来源:笔者整理。

表 3　　　　　　　　　　　各解释变量的方差膨胀因子

变量	VIF	1/VIF
allowance	1.35	0.738
price	1.21	0.829
N	1.12	0.894
railway	1.20	0.833
EMP	1.16	0.865

资料来源：笔者整理。

（二）单位根检验

本部分对各变量数据即政府补贴、钢铁价格、人均可支配收入增长率、新增铁路里程、钢铁行业高中及以上员工数量的平稳性进行单位根检验。本文在表 4 报告了 ADF 和 PP 两种检验结果。表 4 显示各解释变量及被解释变量的数据在水平序列上非平稳，但通过一阶差分后，均在 1% 的显著性水平上拒绝了原假设，通过了单位根检验，说明数据具有一阶平稳。

表 4　　　　　　　　　　　面板单位根检验结果

变量	水平序列 ADF	水平序列 PP	一阶差分序列 ADF	一阶差分序列 PP
exca	51.415 (0.829)	56.926 (0.659)	194.676*** (0.000)	246.618*** (0.000)
allowance	11.370 (1.000)	17.761 (1.000)	114.863*** (0.000)	149.082*** (0.000)
price	5.944 (1.000)	3.915 (1.000)	164.374*** (0.000)	174.889*** (0.000)
N	62.939 (0.443)	63.861 (0.411)	299.504*** (0.000)	334.912*** (0.000)
railway	2.224 (1.000)	1.088 (1.000)	117.616*** (0.000)	107.428*** (0.000)
EMP	55.233 (0.716)	46.827 (0.924)	149.078*** (0.000)	141.125*** (0.000)

注：*** 表示 1% 的显著性水平，括号中引用 p 值。

(三) 协整性检验

数据通过了单位根检验,进一步考察其协整性。本文 Pedroni 及 Kao 两种方式对数据进行协整检验,面板协整检验的结果如表 5 所示。由报告结果所知,Pedroni 及 Kao 两种检验所报告的 PP 及 ADF 统计结果均在 5% 的显著性水平上拒绝原假设,因此本文各变量之间存在协整关系。可以进行面板的固定效应模型回归或随机效应模型回归。

表 5　　　　　　　　　面板协整检验结果

	Pedroni Residual Cointegration Test	
	Statistic	Weighted Statistic
Panel PP – Statistic	−9.819173*** (0.000)	−2.121496** (0.0169)
Panel ADF – Statistic	−6.902713*** (0.000)	−1.962064** (0.0249)
Group PP – Statistic	−13.03875*** (0.000)	
Group ADF – Statistic	−5.171265*** (0.000)	
	Kao Residual Cointegration Test	
	t – Statistic	Prob.
ADF	−2.272197**	0.0115

注:***、**分别表示 1%、5% 的显著性水平,括号中引用 p 值。

(四) 模型选取与估计结果

表 6 报告了各解释变量及被解释变量固定效应回归、随机效应回归和面板协整回归的结果。在通过单位根检验和协整检验后,本部分将对各变量进行固定效应回归、随机效应回归和面板协整回归。面板固定效应和随机效应模型中,通过 Hausman 的检验,得到 "Prob > chi2 = 0.009" 即拒绝原假设所犯弃真错误的概率,并且在 1% 的显著性水平上选择固定效应模型。但从回归结果来看,随机效应模型显著性要优于固定效应模型。四种不同模型回归的结果均显示政府补贴的系数为正,且在 5% 的显著性水平上接受政府补贴对钢铁产能过剩指数没有影响。即政府补贴对我国钢铁行业产能过剩指数具有显著的正向影响,政府补贴越高,产能过剩越严重。张亚斌等 (2018) 在研究政府补贴性竞争对我国产能过剩的影响时也得出

了相似的结论,在信息不对称的市场环境下,行业内产能过剩与企业得到的补贴呈现正相关关系。钢铁价格对钢铁行业产能过剩指数的影响在随机效应及 FMOLS 回归中是具有显著影响的,其报告的结果均显示钢铁价格对钢铁行业产能过剩指数具有显著的负向作用。根据经济学中商品的价格影响产出的理论,钢铁价格越高,钢铁的实际产出越高,则与潜在生产能力之间的差距越小,产能过剩指数越小。表中协整回归显示 N 的系数显著为负,说明代表市场需求的人均可支配收入增长率越高,市场对产品的需求越大,产能过剩指数越小。新增铁路里程的系数不显著,但是不能说新增铁路里程这一变量对钢铁行业产能过剩没有影响。从表中 FMOLS 回归的结果来看,钢铁企业一定学历水平员工数量对产能过剩有明显的负向影响。这说明代表企业技术研发潜力的一定学历水平员工数量越多,即技术水平越高,实际生产越多,则产能过剩指数越小。吴振明、周江(2019)在基于技术异质性分析我国产能过剩问题时得出相似的观点,他认为技术进步强有效型的区域产能利用率高,而技术进步弱无效型、无效型和中型区域是产能过剩的集中区域。

表6　　　　　　　　　　　面板回归结果

变量	固定效应	随机效应	DOLS	FMOLS
allowance	2.114 ***	2.160 ***	2.114 ***	0.431 **
	(7.47)	(8.58)	(0.250)	(0.173)
price	−0.260	−0.602 ***	−0.260	−0.139 ***
	(−1.30)	(−3.50)	(0.177)	(0.040)
N	−1.744	−1.996 *	−0.017 **	−0.010 ***
	(−1.89)	(−2.12)	(0.008)	(0.001)
railway	0.881	−0.906	0.881	0.288
	(1.18)	(−1.92)	(0.662)	(0.182)
EMP	−0.0167	0.00457	−0.017 *	−0.019 ***
	(−1.50)	(0.46)	(0.010)	(0.003)
_cons	2.847	5.908 ***		
	(1.65)	(4.12)		
n	248	248		

注:***、** 和 * 分别表示1%、5%和10%的显著性水平,括号内为标准误。

六、钢铁行业产能过剩预测与情景分析

（一）我国钢铁行业产能过剩的预测

根据 2008~2015 年的相关数据，可以得到回归方程为：

$$\widehat{EXCA}_{it} = 5.9084 + 2.1603 allowance_{it} - 0.6020 price_{it} - 0.0200 N_{it} \\ - 0.9063 railway_{it} + 0.0046 EMP_{it} + e_{it} \tag{8}$$

从第四部分模型回归结果可以得到 2008~2015 年我国钢铁行业产能过剩与其影响因素之间的残差值。将 2016 年我国 30 个省份钢铁行业产能过剩影响因素各解释变量 allowance、price、N、railway 及 EMP 的相关数据代入公式（8）中，把计算的结果与上述的残差值加总便得到 2016 年钢铁行业产能过剩指数的平均估计值。为了使研究结果更具科学性和合理性，本文又模拟了图 8 所示的 2016 年产能过剩指数估计值在 97.5% 分位数和 2.5% 分位数上的状态。

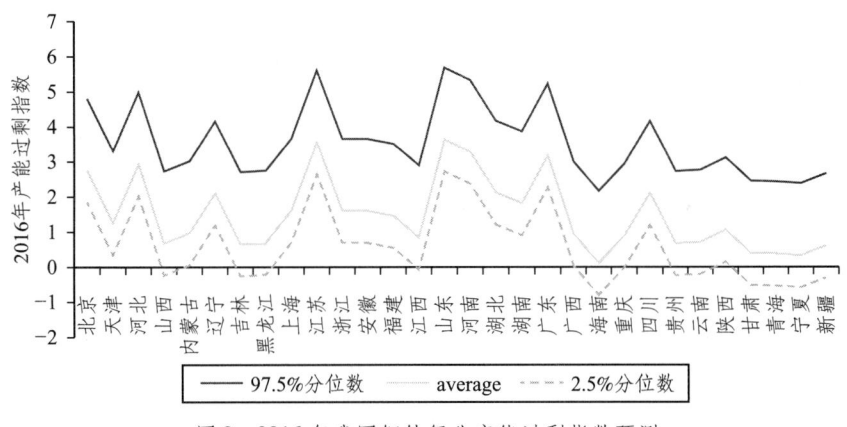

图 8 2016 年我国钢铁行业产能过剩指数预测

（二）情景分析

在对 2016 年钢铁行业产能过剩指数估计值的基础上，本部分将 2008~2016 年我国钢铁行业产能过剩与其影响因素进行回归，得到回归方程如下：

$$\widehat{EXCA}_{it} = 6.8996 + 2.0328 allowance_{it} - 0.7589 price_{it} - 0.0104 N_{it} \\ - 0.7671 railway_{it} + 0.0141 EMP_{it} + e_{it} \tag{9}$$

以 2016 年河北省为例，考察若想将产能降到一定程度，各影响因素变量应该变动的程度。

表 7 反映的分别是 2016 年河北省钢铁行业产能过剩指数与解释变量

变动之间的关系。从表 7 中可以得到，当产能过剩指数下降目标为 5% 时，在其他条件不变的情况下，政府对钢铁行业每位劳动者的补贴要减少 1359 元；钢材价格每吨上涨 0.3641 个百分点；居民人均可支配收入增长率上涨 3.2798 个百分点；新增铁路里程增加 3602 公里；钢铁行业员工教育背景在高中及以上的人数减少 195975 人。当产能过剩指数下降目标为 10%、15% 和 20% 时，与上述解释相似。因此，通过设定去产能目标，可以得出钢铁行业产能过剩各影响因素的变动程度，以使政府、企业更加合理地调整其对钢铁产出的投入，促进钢铁产品市场回归到健康、有序的发展中。

表 7　2016 年河北省钢铁行业产能过剩指数与解释变量变动关系

变量	5%	10%	15%	20%
allowance	-0.1359	-0.2719	-0.4078	-0.5437
price	0.3641	0.7282	1.0923	1.4564
N	3.2798	3.9729	4.3784	4.6661
railway	0.3602	0.7204	1.0807	1.4409
EMP	-19.5975	-39.1950	-58.7924	-78.3899

资料来源：笔者整理。

表 8 反映的是 2016 年河北省钢铁行业产能过剩影响因素变动与 SR 变动量及变动后的 SR 之间的关系。从 SR 的变动量来看，在其他条件不变的情况下，当政府对钢铁行业员工的补贴在原来基础上减少 5% 时，SR 会向上变动 0.006 个单位；当钢材价格在原来的基础上降低 5% 时，SR 会向下变动 0.0163 个单位；当居民人均可支配收入增长率在原来的基础上降低 5% 时，SR 会向下变动 0.0002 个单位；当铁路建设等下游行业对钢铁产品的需求降低 5% 时，SR 向下变动 0.0015 个单位；当钢铁行业高中及以上学历的员工数量减少 5% 时，SR 会向下变动 14.2597 个单位。实际上，无论 SR 的变动方向如何，其绝对值越小说明市场上供给与需求的差距越小，越符合市场健康发展的要求。从变动后 SR 的值来看，在下降 5%～20% 的范围内，政府对钢铁行业的员工补贴、员工受教育水平在高中及以上学历的人数两者在原来的基础上降低 20% 时，供给与需求之间的差距最小；钢材价格、居民人均可支配收入增长率和新增铁路里程在原来的基础上降低 5% 时，供给与需求之间的差距最小。因此，通过设定钢铁行业各影响因素的变动程度，可以得到"需求—供给"比率变化，以科学、准确地调整市场供给。

表8　2016年河北省钢铁行业产能过剩影响因素与SR关系

SR变动	allowance	price	N	railway	EMP
各解释变量下降5%时					
SR变动量	0.0060	-0.0163	-0.0002	-0.0015	0.0006
变动后SR	0.3786	0.3563	0.3724	0.3711	0.3731
各解释变量下降10%时					
SR变动量	0.0122	-0.0312	-0.0004	-0.0030	0.0012
变动后SR	0.3848	0.3414	0.3722	0.3696	0.3737
各解释变量下降15%时					
SR变动量	0.0186	-0.0449	-0.0006	-0.0045	0.0018
变动后SR	0.3912	0.3277	0.3720	0.3681	0.3743
各解释变量下降20%时					
SR变动量	0.0252	-0.0576	-0.0009	-0.0060	0.0024
变动后SR	0.3978	0.3150	0.3717	0.3666	0.3749

资料来源：笔者整理。

七、结论及政策建议

本文构建了生产函数模型，运用随机前沿分析方法（SFA），测度出钢铁行业产能过剩指数并分析了其影响因素。通过钢铁行业产能过剩指数的测度结果得出江苏、山东、广东、上海和北京等省份钢铁产能过剩情况较为严峻，并且导致钢铁行业产能过剩的因素是多方面的，具体的结论与政策含义如下：

第一，我国30个省份中钢铁行业产能过剩指数连续3年大于1即潜在生产能力超过市场实际需求的1倍以上的省份有北京、天津、河北、辽宁、上海、江苏、浙江、福建、山东、河南、湖北、湖南、广东。这说明中国钢铁行业由于生产过程中产能利用率低等因素，导致绝大多数省份均出现不同程度的产能过剩情况。从区域范围来看，东北地区、京津冀地区、山西和山东等地是我国钢铁行业产能过剩较为集中的区域。这些地区尽管拥有丰富的劳动力资源、工业产值及制造业占比高，但是技术创新水平和高端技术较低。这些地区的钢铁企业主要生产单一的钢铁产品，导致某些钢产品供给量大于需求量并超过一定程度，带来产能过剩。因此在治理钢铁行业产能过剩时，可以从过剩程度严重的区域入手，有重点有针对性地解决该行业产能过剩问题。

第二，政府补贴对我国钢铁行业产能过剩指数具有显著的正向影响，即政府补贴越高，产能过剩越严重。本文第五部分也显示政府降低对钢铁行业员工补贴会使市场上钢铁产品供给与需求之间差距缩小，钢铁市场发展更加合理。地方政府在 GDP 最大化的激励下，通过不恰当的税收及补贴等政策干预钢铁行业的发展，是造成钢铁行业产能过剩的重要原因。政府财政补贴作为一种外部投资，对于企业而言无需付出任何成本，相反企业还会因此获得"超额利润"，这时会引发私人资本的过度投资，产出增加，带来需求层面的产能过剩；此外，过度投资会产生大量闲置的要素资源，引发生产层面的产能过剩。因此从政府角度应合理控制对钢铁行业的补贴，是解决该行业产能过剩的重要途径。

第三，钢铁企业员工受教育水平在高中及以上学历的人数对产能过剩有明显的负向影响。这说明代表企业技术水平的高学历员工数量越多，即技术研发能力越强，实际产出越接近潜在产出，则产能过剩指数越小。因此企业应注重培养员工创新技能、提升企业科技水平，能有效抑制并解决产能过剩问题。

参 考 文 献

[1] 陈新良:《正确认识和分析我国钢铁工业产能过剩的问题》，载《中国钢铁业》2013 年第 5 期。

[2] 韩国高、高铁梅、王立国、齐鹰飞、王晓姝:《中国制造业产能过剩的测度、波动及成因研究》，载《经济研究》2011 年第 12 期。

[3] 李江涛:《"产能过剩"及其治理机制》，载《国家行政学院学报》2006 年第 5 期。

[4] 林毅夫、巫和懋、邢亦青:《"潮涌现象"与产能过剩的形成机制》，载《经济研究》2010 年第 10 期。

[5] 林毅夫:《潮涌现象与发展中国家宏观经济理论的重新构建》，载《经济研究》2007 年第 1 期。

[6] 孙正、陈旭东、苏晓燕:《地方竞争、产能过剩与财政可持续性》，载《产业经济研究》2019 年第 1 期。

[7] 唐子惠、毛培、赵金龙:《中国工业产能利用率的空间特征分析》，载《管理世界》2018 年第 12 期。

[8] 王韧、马红旗:《信贷资源配置与非周期性产能过剩:微观数据的实证》，载《财经理论与实践》2019 年第 1 期。

[9] 吴振明、周江:《基于技术异质性的中国工业产能利用率测算与分析》，载《南京财经大学学报》2019 年第 1 期。

[10] 徐齐利、聂新伟、范合君:《政府补贴与产能过剩》，载《中央财经大学学报》2019 年第 2 期。

[11] 徐齐利:《中国产能过剩形成机理的数理分析》，首都经济贸易大学博士学位论文，2018 年。

[12] 杨新玥:《技术创新与产能过剩关系研究》，华东政法大学硕士学位论文，2018 年。

[13] 杨振兵、张诚:《产能过剩与环境治理双赢的动力机制研究——基于生产侧与消费

侧的产能利用率分解》，载《当代经济科学》2015年第6期。

[14] 张亚斌、朱虹、范子杰：《地方补贴性竞争对我国产能过剩的影响——基于倾向匹配倍差法的经验分析》，载《财经研究》2018年第5期。

[15] 仲云云：《中国制造业产能过剩影响因素的实证研究——基于供给侧结构性改革视角》载《现代经济探讨》2018年第12期。

[16] Aigner, D., Lovell C. A. K., and Schmidt P., 1977: Formulation and Estimation of Stochastic Frontier Pro-duction Function Models, *Journal of Econometrics*, Vol. 6, No. 1.

[17] Bom, P. R. D., and Ligthart, J. E., 2014: Public infrastructure investment, output dynamics, and balanced budget fiscal rules, *Journal of Economic Dynamics and Control*, Vol. 40.

[18] Chamberlin, E., 1947: The Theory of Monopolistic Competition, *Cambridge*: *Harvard University Press*.

[19] Kirkley, J., Paul, C. M., and Squires, D., 2002: Capacity and Capacity Utilization in Common-pool Resource Industries, *Environmental and Resource Economics*, Vol. 22.

[20] Meeusen, W., and Broeck, J., 1977: Efficiency Estimation from Cobb – Douglas Pro-duction Functions with Composed Error, *International Economic Review*, Vol. 18, No. 2.

[21] Sriboonchitta, S., Liu, J. X., Wiboonpongse., A., and Denoeux, T., 2017: A double-copula stochastic frontier model with dependent error components and correction for sample selection, *International Journal of Approximate Reasoning*, Vol. 80.

Analysis of Over – Capacity Measurements and Influencing Factors in Steel Industry
—Based on the Experimental Validation of 30 Provinces in China

Changrui Dong   Yanyun Zhu   Jianxu Liu

Abstract: The steel industry is essential for economic development and plays a vital role in the industrialization process. Nevertheless, the issue of over-capacity still limits the development of the steel industry. Based on the production data of the steel industry in 30 provinces (municipalities) except Tibet from 2008 to 2015, the stochastic frontier analysis method has been adopted to measure the overcapacity index of the steel industry in different provinces. Meanwhile, the influencing factors of over-capacity are also revealed by the means of co-integration regression. The empirical results are as follows: Jiangsu, Shandong, Guangdong, Shanghai and Beijing have serious excess capacity, the government's financial subsidies have a positive effect on overcapacity. While steel prices, market demands and technical level have negative effect on over-capacity. Finally, the factors affecting the overcapacity of the steel industry have been discussed. Based on the above analysis, the suggestions for decreasing the production capacity have been proposed. In particular, the efficient measurements (such as reasonable control of subsidies to the steel industry, the cultivation of employees' innovative ability as well as upgrading of the technological level of enterprises, etc.) should be carried out to solve the problem of over-capacity.

Keywords: Steel industry Overcapacity Stochastic Frontier Model Panel Regression

JEL Classification: D24 E22 O30

附录：

本文使用的部分关键性数据

地区	代码	年份	lnY	lnK	lnL	政府补贴	钢铁价格	人均可支配收入	新增铁路里程	科研潜力
北京	11	2008	7.01	6.75	2.45	313.40	4782.83	7.31	0.12	26.75
北京	11	2009	7.12	6.85	2.42	339.14	3734.71	9.94	0.12	24.97
北京	11	2010	7.11	6.81	2.39	394.79	4198.92	7.14	0.12	23.18
北京	11	2011	5.68	6.78	2.25	439.77	4775.96	7.17	0.12	25.69
北京	11	2012	5.55	6.75	2.25	526.07	4090.92	7.36	0.13	24.27
北京	11	2013	5.40	6.84	2.26	582.02	3691.17	17.26	0.13	23.66
北京	11	2014	5.28	6.84	2.19	586.41	3287.50	7.24	0.13	21.65
北京	11	2015	5.17	6.84	2.06	709.06	2521.88	7.00	0.13	15.25
上海	31	2008	8.31	7.75	2.55	552.52	4782.83	6.66	0.03	28.10
上海	31	2009	8.35	7.85	2.50	524.84	3734.71	8.59	0.03	28.31
上海	31	2010	8.45	7.89	2.48	566.91	4198.92	7.63	0.04	22.94
上海	31	2011	8.46	7.88	2.27	527.20	4775.96	8.22	0.05	24.64
上海	31	2012	8.37	7.67	2.34	601.24	4090.92	7.89	0.05	25.07
上海	31	2013	8.32	7.78	2.41	679.12	3691.17	9.09	0.05	26.13
上海	31	2014	8.31	7.81	2.30	644.80	3287.50	6.13	0.05	25.63
上海	31	2015	8.29	7.87	2.23	651.50	2521.88	5.94	0.05	14.52
江苏	32	2008	9.41	7.99	4.34	2286.22	4782.83	8.73	0.17	15.97
江苏	32	2009	9.51	8.11	4.26	2719.55	3734.71	11.37	0.17	16.29
江苏	32	2010	9.64	8.25	4.35	3702.03	4198.92	12.50	0.19	19.07
江苏	32	2011	9.73	8.37	4.29	4577.00	4775.96	10.86	0.24	21.87
江苏	32	2012	9.82	8.61	4.37	5770.11	4090.92	10.78	0.24	22.78
江苏	32	2013	9.95	8.75	4.46	7057.87	3691.17	4.34	0.26	22.01
江苏	32	2014	10.06	8.84	4.45	7838.71	3287.50	7.31	0.27	21.56
江苏	32	2015	10.11	8.93	4.41	8864.17	2521.88	6.89	0.27	16.54
山东	37	2008	9.16	7.92	4.57	3563.13	4782.83	9.17	0.36	15.09

续表

地区	代码	年份	lnY	lnK	lnL	政府补贴	钢铁价格	人均可支配收入	新增铁路里程	科研潜力
山东	37	2009	9.30	8.13	4.62	4456.56	3734.71	9.81	0.37	14.22
山东	37	2010	9.42	8.24	4.60	5441.75	4198.92	10.89	0.38	16.34
山东	37	2011	9.45	8.42	4.50	5886.96	4775.96	11.37	0.42	23.23
山东	37	2012	9.55	8.57	4.56	7440.84	4090.92	12.25	0.43	21.89
山东	37	2013	9.56	8.74	4.62	9007.48	3691.17	3.34	0.43	22.43
山东	37	2014	9.64	8.82	4.61	9916.12	3287.50	7.72	0.50	21.71
山东	37	2015	9.66	8.85	4.54	10988.69	2521.88	23.53	0.54	15.78
广东	44	2008	8.04	7.54	4.23	3228.85	4782.83	6.13	0.22	20.23
广东	44	2009	8.14	7.62	4.19	3390.32	3734.71	11.71	0.25	20.96
广东	44	2010	8.34	7.87	4.29	4485.71	4198.92	10.63	0.27	21.76
广东	44	2011	8.41	7.83	4.25	5016.97	4775.96	8.03	0.28	25.53
广东	44	2012	8.35	7.93	4.28	5743.64	4090.92	10.15	0.28	26.22
广东	44	2013	8.48	8.03	4.31	7211.87	3691.17	-4.03	0.35	24.25
广东	44	2014	8.55	8.11	4.35	7956.38	3287.50	7.20	0.40	26.60
广东	44	2015	8.52	8.27	4.33	10428.97	2521.88	6.86	0.40	20.09

城市规模、发展模式与企业加成率[*]

郭 进 徐盈之 白俊红[**]

摘 要：本文基于集聚经济外部性视角，匹配中国工业企业数据和地级及以上城市数据，对城市规模、发展模式与企业加成率的关系进行了探讨。研究发现：城市规模与发展模式密切相关。随着规模扩大，城市倾向于由专业化发展转向多元化发展，但二者并非相互排斥，多元化指数较高的城市完全有可能在某些产业上实现专业化发展。中国城市规模进一步扩大将有利于提高企业加成率。同时，城市专业化发展与企业加成率之间呈现出在低水平时促进、在高水平时抑制的倒 U 型关系，但总体上并未超过阈值拐点，说明城市继续沿着专业化方向发展将促进企业加成率的提升。然而，由于中国城市的多元化发展模式并不突出，导致多元化指数与企业加成率之间的倒 U 型关系并不稳健；分层样本的异质性检验发现，与当前中国城市的发展现状相吻合，大型城市的专业化发展更加易于饱和，而中小型城市对于专业化发展的包容性更强，且在多数产业部门中城市多元化发展对企业加成率的影响并不显著。因此，大型城市可以兼顾专业化发展和多元化发展，而中小型城市应当选择专业化的发展模式，着力引导相似产业部门的企业集聚。本文的研究对于理解城市与企业的关系，进而推动产城融合发展具有重要的理论与现实意义。

关键词：城市规模 专业化发展模式 多元化发展模式 企业加成率

一、引 言

市场与企业的关系是学术研究领域永恒的话题，大量理论和实证研究指出：市场竞争程度的加剧降低了企业的盈利能力——企业加成率（Melitz and

---

[*] 本文受国家自然科学基金青年项目"多目标约束下产城融合的耦合机理与优化路径研究"（71803086）、国家社科基金重点项目"能源减贫实现我国包容性绿色发展的机理、路径与对策研究"（19AJY011）、中央高校基本科研业务费专项资金资助项目"基于企业行为优化的长江经济带绿色发展研究"（2242019S10007）的资助。
感谢匿名审稿人的修改意见。

[**] 郭进：南京师范大学商学院；地址：江苏省南京市栖霞区文苑路 1 号，邮编：210023；
E-mail：guojin0901@njnu.edu.cn。
徐盈之：东南大学经济管理学院；地址：江苏省南京市玄武区四牌楼 2 号，邮编：210096；
E-mail：xuyingzhi@hotmail.com。
白俊红：南京师范大学商学院；地址：江苏省南京市栖霞区文苑路 1 号，邮编：210023；
E-mail：nsdbjh@126.com。

Ottaviano, 2008; Behrens et al., 2014)。本文认为, 在市场化改革不断深入和城市化进程快速推进的中国, 这方面的研究有待进一步拓展和完善, 原因在于: 第一, 快速的城市化进程正在重塑中国的城市体系, 深刻影响了城市规模和发展模式, 进而改变了企业生产经营的市场环境, 但鲜有从城市经济学角度分析城市规模和发展模式影响企业加成率的研究; 第二, 规模越大的城市其市场竞争程度往往更加激烈, 理论上企业追求利润最大化应当逃离大城市, 但现实情况却是越来越多的中国企业不断地向大城市集聚, 这一悖论表明城市规模影响企业加成率并非只有市场竞争程度这一个维度。

本文着重探讨城市规模和发展模式如何通过改变市场环境进而影响企业加成率的作用机理和影响效应。与本文相关的文献分两支展开: 第一支文献着重研究了城市规模如何影响市场环境; 第二支文献着重研究了市场环境如何影响企业加成率。然而, 非常遗憾的是, 将两支文献的研究问题进行融合和串联, 直接关注城市影响企业加成率的文献较少。这种研究环节上的断层带来一个重要的问题: 在第一支文献中, 学者们通常同时从市场的规模经济效应和市场的拥挤效应两个角度论述了城市规模影响市场环境的机理(Dixit and Stiglitz, 1977; Fujita and Mori, 2005; 李红阳、邵敏, 2017), 而在第二支文献中, 关于市场的规模经济效应和市场的拥挤效应对企业生产活动的影响大多是分离进行的。企业加成率被定义为产品价格与边际成本的比值, 那么关于市场规模经济效应影响企业加成率的研究通常沿着"扩大溢出效应—降低边际成本—提高企业加成率"这一主线展开, 并且将产品价格假定为外生变量, 代表性的文献如有关市场潜能的研究(De Loecker and Warzynski, 2012; Dobbelaere and Kiyota, 2018)和有关企业生产率的研究(余壮雄、杨扬, 2014; 陈强远等, 2016); 而关于市场拥挤效应影响企业加成率的研究通常沿着"加剧市场竞争—降低产品定价能力—降低企业加成率"这一主线展开, 并且将边际成本假定为外生变量, 代表性的文献如: Zhang and Zhu (2017)指出国际贸易阻碍了出口企业加成率的提升, 原因在于出口企业的出口行为不得不面临更加激烈的国际竞争环境。同样基于市场竞争视角, 盛丹、王永进(2012)和刘啟仁、黄建忠(2015)指出大量企业涌入出口市场带来出口企业行业内部的过度竞争是导致中国出口企业加成率过低的重要原因。

近年来, 尽管有部分文献直接关注了城市规模对企业加成率的影响, 但研究手段主要是将城市规模作为解释变量纳入计量模型进行全样本或分层样本的实证分析, 而未能阐述城市规模影响企业加成率的作用机理, 代表性的文献如: Melitz and Ottaviano (2008) 研究了企业加成率在同一城市内部 (within-city) 和不同城市间 (between-cities) 的变异, 指出在同一城市内部, 拥有更高生产率的企业往往具有更高的企业加成率; 而在不同城市之间, 大城市更加激烈的市场竞争降低了大城市企业的加成率。沿着 Melitz and Ottaviano（2008）的分析思路，Behrens et al.（2014）和 Bellone et al.（2014）分别采用加拿大—美国双边贸易数据和法国企业调查数据检验了不同城市规模下企业加成率变异的研究结论。与此同时，Lu et al.（2014）、Hottman（2016）和 Kondo（2018）分别采用中国制造业企业数据、美国零售企业数据以及日本制造业企业数据研究了集聚①对企业加成率的影响效应，也得出了相似的结论，指出尽管高生产率的企业拥有较高的产品定价能力，但如果它们来到大城市，激烈的市场竞争会削弱其加成溢价。

本文关注到现有文献的不足之处，尝试融合城市规模影响市场环境以及市场环境影响企业加成率两支文献的研究，将城市规模扩大所带来的规模经济效应和拥挤效应一起纳入集聚经济外部性的分析框架，并将不同城市发展模式下的集聚经济外部性划分为城市专业化发展模式下的马歇尔外部性（marshall externality）和城市多元化发展模式下的雅各布斯外部性（jacobs externality），进而阐述城市规模影响企业加成率的作用机理。在此基础上，匹配《中国工业企业数据库》和《中国城市统计年鉴》，构建覆盖中国281个地级及以上城市和35110家连续经营企业的平衡面板数据，实证检验城市规模和发展模式对企业加成率的影响效应。本文的研究对于黏合城市规模影响市场环境、市场环境影响企业加成率两支文献间的断层具有重要的理论意义，对于理顺城市与企业的关系，进而推动中国的产城融合发展同样具有重要的现实意义。

接下来的结构安排如下：第二部分阐述城市规模影响企业加成率的理论分析框架；第三部分对企业加成率进行测算，并对城市的发展模式进行判断；第四部分构建计量模型进行实证分析；第五部分为分层样本下的进一步探讨，最后总结结论并给出政策启示。

二、理论分析框架

（一）中国情景与理论假设

本文立足市场化改革不断深入和城市化进程快速推进的中国情景，基于新经济地理学关于集聚经济外部性的描述，引入城市发展模式并将规模经济效应和拥挤效应一起纳入集聚经济外部性的分析框架，对城市规模影响企业盈利能力的理论框架进行系统梳理，理论框架如图1所示。

---

① Lu et al.（2014）采用EG指数（Ellison and Glaeser，1997）测算了中国地级市、省际和县域的集聚程度；Hottman（2016）和 Kondo（2018）采用以一定区域范围内的人口规模作为城市规模的代理指标。

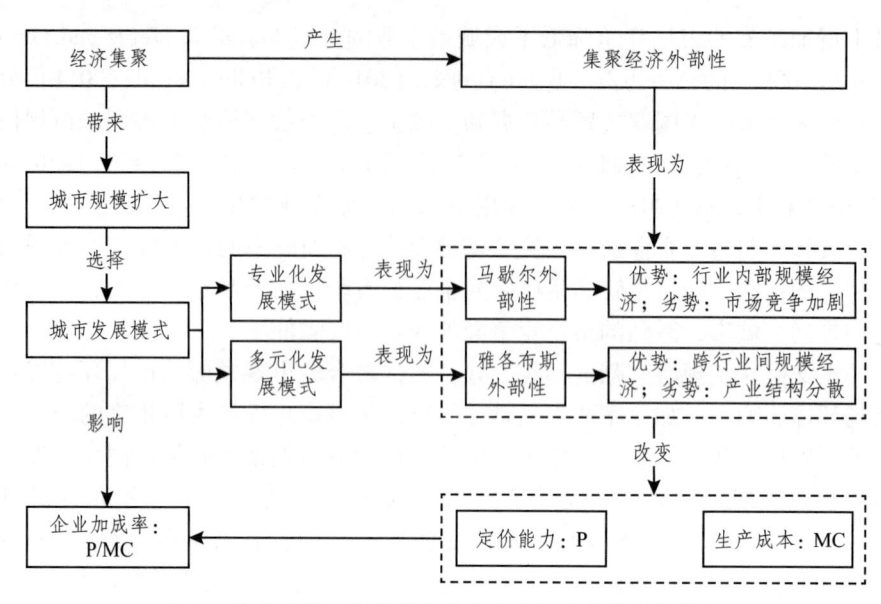

图 1 城市规模、发展模式影响企业加成率的理论框架

图 1 展示经济集聚带来城市规模扩大，同时产生两类集聚经济外部性。在规模扩大过程中，城市面临专业化发展模式和多元化发展模式的选择。其中，专业化发展模式表现为马歇尔外部性，带来行业内部规模经济效应和市场竞争加剧；多元化发展模式表现为雅各布斯外部性，带来跨行业间规模经济效应和产业结构的分散化。两类集聚经济外部性同时影响企业对产品的定价能力和生产成本，进而影响企业的加成率。

遵循马歇尔外部性和雅各布斯外部性，Henderson（2003）和 Martin et al.（2011）认为专业化发展模式有助于提升城市的经济效益，多样化发展模式的影响则不显著，而 Glaeser et al.（1992）和 Gao（2004）的研究则指出多样化促进了城市就业规模扩大，而专业化反而降低了城市的经济增长。于斌斌、金刚（2014）指出就中国的城市化而言，城市多样化模式比专业化模式更能促进劳动生产率提升。就企业加成率而言，城市沿着某些产业类型进行专业化发展有利于相关企业之间相互学习和模仿，促进行业内部规模经济效应的发挥，进而提高企业加成率。然而，随着城市专业化水平的持续上升，行业内部的竞争程度也会不断加剧，超过一定阈值后造成拥挤效应大于规模经济效应的局面，进而降低企业加成率。城市的多元化发展模式亦是如此，一定程度的多元化格局有利于生产流程衔接、生产技术关联而最终产品却并非同质化的不同企业之间实现知识溢出，促进跨行业间规模经济效应的发挥，进而提高企业加成率。但是，过度的多元化发展模式有可能造成城市"小而全"的产业格局，使得企业丧失优势产业的规模经济优势，进而降低企业加成率。本文以城市辖区年末常住人口数作为城市规模的代理变量，将年份限定在2007年,一方面找出了城市专业化指数排名前1%的城市以及它们所对应的专业化产业;另一方面画出了城市多元化指数与城市规模的散点图,结果发现中小型规模城市的发展模式倾向于专业化,而大规模城市的发展模式倾向于多元化,且同等规模的城市,其发展模式存在较为明显的趋同现象。基于此,本文提出如下假设:

假设1:城市规模与发展模式密切相关,随着城市规模扩大,其发展模式倾向于由专业化发展转向多元化发展。

假设2:在专业化发展模式下,城市的专业化发展与企业加成率呈倒U型关系,即一定程度的专业化有利于行业内部规模经济效应的发挥,提高企业加成率;但超过一定阈值后,过度的专业化发展带来市场竞争加剧,且超过了行业内部规模经济效应,降低企业加成率。

假设3:在多元化发展模式下,城市的多元化指数与企业加成率呈倒U型关系,即一定程度的多元化有利于跨行业间规模经济效应的发挥,提高企业加成率;但超过一定阈值后,跨行业间规模经济效应遭遇瓶颈,而过度的多元化发展造成产业优势丧失,降低企业加成率。

(二) 城市规模影响企业加成率(markup)的理论模型

1. 基本假定

首先定义企业加成率 markup 如式(1)所示,其中 P 代表产品价格,MC 代表企业生产该产品的边际成本:

$$\text{markup} = \frac{P}{MC} \quad (1)$$

同时假设企业 i 在时间 t 时的生产行为面临如式(2)所示的约束:

$$\min C_{it} = w_{it}L_{it} + r_{it}K_{it} + \tau_{it}M_{it}$$
$$\text{s.t.} \quad f(L_{it}, K_{it}, M_{it}) \geq Q_{it} \quad (2)$$

式(2)中,C、Q 分别代表企业的总成本和总产出,L、K、M 分别代表劳动投入、资本存量和中间品投入,w、r、τ 分别代表劳动者工资、资本租金率和中间品价格。企业的生产函数 f(·) 被假设为过程连续且在所有生产要素上均二阶可导。

2. 城市规模、发展模式对企业加成率的影响

城市规模(citysize)影响其发展模式的选择(专业化发展 P-urban 和多元化发展 D-urban),进而通过两类集聚经济外部性(马歇尔外部性 MAR 和雅各布斯外部性 JOC)对市场环境产生冲击。其中,MAR 产生于城市的专业化发展,用以衡量同一行业内部的规模经济效应和拥挤效应,而 JOC 产生于城市的多元化发展,用以衡量跨行业之间的规模经济效应和拥挤效应。因此有:

$$\begin{cases} MAR_{ijt} = f_{it}(\text{P-urban}_{ijt}) = f_{it}(\text{citysize}_{ijt}) \\ JOC_{ijt} = f_{it}(\text{D-urban}_{ijt}) = f_{it}(\text{citysize}_{ijt}) \\ P_{it} = P_{it}(MAR_{ijt}, JOC_{ijt}, \sum X_{it}) \\ Q_{it} = f_{it}[MAR_{ijt}, JOC_{ijt}, L_{it}, K_{it}, M_{it}, \sum X_{it}] \end{cases} \quad (3)$$

式（3）中，$\sum X$ 表示一组其他未知因素的冲击。结合式（1）可以发现，城市规模影响企业加成率既体现在产品价格 P 当中，也体现在边际成本 MC 中，如式（4）所示：

$$\text{markup}_{it} = \frac{P_{it}(\text{citysize}_{ijt})}{MC_{it}(\text{citysize}_{ijt})} = \pi_{it}^{M}(\text{citysize}_{ijt})[\varphi_{it}^{M}(\text{citysize}_{ijt})]^{-1} \quad (4)$$

式（4）中，π_{it}^{M} 为企业中间品投入 M 的产出弹性，φ_{it}^{M} 为中间品投入 M 在企业总收入中所占的份额，推导过程详见第三部分企业加成率的测算。

（1）城市专业化发展模式与企业加成率。基于式（3）和式（4），求解企业加成率 markup 相对于城市专业化指数 P-urban 的偏导数，得到式（5）：

$$\frac{\partial \text{markup}_{it}}{\partial \text{P-urban}_{ijt}} = \frac{\partial MAR_{ijt}}{\partial \text{P-urban}_{ijt}}(MC_{it})^{-1}\left[\frac{\partial P_{it}(MAR_{ijt})}{\partial MAR_{ijt}} - \text{markup}_{it}(\text{P-urban}_{ijt})\frac{\partial MC_{it}(MAR_{ijt})}{\partial MAR_{ijt}}\right] \quad (5)$$

式（5）中，$\frac{\partial MAR_{ijt}}{\partial \text{P-urban}_{ijt}}$ 反映了城市专业化发展对马歇尔外部性的弹性，$\frac{\partial P_{it}(MAR_{ijt})}{\partial MAR_{ijt}}$ 和 $\frac{\partial MC_{it}(MAR_{ijt})}{\partial MAR_{ijt}}$ 依次反映了马歇尔外部性对产品价格和边际成本的弹性。

由于城市专业化发展会加剧市场竞争，降低企业对产品的定价能力，逐渐逼近完全竞争市场环境下的临界状态 P = MC，因此式（5）中 $\frac{\partial P_{it}(MAR_{ijt})}{\partial MAR_{ijt}} < 0$ 且 $\frac{\partial^2 P_{it}(MAR_{ijt})}{\partial MAR_{ijt}^2} > 0$；同时，城市的专业化发展有利于行业内部规模经济效应的发挥，提高生产效率进而降低边际成本，因此式（5）中 $\frac{\partial MC_{it}(MAR_{ijt})}{\partial MAR_{ijt}} < 0$ 且 $\frac{\partial^2 MC_{it}(MAR_{ijt})}{\partial MAR_{ijt}^2} < 0$。基于此对式（5）进行模拟，得到城市专业化发展对企业加成率的倒 U 型曲线，如图 2 所示。

图 2　城市专业化发展影响企业加成率的模拟曲线

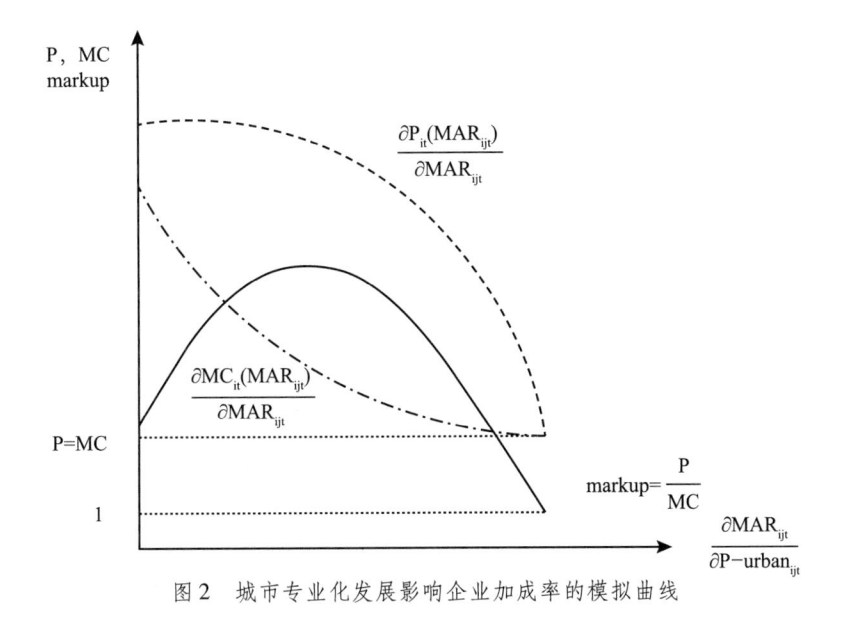

（2）城市多元化发展模式与企业加成率。同理，基于式（3）和式（4），求解企业加成率 markup 相对于城市多元化指数 D-urban 的偏导数，得到式（6）：

$$\frac{\partial \text{markup}_{it}}{\partial \text{D-urban}_{ijt}} = \frac{\partial \text{JOB}_{ijt}}{\partial \text{D-urban}_{ijt}}(\text{MC}_{it})^{-1}\left[\frac{\partial P_{it}(\text{JOB}_{ijt})}{\partial \text{JOB}_{ijt}} - \text{markup}_{it}(\text{D-urban}_{ijt})\frac{\partial \text{MC}_{it}(\text{JOB}_{ijt})}{\partial \text{JOB}_{ijt}}\right] \quad (6)$$

式（6）中，$\frac{\partial \text{JOB}_{ijt}}{\partial \text{D-urban}_{ijt}}$ 反映了城市多元化发展对雅各布斯外部性的弹性。$\frac{\partial P_{it}(\text{MAR}_{ijt})}{\partial \text{JOB}_{ijt}}$ 和 $\frac{\partial \text{MC}_{it}(\text{MAR}_{ijt})}{\partial \text{JOB}_{ijt}}$ 依次反映了雅各布斯外部性对产品价格和边际成本的弹性。

由于城市多元化发展会弱化市场竞争，提高企业对产品的定价能力，因此式（6）中 $\frac{\partial P_{it}(\text{JOB}_{ijt})}{\partial \text{JOB}_{ijt}} > 0$ 且 $\frac{\partial^2 P_{it}(\text{JOB}_{ijt})}{\partial \text{JOB}_{ijt}^2} < 0$；同时，城市的多元化发展有利于跨行业间规模经济效应的发挥，提高生产效率进而降低边际成本，因此式（6）中 $\frac{\partial \text{MC}_{it}(\text{JOB}_{ijt})}{\partial \text{JOB}_{ijt}} < 0$。但是，过度的多元化发展会造成城市"小而全"的产业格局，继而使得城市丧失优势产业专业化发展的规模经济效应，带来企业边际成本的上升。因此，随着多元化程度的进一步提高，$\frac{\partial \text{MC}_{it}(\text{JOB}_{ijt})}{\partial \text{JOB}_{ijt}} > 0$。基于此对式（6）进行模拟，得到城市专业化发展对企业加成率的倒 U 型曲线，如图 3 所示。

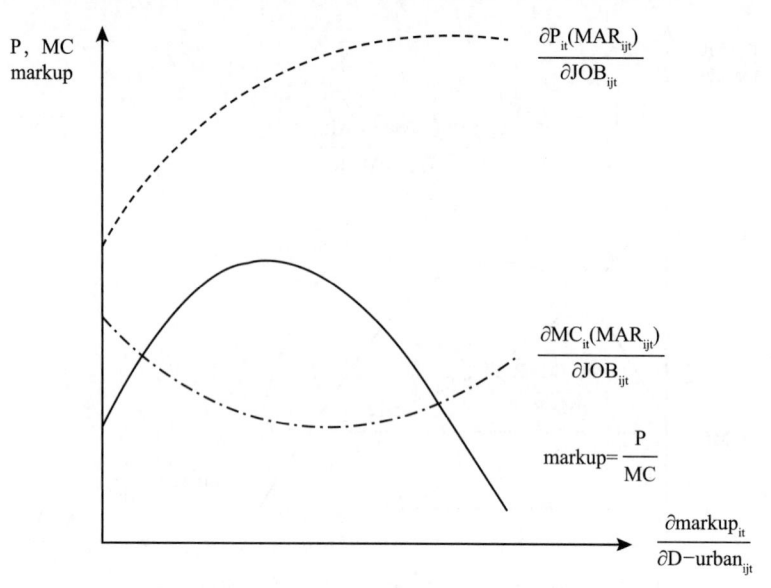

图 3 城市多元化发展影响企业加成率的模拟曲线

（3）城市规模对企业加成率的净效应。城市规模对企业加成率的净效应等于城市专业化发展对企业加成率的效应与城市多元化发展对企业加成率的效应的总和，即：

$$\frac{\partial \text{markup}_{it}}{\partial \text{citysize}_{ijt}} = (MC_{it})^{-1} \left[\rho_1 (P_{it}\mid_{\text{P-urban}} - P_{it}\mid_{\text{D-urban}}) - \rho_2 \frac{P_{it}}{MC_{it}} (MC_{it}\mid_{\text{P-urban}} - MC_{it}\mid_{\text{D-urban}}) \right] \quad (7)$$

式（7）中，$\frac{\partial \text{MAR}_{ijt}}{\partial \text{citysize}_{ijt}}$ 和 $\frac{\partial \text{JOB}_{ijt}}{\partial \text{citysize}_{ijt}}$ 分别代表城市规模对城市发展模式（专业化发展和多元化发展）的选择概率或偏向程度，分别赋值 ρ_1 和 ρ_2。$P_{it}\mid_{\text{P-urban}}$ 表示对产品价格求关于专业化发展的偏导数。

基于式（7），可以讨论城市规模对企业加成率的净效应，即：给定任意城市规模，当企业加成率满足：

$$\text{markup}(\text{citysize}_{ijt}) < \frac{\rho_1}{\rho_2} \frac{P_{it}\mid_{\text{P-urban}} - P_{it}\mid_{\text{D-urban}}}{MC_{it}\mid_{\text{P-urban}} - MC_{it}\mid_{\text{D-urban}}}$$

时，城市规模的进一步扩大将提高企业加成率；反之，当企业加成率满足：

$$\text{markup}(\text{citysize}_{ijt}) > \frac{\rho_1}{\rho_2} \frac{P_{it}\mid_{\text{P-urban}} - P_{it}\mid_{\text{D-urban}}}{MC_{it}\mid_{\text{P-urban}} - MC_{it}\mid_{\text{D-urban}}}$$

时，城市规模的进一步扩大将降低企业的加成率。由此可见，城市规模对企业加成率的净效应同样呈倒 U 型，其极值点出现在 $\text{markup}(\text{citysize}_{ijt}) = \frac{\rho_1}{\rho_2} \frac{P_{it}\mid_{\text{P-urban}} - P_{it}\mid_{\text{D-urban}}}{MC_{it}\mid_{\text{P-urban}} - MC_{it}\mid_{\text{D-urban}}}$ 上。

三、企业加成率与城市发展模式的测算与判断

(一) 企业加成率的测算

本文借鉴 De Loecker and Warzynski (2012) 的测算方法,以企业中间品投入为中介,采用超越对数生产函数,对 2003~2007 年中国 35110 家国有及规模以上非国有企业的加成率进行测算,具体的测算方法如下:

基于式 (2),采用拉格朗日乘子法求解最优化问题,得到:

$$Ł_{it}(L_{it}, K_{it}, M_{it}, \lambda_{it}) = w_{it}L_{it} + r_{it}K_{it} + \tau_{it}M_{it} - \lambda_{it}[f(L_{it}, K_{it}, M_{it}) - Q_{it}] \quad (8)$$

其中,$\frac{\partial Ł_{it}}{\partial Q_{it}} = \lambda_{it}$ 表示企业在给定产出水平 Q 时的边际成本,则式 (1) 所示的企业加成率可以被表述为:

$$\text{markup} = \frac{P_{it}}{\lambda_{it}} \quad (9)$$

于是,测算企业加成率需要估计拉格朗日乘子 λ 的值。由于企业的劳动力投入存在刚性,且资本存量需要基于新增投资和折旧率进行盘存,因此本文采用中间品投入 M 来测算企业加成率。对式 (8) 求解中间品投入 M 的一阶条件,得到:

$$\frac{\partial Ł_{it}}{\partial M_{it}} = \tau_{it} - \lambda_{it}\frac{\partial f_{it}}{\partial M_{it}} = 0 \quad (10)$$

对式 (10) 各项乘以 $\frac{M_{it}}{Q_{it}}$ 并进行整理,得到:

$$\text{markup} = \frac{P_{it}}{\lambda_{it}} = \frac{\partial f_{it}}{\partial M_{it}}\frac{M_{it}}{Q_{it}}\frac{Q_{it}}{M_{it}}\frac{P_{it}}{\tau_{it}} = \pi_{it}^M(\varphi_{it}^M)^{-1} \quad (11)$$

式 (11) 中,π_{it}^M 为企业中间品投入 M 的产出弹性,φ_{it}^M 为中间品投入 M 在企业总收入中所占的份额。由于 φ_{it}^M 可以从《中国工业企业数据库》中直接计算得到,因此测算企业加成率仅需估算中间品投入 M 的产出弹性 π_{it}^M。

中间品投入 M 的产出弹性 π_{it}^M 依赖于对企业生产函数的估计。C-D 生产函数易于分析和计算,因此现有文献常将企业生产函数设定为 C-D 生产函数形式。然而,由于 C-D 生产函数假设企业具有不变的要素产出弹性,因此为了考察企业异质性情况下 π_{it}^M 的变异情形,本文将企业生产函数设定为超越对数形式,即:

$$\log(Q_{it}) = \beta_L\log(L_{it}) + \beta_K\log(K_{it}) + \beta_M\log(M_{it}) + \beta_{LL}[\log(L_{it})]^2 + \beta_{KK}[\log(K_{it})]^2 + \beta_{MM}[\log(M_{it})]^2 + \beta_{LK}\log(L_{it})\log(K_{it}) + \beta_{LM}\log(L_{it})\log(M_{it}) + \beta_{KM}\log(K_{it})\log(M_{it})$$

$$+ \beta_{LKM}\log(L_{it})\log(K_{it})\log(M_{it}) + \upsilon_i + \mu_t + \varepsilon_{it} \tag{12}$$

式（12）中，υ、μ、ε 分别表示个体效应、时间效应和随机扰动项。对系数向量 $\hat{\beta} = (\widehat{\beta_L}, \widehat{\beta_K}, \widehat{\beta_M}, \widehat{\beta_{LL}}, \widehat{\beta_{KK}}, \widehat{\beta_{MM}}, \widehat{\beta_{LK}}, \widehat{\beta_{LM}}, \widehat{\beta_{KM}}, \widehat{\beta_{LKM}})$ 进行估计，可以得到中间品投入 M 的产出弹性 $\widehat{\pi_{it}^M}$ 为：

$$\widehat{\pi_{it}^M} = \widehat{\beta_M} + 2\widehat{\beta_{MM}}\log(M_{it}) + \widehat{\beta_{LM}}\log(L_{it}) + \widehat{\beta_{KM}}\log(K_{it}) + \widehat{\beta_{LKM}}\log(L_{it})\log(K_{it}) \tag{13}$$

同时，为了缓解其他不可观测冲击对企业总产出造成的影响，本文采用估计的总产出 $\widehat{Q_{it}P_{it}} = \dfrac{S_{it}}{e^{\widehat{\varepsilon_{it}}}}$ 来代替企业的名义总产出 $Q_{it}P_{it}$。

（二）城市发展模式的测算与判断

本文在贺灿飞、潘峰华（2014）的基础上，对城市专业化指数 P-urban 和多元化指数 D-urban 的测算方法进行改进①，改进后的测算公式为：

$$\text{P-urban}_{it,j} = \frac{\text{P-urban}_{it,j}^{within}}{\text{P-urban}_{it,j}^{between}} = \frac{s_{it,j}/s_{t,j}}{s_{it}/s_t}, \quad i = 1, 2, \cdots, m \tag{14}$$

$$\text{D-urban}_{t,j} = \frac{\text{D-urban}_{it,j}^{within}}{\text{D-urban}_{it,j}^{between}} = \frac{\sum_{i=1}^{i=m}\sqrt{(s_{it,j}/s_{t,j} - 1/m)^2}}{\sum_{i=1}^{i=m}\sqrt{(s_{it}/s_t - 1/m)^2}} \tag{15}$$

其中，上标 within 表示从城市内部，上标 between 表示城市之间。i、t、j 分别代表产业、年份、城市，m 为产业部门个数。$\dfrac{s_{it,j}}{s_{t,j}}$ 衡量了城市 j 中产业 i 在年份 t 的经济规模在城市 j 总经济规模中的比重；$\dfrac{s_{it}}{s_t}$ 衡量了产业 i 在年份 t 的经济规模在全国总经济规模中的比重。

从式（14）和式（15）中可以看出：第一，城市专业化指数 P-urban 的测算结果同时存在于产业和城市两个层面，即各个城市中每个产业部门均有一个专业化指数，而城市多元化指数 D-urban 的测算结果仅存在于城市层面，即每个城市只会有一个多元化指数；第二，城市的专业化指数 P-urban 与多元化程度 D-urban 并非完全相互排斥，即多元化指数较高的某个城市完全有可能在某些产业部门上具有较高的专业化指数。

---

① 改进之处在于：采用某个城市内部的专业化程度或多元化程度（上标 within）与全部城市总体的专业化程度或多元化程度（上标 between）进行相除比较。这种改进方法的优势体现在：规避了某些时间段内，个别产业部门的规模在全国范围内呈现整体上升或下降时对测算结果造成的偏差。

本文采用产业部门的就业人数作为产业规模的代理指标，对 2003~2007 年中国 281 个地级及以上城市的专业化指数 P-urban 和多元化指数 D-urban 进行测算，数据来源于中国工业企业数据库和《中国城市统计年鉴》。关于产业部门的划分，考虑到相似产品的可替代性，本文依据《国民经济行业分类》（GB/T 4754—2002），采用两位数行业代码将产业部门划分为 33 个行业类型。

四、实证分析

（一）计量模型构建

本文以 35110 家国有及规模以上非国有连续经营企业的加成率 markup 为被解释变量，以 281 个地级及以上城市的城市规模 citysize 为核心解释变量，加入控制变量 x，构建如式（16）所示的计量模型：

$$\ln(\text{markup})_{ijt} = \alpha_1 \ln(\text{citysize})_{jt} + \sum \gamma x_{ijt} + v_i + \mu_j + \varepsilon_{ijt} \quad (16)$$

式（16）中，各主要变量均采用对数形式引入模型以降低模型的异方差性和非线性。下标 i、j、t 分别代表企业、城市和年份，v、μ 分别为行业固定效应和城市固定效应，ε 为误差项。本文依次采用两类指标来衡量城市规模：一是借鉴 Hottman（2014）和 Kondo（2018）的方法，采用市辖区年末常住人口数 people 作为城市规模的代理指标；二是考虑到不同城市劳动生产率的差异，采用市辖区地区生产总值 gdp 作为城市规模的代理指标。

基于第二部分的理论分析，本文将城市专业化指数 P-urban 和城市多元化指数 D-urban 作为中介变量引入模型（16），得到：

$$\begin{cases} \ln(\text{P}-\text{urban})_{jt} = \rho_1 \ln(\text{citysize})_{jt} + \mu_j + \varepsilon_{jt} \\ \ln(\text{D}-\text{urban})_{jt} = \rho_2 \ln(\text{citysize})_{jt} + \mu_j + \varepsilon_{jt} \end{cases} \quad (17a)$$

$$\begin{cases} \ln(\text{markup})_{ijt} = \alpha_2 \ln(\text{citysize})_{jt} + \beta \ln(\text{P}-\text{urban})_{jt} + \sum \gamma x_{ijt} + v_i + \mu_j + \varepsilon_{ijt} \\ \ln(\text{markup})_{ijt} = \alpha_2 \ln(\text{citysize})_{jt} + \beta \ln(\text{D}-\text{urban})_{jt} + \sum \gamma x_{ijt} + v_i + \mu_j + \varepsilon_{ijt} \end{cases} \quad (17b)$$

式（17a）检验了城市规模与城市发展模式的关系，系数 ρ_1 和 ρ_2 分别代表不同城市规模对于专业化发展模式和多元化发展模式的选择概率或偏向程度。式（17b）在式（16）的基础上，纳入中介变量城市专业化指数 P-urban 和城市多元化指数 D-urban。

中介效应模型常见于心理学文献当中，程令国等（2015）和张勋等（2018）先后将其引入经济学分析领域，并对模型的设定进行了详细阐述。本文主要关注城市规模系数 α_2 的变化：相对于式（16）中的系数 α_1，若系数 α_2 出现了降低，且中介变量的系数 β 统计上显著，则说明城市规模通过影响城市发展模式对企业加成率产生了显著影响。

(二) 变量、数据与描述性统计分析

1. 数据来源与处理

本文参考 Brandt et al. (2012) 的方法,对中国工业企业数据库进行整理,并以企业注册地址、邮政编码等为关键词,实现其与《中国城市统计年鉴》的匹配,得到 2003~2007 年中国 35110 家连续经营的国有及规模以上非国有企业的平衡面板数据,分布于中国 281 个地级及以上城市,覆盖 33 个两位数代码行业。其中,中国工业企业数据库是由国家统计局建立,数据主要来自样本企业提交给当地统计局的季报和年报汇总,统计了 130 余项企业生产指标和财务指标,行业覆盖《国民经济行业分类》(GB/T 4754—2002) 中门类 B 采矿业、门类 C 制造业和门类 D 电力、燃气及水的生产与供应业,样本企业数由 2003 年的 19.6 万余家递增到 2007 年的 33.6 万余家。根据可比性研究,2004 年中国工业企业数据库的全部样本企业年销售额占 2004 年第一次全国经济普查报告中工业企业销售额的 89.5%,因此中国工业企业数据库在反映中国工业企业发展方面具有较高的代表性。当然,学者们也指出中国工业企业数据库存在如样本匹配混乱、变量定义模糊、变量值异常和测度误差明显等多种缺陷,本文结合学者们在处理数据过程中的经验和建议,对该数据库进行了精细化处理,主要包括:

(1) 选取 2003~2007 年 5 年的数据样本,剔除门类 B 采矿业企业。目前可获得的中国工业企业数据库开始于 1998 年截至 2015 年,但由于国民经济行业分类在 2002 年由 GB/T 4754—1994 版本升级到 GB/T 4754—2002 版本,而本文所关注的核心解释变量城市专业化指数和城市多元化指数正是基于国民经济行业分类计算得到,因此为了尽可能地规避行业分类变化对测算结果产生的冲击,本文将起始年份设定为 2003 年。同时,由于 2008 年和 2009 年的中国工业企业数据库未统计工业企业的中间品投入指标,而该指标是本文测算企业加成率的重要依据,因此本文将截止年份设定为 2007 年。考虑到采矿业企业对资源禀赋依赖性较强,不具备跨城市可比性,因此本文剔除属于门类 B 的企业。

(2) 剔除从业人员少于 8 人或关键指标缺失的样本。在本文所关注的时间段内,国家统计局关于规模以上工业企业的界定标准为全部国有及年主营业务收入达到 500 万元及以上的非国有工业法人企业。与规模以上工业相匹配,本文参照谢千里等 (2008) 的做法,剔除业人员少于 8 人的样本,同时剔除工业总产值、工业销售产值、固定资产、产品销售收入、工业中间投入、利润总额、负债总额等关键指标存在缺失的样本。

(3) 价格平减处理。因缺少城市层面的价格指数,本文采用省级层面的工业生产者出厂价格指数、固定资产投资价格指数对相关指标进行价格平减处理。同时，De Loecker and Warzynski（2012）和 Lu et al.（2014）也指出在研究企业加成率变异时价格平减处理并非必须。原因在于，价格因素的确影响了企业加成率的具体数值，但不会影响不同时间不同企业间的加成率变异。考虑到不同地区的价格指数存在差异，因此本文仍然采用省级层面而非国家层面的价格指数进行价格平减处理。

（4）对企业加成率进行截尾处理。针对测算得到的企业加成率 markup，按照 1% 和 99% 的分位数进行截尾处理，以剔除极端值对实证结果产生的冲击。

2. 变量的描述性统计分析

表 1 报告了各主要变量的描述性统计结果。关于控制变量的选取，本文参考现有文献的做法，选取企业的年工业总产值来控制住企业规模 scale，采用两位数行业代码来控制住企业的行业属性 sector，采用企业年龄 age 来控制住企业生产经营年限，采用资产收益率 roa 和资产负债率 rod 来控制住企业的内部生产经营情况，采用哑变量 D1（国有控股 D1 = 1，非国有控股 D1 = 0）来控制住企业的所有权性质，采用哑变量 D2（有出口业务 D1 = 1，无出口业务 D1 = 0）来控制住出口贸易对企业加成率的影响。

表 1　　　　　　　　主要变量的描述性统计结果

变量	样本量	平均值	标准差	最小值	最大值
lnmarkup	175550	0.0852	0.0921	-1.6547	1.8651
lnpeople	175550	5.2840	0.9853	2.6448	7.3304
lngdp	175550	15.7879	1.4197	11.7137	18.6085
lnP-urban	175550	0.2089	0.9968	-5.4415	4.8947
lnD-urban	175550	-0.2263	0.1426	-0.6092	0.3416
lnscale	175550	10.8010	1.3985	0.6931	18.6113
lnage（Year = 2007）	35110	2.8481	0.5460	1.6094	5.6095
roa	175550	6.7012	19.6405	-318.0305	1050.000
rod	175550	58.9113	30.5582	-93.4438	1511.6307
D1	175550	D1 = 1：32133		D1 = 0：143417	
D2	175550	D2 = 1：67476		D2 = 0：108074	

图 4 展示了企业加成率与城市规模的散点图，其中左图采用市辖区年末常住人口数作为城市规模的代理指标，右图采用市辖区地区生产总值作为城市规模的代理指标。从图 4 可以看出，企业加成率与城市规模总体上呈现出正相关关系。Stata15.0 报告的一次趋势线的拟合系数分别为 0.007***（t = 5.37）和 0.013***（t = 19.61），这一结论与部分其他学者报告的负相关关系存在一定差异，本文将在实证部分进一步检验和分析。

图 4　企业加成率与城市规模的散点图

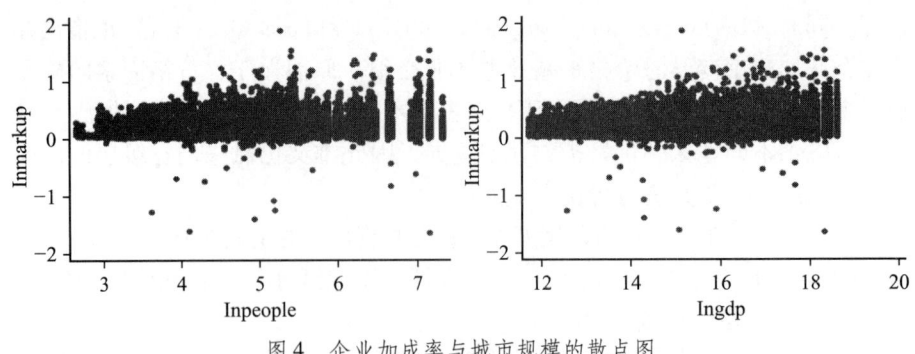

图 5 进一步展示了企业加成率与城市专业化指数（左）和城市多元化指数（右）的散点图。从图 5 可以看出，企业加成率与城市专业化指数和城市多元化指数总体上呈现出倒 U 型关系，说明随着城市专业化指数和城市多元化指数的上升，企业加成率经历了一个先提升后下降的变化趋势。Stata15.0 报告的企业加成率与城市专业化指数趋势线的二次项拟合系数为 －0.0008*（t ＝ －1.72），与城市多元化指数趋势线的二次项拟合系数为 －0.0235*（t ＝ －1.76），这一结论与本文在理论分析部分提出的假设基本一致。

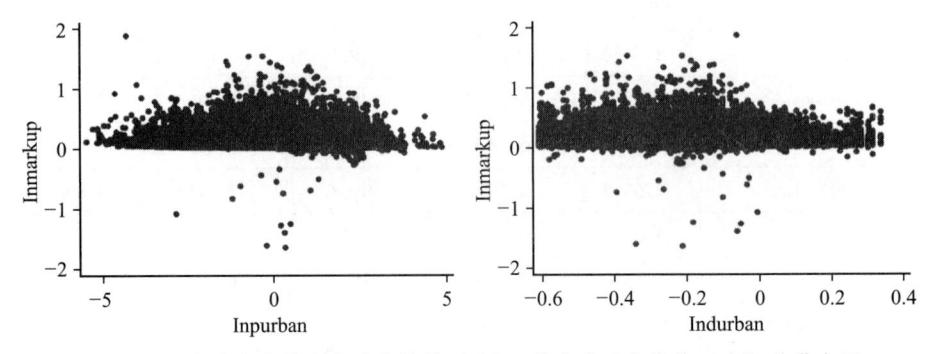

图 5　企业加成率与城市专业化指数（左）、城市多元化指数（右）的散点图

（三）实证结果分析

1. 城市规模、专业化发展模式与企业加成率

表 2 报告了城市规模、专业化发展模式与企业加成率的回归结果。其中，第 2～4 列采用市辖区年末常住人口数作为城市规模的代理指标，第 5～7 列采用市辖区地区生产总值作为城市规模的代理指标。模型（16）为式（16）的回归结果，模型（17b）为式（17b）的回归结果，依次为未加入中介变量、加入中介变量一次项和加入中介变量二次项。针对所有模型，除了纳入全部控制变量之外，本文同时还控制住行业固定效应和城市固定效应。

表2 城市规模、专业化发展模式与企业加成率的回归结果

模型	lnmarkup					
	(16)	(17b)	(16)	(16)	(17b)	(17b)
	citysize = lnpeople			citysize = lngdp		
citysize	0.0076*** (3.77)	0.0073*** (3.64)	0.0073*** (3.60)	0.0141*** (17.18)	0.0138*** (16.82)	0.0138*** (16.76)
lnP-urban		0.0039*** (15.74)	0.0037*** (15.36)		0.0038*** (15.44)	0.0037*** (15.07)
lnP-urbann²			-0.0009*** (-5.35)			-0.0009*** (-5.24)
lnscale	-0.0002 (-0.79)	0.0002 (0.55)	0.0002 (0.55)	-0.0005* (-1.82)	-0.0001 (-0.46)	-0.0001 (-0.46)
lnage	-0.0029*** (-8.07)	-0.0029*** (-7.96)	-0.0028*** (-7.86)	-0.0041*** (-11.07)	-0.0040*** (-10.91)	-0.0040*** (-10.80)
roa	0.0006*** (30.22)	0.0006*** (30.13)	0.0006*** (30.16)	0.0006*** (30.21)	0.0006*** (30.12)	0.0006*** (30.15)
rod	0.0001*** (13.00)	0.0001*** (13.17)	0.0001*** (13.15)	0.0001*** (13.12)	0.0001*** (13.28)	0.0001*** (13.26)
D1	0.0138*** (17.17)	0.0140*** (17.38)	0.0140*** (17.42)	0.0146*** (18.10)	0.0147*** (18.28)	0.0147*** (18.31)
D2	-0.0078*** (-15.64)	-0.0072*** (-14.46)	-0.0072*** (-14.50)	-0.0076*** (15.19)	-0.0070*** (-14.03)	-0.0070*** (-14.08)
i.sector	控制	控制	控制	控制	控制	控制
i.city	控制	控制	控制	控制	控制	控制
_cons	0.0624*** (4.30)	0.0591*** (4.07)	0.0588*** (4.05)	-0.1309*** (-8.82)	-0.1305*** (-8.80)	-0.1305*** (-8.08)
R-squared	0.1247	0.1262	0.1265	0.1262	0.1276	0.1279
Prob > F	0.0000	0.0000	0.0000	0.0000	0.0000	0.0000
样本量	175550	175550	175550	175550	175550	175550

注：***、*分别表示回归系数通过了1%、10%的显著性检验。

从表2可以看出：不管是人口层面的城市规模指标还是经济层面的城市规模指标，各解释变量回归系数的符号和显著性均呈现出较好的一致性。就模型(16)而言，城市规模对企业加成率的回归系数分别为0.0076***（citysize =

lnpeople）和 0.0141***（citysize = lngdp），均通过了 1% 的显著性检验，说明中国城市在人口规模或经济规模上进一步扩大，将有利于提高企业加成率。本文的这一研究结论与 Hottman（2014）采用美国零售企业数据以及 Kondo（2018）采用日本制造业企业数据的研究结论不一致，可能的原因是相对于美国和日本已经进入稳定阶段的城市化发展情景，中国正处于快速城市化发展阶段，企业和生产要素向大城市集聚所带来的规模经济效应超过了拥挤效应。同时，这一结论与 Lu et al.（2014）采用中国制造业企业数据的研究结论也不一致，可能的原因是 Lu et al. 采用 EG 指数（Ellison and Glaeser, 1997）来测算中国城市制造业的集聚程度，该指数更多地反映了市场竞争程度即拥挤效应，而本文所使用的城市规模指标则同时涵盖了拥挤效应和规模经济效应。综合比较而言，本文的研究结论不仅更加契合中国快速城市化的情景，而且指出中国城市规模进一步扩大过程中规模经济效应对企业加成率的提升作用要大于拥挤效应对企业加成率的削弱作用。

比较加入中介变量后式（17b）的回归结果与未加入中介变量式（16）的回归结果可以发现，程令国等（2015）和张勋等（2018）所论述的中介效应条件得到满足，城市规模通过影响城市的专业化发展模式进而对企业加成率产生间接影响。具体而言，当仅纳入城市专业化指数一次项时，该一次项的回归系数分别为 0.0039***（citysize = lnpeople）和 0.0038***（citysize = lngdp），均通过了 1% 的显著性检验；当同时纳入城市专业化指数一次项和二次项时，其一次项的回归系数保持稳定，二次项的回归系数为 −0.0009***（citysize = lnpeople 或 citysize = lngdp），且通过了 1% 的显著性检验。结合上述回归结果，本文得到如下结论：（1）城市规模与城市专业化指数之间呈现显著的负相关性，即城市规模越大其越有可能走上多元化发展的道路，本文所提出的假设 1 得到了验证；（2）城市专业化发展与企业加成率之间呈现出在低水平时促进、在高水平时抑制的倒 U 型关系，即本文所提出的假设 2 成立；（3）总体上，该倒 U 型曲线的峰值出现在专业化指数 P-urban 等于 7.81 附近，本文全部样本中仅约有 2.65% 的样本处于峰值右侧，即对于绝大部分样本而言，城市沿着专业化模式继续发展将有利于加成率的提高。

2. 城市规模、多元化发展模式与企业加成率

表 3 报告了城市规模、多元化发展模式与企业加成率的回归结果，可以发现：首先，与表 2 一致，不管是采用市辖区年末常住人口数作为城市规模的代理指标，还是采用市辖区地区生产总值作为城市规模的代理指标，城市规模对企业加成率的回归系数均显著为正，说明中国城市规模的进一步扩大将有利于提高企业的加成率。

表 3　　　　　城市规模、多元化发展模式与企业加成率的回归结果

模型	lnmarkup					
	(16)	(17b)	(16)	(16)	(17b)	(17b)
	citysize = lnpeople			citysize = lngdp		
citysize	0.0076 ***	0.0071 ***	0.0072 ***	0.0141 ***	0.0140 ***	0.0139 ***
	(3.77)	(3.49)	(3.56)	(17.18)	(16.72)	(16.66)
lnD-urban		0.0187 ***	0.0031		0.0057	0.0006
		(3.62)	(0.33)		(1.09)	(0.06)
lnD-urbann²			−0.0367 **			−0.0150
			(−2.00)			(−0.82)
lnscale	−0.0002	−0.0002	−0.0002	−0.0005 *	−0.0005 *	−0.0005 *
	(−0.79)	(−0.81)	(−0.83)	(−1.82)	(−1.81)	(−1.81)
lnage	−0.0029 ***	−0.0029 ***	−0.0030 ***	−0.0041 ***	−0.0041 ***	−0.0041 ***
	(−0.87)	(−8.17)	(−8.22)	(−11.07)	(−11.08)	(−11.08)
roa	0.0006 ***	0.0006 ***	0.0006 ***	0.0006 ***	0.0006 ***	0.0006 ***
	(30.22)	(30.24)	(30.23)	(30.21)	(30.21)	(30.21)
rod	0.0001 ***	0.0001 ***	0.0001 ***	0.0001 ***	0.0001 ***	0.0001 ***
	(13.00)	(13.00)	(13.00)	(13.12)	(13.12)	(13.12)
D1	0.0138 ***	0.0138 ***	0.0138 ***	0.0146 ***	0.0146 ***	0.0146 ***
	(17.17)	(17.20)	(17.21)	(18.10)	(18.10)	(18.10)
D2	−0.0078 ***	−0.0078 ***	−0.0078 ***	−0.0076 ***	−0.0076 ***	−0.0076 ***
	(−15.64)	(−15.62)	(15.62)	(−15.19)	(−15.19)	(−15.19)
i.sector	控制	控制	控制	控制	控制	控制
i.city	控制	控制	控制	控制	控制	控制
_cons	0.0624 ***	0.0646 ***	0.0646 ***	−0.1309 ***	0.1289 ***	−0.1277 ***
	(4.30)	(4.45)	(4.45)	(−8.82)	(−8.59)	(−8.48)
R-squared	0.1247	0.1248	0.1248	0.1279	0.1262	0.1262
Prob > F	0.0000	0.0000	0.0000	0.0000	0.0000	0.0000
样本量	175550	175550	175550	175550	175550	175550

注：***、**、* 分别表示回归系数通过了 1%、5%、10% 的显著性检验。

其次，采用市辖区年末常住人口数作为城市规模代理指标的情况下 (citysize = lnpeople)，当纳入多元化指数时，其二次项的回归系数显著为负 −0.0367 **。这一结论印证了本文提出的假设 3，即城市多元化发展与企业

加成率之间呈现出在低水平时促进、在高水平时抑制的倒 U 型关系，其峰值出现在专业化指数等于 1.04 附近，本文全部样本中约有 3.51% 的样本处于峰值右侧，即对于绝大部分样本而言，城市的多元化发展将有利于企业加成率的提升。需要注意的是，当采用市辖区地区生产总值作为城市规模的代理指标时（citysize = lngdp），城市多元化指数与企业加成率之间的倒 U 型关系并未得到验证。结合城市多元化指数的一次项回归系数在显著性水平和系数值大小上出现的跳跃，本文对城市规模、多元化发展模式与企业加成率的关系做出如下阐述：整体而言，城市的多元化发展模式对企业加成率的影响呈现出倒 U 型关系，然而由于多元化指数仅存在于城市层面，而不同产业部门对城市多元化指数的敏感性又不一样①，导致二者间的倒 U 型关系并不稳健。本文将在下一节的城市规模分层样本和产业部门分层样本中进行异质性检验和分析。

3. 影响企业加成率的其他因素

结合表 2 和表 3 中控制变量的回归结果，本文对影响企业加成率的其他因素进行分析。首先，企业年龄与企业加成率的回归系数显著为负，且在不同模型中的回归结果较为稳健，说明企业生产经营年限越长，其加成率很可能越低。董晓芳、袁燕（2014）指出企业创新会受其所处生命周期阶段的影响，新生或年轻企业的创新更多地受益于产业多样化带来的雅各布斯外部经济，而成熟企业的创新则更多地受益于产业专业化带来的马歇尔外部经济。结合本文的研究，产业专业化给成熟企业带来马歇尔外部经济的同时，也在更大程度上加剧了行业内部的竞争，进而降低了企业加成率。其次，资产收益率和资产负债率与企业加成率的回归系数均显著为正，且在不同模型中的回归结果比较稳健，说明企业的内部生产经营情况越具有活力，其加成率越高。再次，哑变量 D1 与企业加成率的回归系数均显著为正，且在不同模型中的回归结果均比较稳健，说明相对于非国有控股企业，国有控股企业往往具有更高的企业加成率，这在一定程度上与国有控股企业的市场垄断特征和资源控制能力有关。最后，哑变量 D2 与企业加成率的回归系数均显著为负，且在不同模型中的回归结果均比较稳健，说明相对于无出口业务的企业，有出口业务企业的加成率更低。

---

① 里昂惕夫逆矩阵指出不同产业部门间的关联性不一样。基于 2007 年《中国投入产出表》的直接消耗系数表可以判断：在多元化发展模式下，不同产业部门对城市多元化指数的敏感性存在差异。关联性较强的产业部门可以从城市多元化发展中发挥跨行业间规模经济效应，提高企业加成率，而关联性较弱的产业部门则难以从中受益。

五、进一步讨论

（一）城市规模分层样本的异质性检验

考虑到不同规模的城市对于专业化发展模式和多元化发展模式具有不同的选择概率和偏向程度，本文的研究同样指出随着城市规模扩大其发展模式倾向于由专业化发展转向多元化发展。基于此，本文参考国务院印发的《关于调整城市规模划分标准的通知》，将 2003 年市辖区年末常住人口数小于 100 万人的城市划分为中小型城市，将市辖区年末常住人口数超过 100 万人的城市划分为大型城市，对全样本按照城市规模进行分层处理。表 4 和表 5 依次报告了城市规模分层样本下专业化发展模式和多元化发展模式影响企业加成率的回归结果，各列所代表的模型与表 2 一样。

表 4　城市规模分层样本下专业化发展模式影响企业加成率的回归结果

模型	lnmarkup					
	(16)	(17b)	(16)	(16)	(17b)	(17b)
	大城市：people≥100 万人			中小型城市：people<100 万人		
lnpeople	0.0068***	0.0066***	0.0065***	0.0112***	0.0109***	0.0108***
	(2.86)	(2.76)	(2.73)	(3.05)	(2.96)	(2.93)
lnP-urban		0.0040***	0.0035***		0.0036***	0.0037***
		(12.18)	(10.94)		(8.47)	(8.51)
lnP-urbann^2			-0.0015***			-0.0005**
			(-6.15)			(-2.15)
lnscale	0.0043***	0.0046***	0.0046***	-0.0111***	-0.0105***	-0.0104***
	(11.55)	(12.33)	(12.31)	(23.86)	(-21.61)	(-21.56)
lnage	-0.0025***	-0.0024***	-0.0024***	-0.0034***	-0.0034***	-0.0033***
	(5.59)	(-5.40)	(-5.38)	(-5.83)	(-5.83)	(-5.75)
roa	0.0006***	0.0006***	0.0006***	0.0007***	0.0007***	0.0007***
	(25.15)	(25.06)	(25.11)	(17.75)	(17.73)	(17.73)
rod	0.0001***	0.0001***	0.0001***	0.0000***	0.0000***	0.0000***
	(13.60)	(13.70)	(13.74)	(3.25)	(3.41)	(3.37)
D1	0.0145***	0.0146***	0.0147***	0.0118***	0.0120***	0.0120***
	(14.82)	(14.87)	(14.98)	(8.73)	(8.96)	(8.93)

续表

模型	lnmarkup					
	(16)	(17b)	(16)	(16)	(17b)	(17b)
	大城市：people≥100万人			中小型城市：people<100万人		
D2	-0.0117***	-0.0109***	-0.0109***	-0.0021**	-0.0011	-0.0011
	(-18.69)	(-18.27)	(-18.27)	(-2.28)	(-1.18)	(-1.24)
i. sector	控制	控制	控制	控制	控制	控制
i. city	控制	控制	控制	控制	控制	控制
_cons	0.0186	0.0157	0.0150	0.1829***	0.1786***	0.1781***
	(1.08)	(0.91)	(0.87)	(10.46)	(10.19)	(10.16)
R-squared	0.1067	0.1081	0.1086	0.2206	0.2221	0.2222
Prob > F	0.0000	0.0000	0.0000	0.0000	0.0000	0.0000
样本量	123785	123785	123785	51765	51765	51765

注：***、**分别表示回归系数通过了1%、5%的显著性检验。

表5　城市规模分层样本下多元化发展模式影响企业加成率的回归结果

模型	lnmarkup					
	(16)	(17b)	(16)	(16)	(17b)	(17b)
	大城市：people≥100万人			中小型城市：people<100万人		
lnpeople	0.0068***	0.0070***	0.0066***	0.0112***	0.0125***	0.0126***
	(2.86)	(2.93)	(2.80)	(3.05)	(3.30)	(3.23)
lnD-urban		0.0479***	0.0182		0.0110*	0.0120
		(6.01)	(1.22)		(1.66)	(0.96)
lnD-urbann^2			-0.0680**			-0.0023
			(-2.47)			(-0.09)
lnscale	0.0043***	0.0043***	0.0043***	-0.0111***	-0.0111***	-0.0111***
	(11.55)	(11.49)	(11.47)	(23.86)	(-23.87)	(-23.87)
lnage	-0.0025***	-0.0026***	-0.0027***	-0.0034***	-0.0034***	-0.0034***
	(5.59)	(-5.84)	(-5.91)	(-5.83)	(-5.81)	(-5.81)
roa	0.0006***	0.0006***	0.0006***	0.0007***	0.0007***	0.0007***
	(25.15)	(25.20)	(25.20)	(17.75)	(17.74)	(17.74)
rod	0.0001***	0.0001***	0.0001***	0.0000***	0.0000***	0.0000***
	(13.60)	(13.66)	(13.67)	(3.25)	(3.25)	(3.25)

续表

模型	lnmarkup					
	(16)	(17b)	(16)	(17b)		
	大城市：people≥100万人			中小型城市：people<100万人		
D1	0.0145***	0.0146***	0.0146***	0.0118***	0.0118***	0.0118***
	(14.82)	(14.87)	(14.89)	(8.73)	(8.72)	(8.72)
D2	-0.0117***	-0.0113***	-0.0113***	-0.0021**	-0.0021**	-0.0021**
	(-18.69)	(-18.88)	(-18.88)	(-2.28)	(-2.28)	(-2.28)
i.sector	控制	控制	控制	控制	控制	控制
i.city	控制	控制	控制	控制	控制	控制
_cons	0.0186	0.0140	0.0183	0.1829***	0.1795***	0.1794***
	(1.08)	(0.81)	(1.06)	(10.46)	(10.15)	(10.03)
R-squared	0.1067	0.1070	0.1071	0.2206	0.2206	0.2206
Prob>F	0.0000	0.0000	0.0000	0.0000	0.0000	0.0000
样本量	123785	123785	123785	51765	51765	51765

注：***、**分别表示回归系数通过了1%、5%的显著性检验。

从表4可以看出，无论在大型城市样本中，还是在中小型城市样本中，城市规模与企业加成率之间的正相关关系、城市专业化指数与企业加成率之间的倒U型关系均得到了显著且稳健的检验。异质性之处在于，在大型城市中专业化指数与企业加成率之间倒U型关系的阈值拐点（P-urban=3.21）要远小于中小型城市中倒U型关系的阈值拐点（P-urban=40.45）；就样本而言，大型城市中超过专业化指数拐点阈值的样本占比为11.20%，中小型城市中超过专业化指数拐点阈值的样本占比为0.05%。由此可见：第一，在多数大型城市和中小型城市中，其专业化发展对企业加成率呈现出正的净效应，有利于企业加成率的提升；第二，大型城市中产业的专业化发展更加易于饱和，而中小型城市对于专业化发展的包容性更强，这也与当前阶段中国城市的发展现状相吻合，很多中小型城市都有其典型的产业名片，如金华市的小商品制造产业、嘉兴市的皮革产业、南通市的船舶装备产业、景德镇市的陶瓷产业等，而大型城市则更多地倾向于产业的多元化发展。

从表5可以看出，在大型城市中多元化指数与企业加成率之间的倒U型关系依然成立，超过多元化指数拐点阈值的样本占比为0.65%，处于较低水平。但是，在中小型城市样本中，二者间的倒U型关系却并未得到验证，这是由于中小型城市多元化指数较低造成的。本文认为，大型城市在发展模式的选择上可以兼顾多元化发展和专业化发展，在提升城市产业多元化的同时，着力培育若干特色优势产业；而针对中小型城市，采取多元化发展模式不仅缺乏经济基础和市场空间,而且会使得城市丧失比较优势。中小型城市应该选择专业化的发展模式,着力引导同一类型企业集聚,提高专业化水平,打造城市的特色产业名片。

(二)产业部门分层样本下的异质性检验

考虑到不同产业部门对于专业化发展模式和多元化发展模式的敏感性存在差异,本文以《国民经济行业分类》(GB/T 4754—2002)的两位数行业代码为依据,对全样本按照产业部门进行分层处理,同时剔除样本量少于1000的产业部门。表6和表7依次报告了产业部门分层样本下专业化发展模式和多元化发展模式影响企业加成率的回归结果。

表6 产业部门分层样本下专业化发展影响企业加成率的回归结果

变量	lnmarkup						
	13	14	15	17	18	19	20
lnpeople	0.0211*	0.0046	-0.0077	0.0033	0.0063	0.0125	0.0068
	(1.78)	(0.43)	(-0.62)	(0.61)	(0.78)	(1.04)	(0.77)
lnP-urban	0.0170***	0.0026	-0.0150**	0.0143***	0.0082	-0.0025	-0.0088
	(3.08)	(0.55)	(-2.08)	(3.14)	(1.37)	(-0.30)	(-1.30)
lnP-urbann^2	-0.0046**	0.0032	0.0022	-0.0014	0.0012	0.0026	0.0029
	(-2.14)	(1.33)	(0.84)	(-0.61)	(0.69)	(0.78)	(1.41)
R-squared	0.2339	0.2063	0.2655	0.1481	0.2139	0.2386	0.3657

变量	lnmarkup						
	21	22	23	24	26	27	29
lnpeople	0.0080	0.0026	0.0051	-0.0040	0.0283***	0.0403***	0.0090
	(0.97)	(0.26)	(0.82)	(-0.47)	(3.14)	(2.87)	(0.65)
lnP-urban	-0.0070	-0.0173***	-0.0190***	-0.0002	0.0016	0.0068***	0.0029
	(-1.44)	(-2.81)	(-2.81)	(-0.02)	(0.29)	(2.83)	(0.36)
lnP-urbann^2	0.0013	0.0016	-0.0037	0.0034	-0.0003	-0.0051*	0.0025
	(0.92)	(-0.89)	(-1.31)	(0.95)	(-0.13)	(-1.87)	(0.84)
R-squared	0.3686	0.2336	0.4565	0.2656	0.1782	0.1744	0.2682

变量	lnmarkup						
	30	31	32	33	34	35	36
lnpeople	0.0032	0.0005	0.0987***	0.2270***	-0.0043	0.0077*	0.0021
	(0.81)	(0.08)	(2.72)	(3.75)	(-0.43)	(1.97)	(0.21)
lnP-urban	-0.0010	0.0018**	0.0378***	0.0005	-0.0026	0.0035***	0.0127*
	(-0.28)	(2.52)	(3.30)	(0.06)	(-0.50)	(3.28)	(1.77)

续表

变量	lnmarkup						
	30	31	32	33	34	35	36
lnP-urbann²	0.0015 (0.79)	-0.0033* (-1.95)	-0.0117*** (-3.69)	0.0024 (0.74)	0.0034 (1.34)	-0.0050* (-2.04)	0.0011 (0.33)
R-squared	0.1823	0.2457	0.4016	0.4197	0.1349	0.1445	0.1858

变量	lnmarkup						
	37	39	40	41	42	44	46
lnpeople	0.0093 (0.75)	0.0226** (2.18)	0.0070 (0.52)	0.0189 (0.86)	-0.0003 (-0.02)	0.0480*** (2.84)	0.0079 (1.01)
lnP-urban	0.0041 (0.56)	-0.0036 (-0.54)	0.0233* (1.75)	0.0004 (0.05)	0.0035 (0.62)	0.0181** (2.18)	0.0200** (2.11)
lnP-urbann²	0.0031 (1.39)	-0.0061* (-1.67)	0.0112 (1.27)	0.0036 (0.93)	0.0002 (0.10)	-0.0091*** (-2.63)	0.0011 (0.25)
R-squared	0.1526	0.1859	0.4707	0.1935	0.2479	0.2484	0.6596

注：产业部门代码对应的产业部门名称详见《国民经济行业分类》（GB/T 4754—2002）。***、**、*分别表示回归系数通过了1%、5%、10%的显著性检验。

表7 产业部门分层样本的城市多元化发展影响企业加成率的异质性分析

变量	lnmarkup						
	13	14	15	17	18	19	20
lnpeople	0.0232* (1.95)	0.0044 (0.42)	-0.0095 (-0.76)	0.0043 (0.76)	0.0063 (-0.80)	0.0127 (1.06)	0.0075 (0.84)
lnD-urban	0.0105 (0.26)	-0.0223 (-0.40)	-0.0054 (-0.18)	-0.0047 (-0.22)	0.0753* (1.79)	0.0769 (1.17)	0.0027 (0.06)
lnD-urbann²	-0.0262 (-0.31)	0.0131 (0.12)	0.0600 (0.93)	-0.0037 (-0.10)	-0.1288* (-1.83)	0.0697 (0.63)	-0.0381 (-0.43)
R-squared	0.2326	0.2060	0.2646	0.1474	0.2138	0.2387	0.3639

变量	lnmarkup						
	21	22	23	24	26	27	29
lnpeople	0.0085 (1.03)	0.0038 (0.38)	-0.0057 (-0.93)	-0.0056 (-0.67)	0.0275*** (3.04)	0.0389*** (2.75)	0.0060 (0.42)
lnD-urban	-0.0009 (-0.01)	0.0112 (0.42)	0.0313 (0.50)	0.1461* (1.94)	0.0153 (0.51)	-0.0319 (-0.99)	0.0524 (0.91)
lnD-urbann²	0.0160 (0.12)	-0.0041 (-0.06)	0.1494 (1.26)	-0.2862** (-2.20)	-0.1403** (-2.42)	-0.0192 (-0.30)	-0.0547 (-0.53)

续表

变量	lnmarkup						
	21	22	23	24	26	27	29
R-squared	0.3675	0.2309	0.4548	0.2668	0.1789	0.1732	0.2683

变量	lnmarkup						
	30	31	32	33	34	35	36
lnpeople	0.0034	0.0011	0.1057 ***	0.2194 ***	−0.0045	0.0039 **	0.0029
	(0.84)	(0.17)	(2.87)	(3.65)	(−0.45)	(2.53)	(0.29)
lnD-urban	0.0258	−0.0180	0.1851 *	0.0910	0.0045	0.0313	0.0510
	(0.83)	(−0.95)	(1.81)	(0.87)	(0.01)	(1.19)	(0.83)
lnD-urbann^2	0.0191	−0.0178	−0.3694 *	−0.5197 **	−0.0238	−0.0098	0.1480
	(0.38)	(−0.47)	(−1.96)	(−2.32)	(−0.32)	(−0.21)	(1.28)
R-squared	0.1823	0.2456	0.3993	0.4216	0.1345	0.1440	0.1854

变量	lnmarkup						
	37	39	40	41	42	44	46
lnpeople	0.0081	0.0230 **	0.0091	−0.0202	−0.0018	0.0434 ***	0.0088
	(0.65)	(2.20)	(0.70)	(−0.93)	(−0.14)	(2.59)	(1.12)
lnD-urban	−0.0173	0.0496	0.1215	−0.0777	−0.0987	−0.0142	0.0187
	(−0.33)	(0.92)	(0.80)	(−0.68)	(−1.41)	(−0.36)	(0.45)
lnD-urbann^2	0.1376	0.1055	0.2368	−0.1590	−0.0416	0.0852	0.0033
	(1.27)	(1.15)	(0.88)	(−0.80)	(−0.33)	(0.95)	(0.04)
R-squared	0.1529	0.1856	0.4692	0.1935	0.2489	0.2477	0.6592

注：产业部门代码对应的产业部门名称详见《国民经济行业分类》（GB/T 4754—2002）。***、**、*分别表示回归系数通过了1%、5%、10%的显著性检验。

从表6可以看出，城市规模扩大促进企业加成率提高在农副食品加工业（13）、化学原料及化学制品制造业（26）、医药制造业（27）、黑色金属冶炼及压延加工业（32）、有色金属冶炼及压延加工业（33）、通用设备制造业（35）、电器机械及器材制造业（39）、电力热力的生产与供应业（44）中得到了检验；城市专业化发展与企业加成率之间的倒U型关系在农副食品加工业（13）、医药制造业（27）、非金属矿物制品业（31）、黑色金属冶炼及压延加工业（32）、通用设备制造业（35）、电器机械及器材制造业（39）、电力热力的生产与供应业（44）中得到了检验。值得注意的是，除了在饮料制造业（15）、造纸及纸制品业（22）、印刷业和记录媒介的复制（23）三个产业部门中城市专业化的进一步发展降低了企业加成率之外，在更多的产业部门中，专业化指数的提高有利于提升企业加成率。上述结论说明，未来中国各城市的产业政策可以继续沿着彰显优势、打造特色的专业化发展模式发展。

从表 7 可以看出，城市多元化发展对企业加成率的提升作用仅在纺织、服装、鞋帽制造业（18）、文体教育用品制造业（24）、黑色金属冶炼及压延加工业（32）三个产业部门中得到了呈现；城市多元化发展与企业加成率之间的倒 U 型关系也仅在纺织、服装、鞋帽制造业（18）、文体教育用品制造业（24）、化学原料及化学制品制造业（26）、黑色金属冶炼及压延加工业（32）、有色金属冶炼及压延加工业（33）中得到了检验。在其他产业部门中，城市多元化发展模式对企业加成率的影响均不显著，这与中国各城市的多元化发展模式不突出有关。根据本文的测算结果，2007 年 281 个地级及以上城市中有 146 个城市的多元化发展水平集中在全国平均水平的 ±10% 区间以内，典型的多元化城市并不多见，甚至有部分大型城市的多元化发展在 2003~2007 年出现了倒退迹象，例如北京的多元化指数由 2003 年的 0.97 下降到 2007 年的 0.87。上述结论说明，未来中国城市，尤其是大型城市，在打造多元化模式方面仍然具有很大的发展空间。

六、结论与政策建议

本文基于集聚经济外部性视角，融合城市规模影响市场环境以及市场环境影响企业加成率两部文献的研究，采用覆盖中国 281 个地级及以上城市和 35110 家连续经营企业的平衡面板数据，对城市规模、发展模式与企业加成率的相关关系进行了探讨。研究结论指出：（1）城市规模与发展模式密切相关，随着城市规模扩大，其发展模式倾向于由专业化发展转向多元化发展。但两种发展模式并非相互排斥，多元化指数较高的城市中完全有可能在某些产业部门上实现专业化发展。（2）中国城市在人口规模或经济规模上进一步扩大将有利于提高企业加成率。同时，城市专业化发展与企业加成率之间呈现出在低水平时促进、在高水平时抑制的倒 U 型关系，但总体上并未超过阈值拐点，说明城市继续沿着专业化方向发展将有利于企业加成率的提升；然而，由于多数城市的多元化发展模式并不突出，导致城市多元化指数与企业加成率之间的倒 U 型关系并不稳健。（3）分层样本的异质性检验发现，与中国城市的发展现状相吻合，大型城市的专业化发展更加易于饱和，而中小型城市对于专业化发展的包容性更强，因此大型城市可以兼顾专业化发展和多元化发展，而中小型城市应该选择专业化的发展模式，着力引导同一类型企业集聚；除少数行业外，在多数产业部门中城市多元化发展对企业加成率的影响均不显著，说明未来中国城市，尤其是大型城市，在打造多元化模式方面仍有很大的发展空间。

本文的研究对于黏合城市规模影响市场环境、市场环境影响企业加成率两部文献间的断层具有重要的学术价值，对于理顺城市与企业的关系，进而推动中国的产城融合发展同样具有重要的政策启示。

（1）进一步推进城市化建设，引导企业和生产要素向城市集聚。本文的研究表明，中国城市规模进一步扩大所产生的规模经济效应超过了拥挤效应，城市在人口规模或经济规模上进一步扩大将有利于提高企业加成率，证实城市规模影响企业加成率并非只有市场竞争这一个维度，也解释了本文在引言部分提出的悖论。然而，中国的城市化进程发展到今天，各种问题开始爆发出来，未来引导要素向城市集聚面临制度上和管理上的两方面障碍，突破这些障碍需要：一是要落实《关于进一步推进户籍制度改革的意见》，促进其他社会管理制度与户籍管理制度脱钩，并营造良好的市场环境，拆除制约企业和生产要素向城市集聚的"玻璃门"和"弹簧门"；二是要优化城市管理，加强基础设施建设的同时，建立行之有效的预警机制和体系，降低城市规模扩大所产生的拥挤效应，激发集聚经济的正外部性。

（2）大型城市在打造多元化产业格局的同时，需要兼顾专业化发展。本文的研究表明，随着城市规模扩大，其发展模式倾向于由专业化发展转向多元化发展。多元化有利于跨行业间规模经济效应的发挥，提高企业加成率，但由于中国大多数城市的多元化发展模式并不突出，限制了多元化发展对于企业加成率的提升作用。制约中国大型城市多元化发展的因素，一是生产性服务业跟不上制造业的发展；二是企业间的竞争关系取代了竞合关系。因此，大型城市打造多元化产业格局需要一方面丰富产业业态；另一方面需要促进企业间的交流合作。同时，对于大型城市而言，广阔的市场空间同样容许在某些产业上实现专业化发展。因此，大型城市在打造多元化产业格局的同时需要立足城市的优势资源，着力打造若干特色产业，在特色产业上做大做强，兼顾专业化发展，激发行业内部规模经济效应的发挥。

（3）中小型城市避免走上"小而全"的发展模式，应立足优势产业坚持专业化发展。受到生产要素和市场空间的限制，中小型城市"小而全"的产业格局不仅不利于规模经济效应的发挥，而且城市比较优势的丧失也会使得其企业在与其他城市企业的竞争中逐渐萎靡甚至被淘汰，因此多元化发展模式并不适合中小型城市。改革开放以来，金华市的小商品制造产业、嘉兴市的皮革产业、南通市的船舶装备产业、景德镇市的陶瓷产业等城市的产业发展实践也同样表明专业化发展模式更加适合中小型城市。鉴于当前很多中小型城市在政府报告中都提出了"建设大型城市，发展多元产业"的规划，本文持审慎态度。本文认为中小型城市应立足自身的经济基础和比较优势，在有限的产业链上建立稳固的前后向关联，打造城市的产业名片，巩固专业化发展水平，激发行业内部规模经济效应，提高企业加成率。

参 考 文 献

[1] 陈强远、钱学锋、李敬子：《中国大城市的企业生产率溢价之谜》，载《经济研究》2016 年第 3 期。

[2] 于斌斌、金刚：《中国城市结构调整与模式选择的空间溢出效应》，载《中国工业经济》2014 年第 2 期。

[3] 余壮雄、杨扬：《大城市的生产率优势：集聚与选择》，载《世界经济》2014 年第 10 期。

[4] 张勋、王旭、万广华、孙芳城：《交通基础设施促进经济增长的一个综合框架》，载《经济研究》2018 年第 1 期。

[5] 程令国、张晔、沈可：《教育如何影响了人们的健康？——来自中国老年人的证据》，载《经济学（季刊）》2015 年第 1 期。

[6] 董晓芳、袁燕：《企业创新、生命周期与聚集经济》，载《经济学（季刊）》2014 年第 2 期。

[7] 贺灿飞、潘峰华：《中国城市产业增长研究：基于动态外部性与经济转型视角》，载《地理研究》2014 年第 3 期。

[8] 李红阳、邵敏：《城市规模、技能差异与劳动者工资收入》，载《管理世界》2017 年第 8 期。

[9] 刘啟仁、黄建忠：《异质出口倾向、学习效应与"低加成率陷阱"》，载《经济研究》2015 年第 12 期。

[10] 盛丹、王永进：《中国企业低价出口之谜——基于企业加成率的视角》，载《管理世界》2012 年第 5 期。

[11] 谢千里、罗斯基、张轶凡：《中国工业生产率的增长与收敛》，载《经济学（季刊）》2008 年第 3 期。

[12] Behrens, K., Mion, G., Murata, Y., and Südekum, J., 2014: Trade, Wages, and Productivity, *International Economic Review*, Vol. 55, No. 4.

[13] Bellone, F., Musso, P., Nesta, L., and Warzynski, F., 2014: International Trade and Firm-level Markups When Location and Quality Matter, *Journal of Economic Geography*, Vol. 16, No. 1.

[14] Brandt, L., Van Biesebroeck, J., and Zhang, Y., 2012: Creative Accounting or Creative Destruction? Firm-level Productivity Growth in Chinese Manufacturing, *Journal of Development Economics*, Vol. 97, No. 2.

[15] De Loecker, J., and Warzynski, F., 2012: Markups and Firm-level Export Status, *American Economic Review*, Vol. 102, No. 6.

[16] Dixit, A. K., and Stiglitz, J. E., 1977: Monopolistic Competition and Optimum Product Diversity, *The American Economic Review*, Vol. 67, No. 3.

[17] Dobbelaere, S., and Kiyota, K., 2018: Labor Market Imperfections, Markups and Productivity in Multinationals and Exporters, Vol. 53.

[18] Ellison, G., and Glaeser, E. L., 1997: Geographic Concentration in US Manufacturing

[19] Fujita, M., and Mori, T., 2005: Frontiers of the New Economic Geography, *Papers in Regional Science*, Vol. 84, No. 3.

[20] Gao, T., 2004: Regional Industrial Growth: Evidence from Chinese Industries, *Regional Science and Urban Economics*, Vol. 34, No. 1.

[21] Glaeser, E. L., Kallal, H. D., Scheinkman, J. A., and Shleifer, A., 1992: Growth in Cities, *Journal of Political Economy*, Vol. 100, No. 6.

[22] Henderson, J. V., 2003: Marshall's Scale Economies, *Journal of Urban Economics*, Vol. 53, No. 1.

[23] Hottman, C., 2014: Retail Markups, Misallocation, and Store Variety in the US, *Job Market Paper*.

[24] Kondo, K., 2018: Markups City Size Exports: Evidence from Japan, *NBER Working Papers*, No. 18017.

[25] Lu, Y., Tao, Z., and Yu, L., 2014: The Markup Effect of Agglomeration, *MPRA Working Paper*, No. 38974.

[26] Martin, P., Mayer T., and Mayneris, F., 2011: Spatial Concentration and Plant-level Productivity in France, *Journal of Urban Economics*, Vol. 69, No. 2.

[27] Melitz, M. J., and Ottaviano, G. I. P., 2008: Market Size, Trade, and Productivity, *The Review of Economic Studies*, Vol. 75, No. 1.

[28] Zhang, H., and Zhu, L., 2017: Markups and Exporting Behavior of Foreign Affiliates, *Journal of Comparative Economics*, Vol. 45, No. 3.

City Size, Development Modes and Enterprises' Markups

Jin Guo Yingzhi Xu Junhong Bai

Abstract: This paper made a study of city size, development patterns and enterprises' markups in the perspective of agglomeration economies' externalities by matching Chinese enterprises' data and cities' data. The results indicated that: ⅰ) there was a close relationship between city size and its development patterns. City tended to shift from specialized development to diversified development with the expansion of its size. However, these two kinds of development patterns were not mutually exclusive. Cities with high diversity index were completely likely to achieve specialized development in some industries. ⅱ) Further expansion of Chinese cities' size would improve enterprises' markups. Moreover, there was an inverted u-shaped relationship between cities' specialization and enterprises' markups, which meant that specialization would improve enterprises' markups at a low level and suppress at a high level, but most cities had not surpassed the inflection point. However, as the diversified development model of Chinese cities was not outstanding, the inverted u-shaped relationship between cities' diversification and enterprises' markups was not stable. iii) It was consistent with current situation of cities development in China that large cities' specializations were easier to saturated, while small and medium-sized cities were more tolerant to specialized development, and diversified development did not have significant influence on enterprises' markups in most industrial sectors. Therefore, large cities could combine the specialized development mode and the diversified development, while small and medium-sized cities should choose specialized development mode by guiding similar enterprise aggregation. This paper generated important theoretical and practical significances in understanding the relationship between city and enterprise and promoting city-industry integration development.

Keywords: City Size   Specialized Development Mode   Diversified Development Mode   Markups

JEL Classification: D43   L11   R32

附录：

关键性原始数据

地区	城市多元化指数		城市专业化指数 （化学原料和化学制品制造业部门）	
	2003 年	2007 年	2003 年	2007 年
北京市	0.9678	0.8748	0.3611	0.5463
天津市	0.8382	0.9061	1.6089	1.3624
石家庄市	0.8028	0.8651	1.3747	1.4418
太原市	1.0798	1.0593	1.5970	1.4039
呼和浩特市	0.8819	0.8525	1.2518	1.2988
沈阳市	0.8372	0.8560	0.0939	0.1968
长春市	0.8194	0.8321	0.0675	0.0766
哈尔滨市	0.8769	0.9508	0.0608	0.0275
上海市	0.7698	0.7662	0.8989	0.8688
南京市	0.8161	0.8072	2.6156	2.3525
杭州市	0.7830	0.8559	0.9546	1.0278
合肥市	0.7993	0.8752	1.2315	1.3571
福州市	0.8658	0.8771	0.4773	0.4580
南昌市	0.9300	0.9388	0.4957	0.4824
济南市	0.8934	0.9514	1.1796	1.6392
郑州市	1.0739	1.0516	1.0332	0.9724
武汉市	0.9175	0.9406	0.5370	0.5297
长沙市	0.9247	0.9917	12.9015	12.8313
广州市	0.8697	0.8309	0.8285	1.0209
南宁市	0.9489	0.9656	0.7334	0.7638
海口市	1.0294	0.9848	0.4117	0.3610
重庆市	0.9330	0.9692	1.6146	1.3552
成都市	0.8587	0.8793	1.3376	1.3530
贵阳市	0.9503	0.9455	1.3658	1.3139

续表

地区	城市多元化指数		城市专业化指数（化学原料和化学制品制造业部门）	
	2003 年	2007 年	2003 年	2007 年
昆明市	0.9272	0.9546	1.6294	1.6070
西安市	0.8196	0.9110	0.8982	0.6376
兰州市	0.9416	0.9276	0.6335	0.8964
西宁市	0.9132	0.9344	4.0119	3.1724
银川市	1.2759	1.2688	1.8976	2.2249
乌鲁木齐市	1.1786	1.1144	1.7446	1.3305

注：受到篇幅的限制，本文在附录中仅提供了 2003 年和 2007 年直辖市和省会城市的多元化指数和专业化指数（化学原料和化学制品制造业部门），其他城市和部门的测算结果以及企业加成率的测算结果，感兴趣的读者可以来函索取。

互联网技术进步与中国产业结构优化升级：理论与实证*

徐伟呈　周　田**

摘　要：本文构建了互联网技术驱动下的产业结构优化升级模型，利用信息化发展指数测算出互联网技术进步率，并推导出全国31个地区互联网技术进步对三大产业生产率贡献的序关系，从而在理论层面考察了互联网技术进步对各地产业结构调整的异质性影响，然后利用2000~2017年全国省际面板数据进行了实证研究。研究发现：（1）对于第三产业发展迅猛的地区，互联网技术进步对第三产业生产率的贡献大于第二产业，可以促进产业结构升级；但部分地区二、三产业市场化进程缓慢、消费服务业发展滞后导致三大产业生产率不趋同，不利于结构优化。（2）对于具有工业化结构的地区，互联网技术进步不利于产业结构升级，但对于其中农业现代化水平较高的地区，"互联网+农业"的发展缩小了第一产业与二、三产业生产率的差距，有利于结构优化。（3）对于产业结构具有"服务化"特征的地区，互联网技术对其结构高度化的驱动作用要远大于具有"服务化"倾向和"工业化"特征的地区。

关键词：互联网技术进步　产业结构变迁模型　产业结构优化升级　生产率贡献　产业结构特征

一、引　言

近年来，随着云数据、5G移动通信技术、人工智能、量子信息等为代表的新一代互联网技术的加速应用，形成了以互联网技术为生产要素和辅助工具的产业发展新业态，这为中国产业结构调整提供了强大的创新驱动引擎。2016年4月，习近平总书记在网络安全和信息化工作座谈会上指出"着力落实好'互联网+'行动计划，着力推动互联网和实体经济深度融合发

---

*　本文受国家社科基金项目"人民币国际化视角下我国汇率对就业和工资影响的机理、量化与预测研究"（18CJY008）、山东省社科基金项目"互联网+背景下山东省产业结构优化升级研究"（17DJJJ01）、青岛市社科规划项目"互联网技术驱动下青岛市产业结构优化升级研究"（QDSKL1801020）的资助。

**　徐伟呈：中国海洋大学经济学院；地址：青岛市崂山区松岭路238号，邮编：266100；E-mail：weicheng.xu@163.com。
　　周田：中国海洋大学经济学院；地址：青岛市崂山区松岭路238号，邮编：266100；E-mail：r_zhoutian@163.com。

展,以信息流带动技术流、资金流、人才流、物资流,促进资源配置优化,促进全要素生产率提升,为推动创新发展、转变经济发展方式、调整经济结构发挥积极作用。"2019年3月,李克强总理在政府工作报告中再次指出"全面推进'互联网+',运用新技术新模式改造传统产业。"在此背景下,从互联网技术进步对三大产业生产率贡献的视角,全面考察互联网技术进步对中国产业结构优化升级的影响,以及区域产业结构特征在此过程中发挥的作用,对于中国加快推进产业结构优化升级具有深远的意义。

关于技术进步对产业结构调整的相关研究比较丰富。全要素生产率(TFP)作为衡量技术进步水平的重要指标,常用其来研究技术进步对产业结构调整的影响以及两者之间的关系（Ngai and Pissarides, 2007；李小平、卢现祥, 2007；蔡昉等, 2009；潘珊等, 2017）。也有不少学者用劳动生产率代替技术进步率对技术进步的产业结构优化升级效应进行了考察（干春晖、郑若谷, 2009；杨天宇、刘贺贺, 2012）。在研究技术进步对产业结构调整的影响时,除了通过生产率变动来衡量技术进步外,还可以从技术选择、技术效率和技术创新等角度探讨该问题（陈勇、李小平, 2007；黄茂兴、李军军, 2009；傅元海等, 2014；王海兵、杨蕙馨, 2016；阳立高等, 2018）。

除此之外,还有一些国外文献主要通过解释农业、工业和服务业的产出和劳动的变化,从需求和供给的视角来研究技术进步对产业结构调整的影响。其中,从需求角度出发的研究认为,随着技术进步、资本积累和收入增长,需求将由收入弹性较低的产品转向弹性较高的产品,从而导致部门间产出和生产要素的比重发生变化,进而导致新产业的扩张和旧产业的萎靡,最终能够促进产业结构调整（Kongsamut et al., 2001；Foellmi and Zweimüller, 2008）。从供给角度的分析则将产业结构升级归因于技术差异和资本深化,发现随着技术进步和资本的不断积累,与劳动密集型部门相比,资本密集型部门的资本份额会提高、劳动份额会下降,从而促进资本密集型部门相对产出的增长,进而能够推动产业结构变迁（Acemoglu and Guerrieri, 2008；Mao and Yao, 2012；Alvarez-Guadrado et al., 2017）。

互联网技术进步作为技术进步的重要表现形式,研究其对产业结构调整的文献并不十分丰富。国外相关研究起步较早,大多数研究发现,互联网技术通过改变产业的劳动生产率、技术效率和行业竞争力来促进产业结构调整（Hofmann and Orr, 2005；Dosi et al., 2008；Angeles, 2009；Ceccobelli and Gitto, 2012；Miyazaki et al., 2012；Xie et al., 2016；Ghosh, 2017）。郭家堂、骆品亮（2016）的研究表明,互联网对中国的技术进步具有显著的促进作用。部分研究持相反观点,认为互联网技术的应用会对企业劳动生产率造成负面影响,不利于产业结构升级（Badescu and Garces-Ayerbe, 2009；Cardona et al., 2013）。还有一些研究专门考察了新兴物联网技术的作用,得出物联网技术在技术重振、价值创造和对产业结构调整等方面的作用是促使其在制造业领域应用的重要因素（Gaputo et al.，2016；Giudice，2016）。国内相关研究起步较晚，大多基于产业宏观视角或从企业微观角度出发，通过研究新一代信息技术与各产业的融合程度，抑或对信息化与工业化的耦合质量，以及产业政策对价值链升级的影响进行研究，发现互联网技术会对产业的管理模式、生产方式或价值链定位发挥积极作用，从而促进产业结构转型升级（谢康等，2012；肖静华等，2015，唐荣等，2019）。还有研究采用企业对互联网的使用情况来度量互联网技术进步，认为互联网技术能够提高制造业绩效水平，从而有利于制造业结构优化升级（王可、李连燕，2018）。

上述文献对本文的研究具有较强的借鉴意义，相较于以往的研究，本文的创新点集中在以下三个方面：第一，基于互联网技术进步对三大产业生产率贡献的全新视角，构建了一个互联网技术驱动的产业结构变迁一般均衡模型，分别从产业结构合理化和高度化的角度探究了互联网技术进步对产业结构调整的影响机理与作用。第二，由于互联网技术进步从某种程度上说就是信息化水平的提升，本文使用信息化发展指数的增长率来测算互联网技术进步率，并采用回归方法推导出中国31个省（自治区、直辖市）互联网技术进步对三大产业生产率贡献的序关系，以及各地区三大产业技术进步率的序关系，据此在理论层面考察了互联网技术进步对各地产业结构合理化和高度化的异质性影响，并依照序关系对地区进行合理分类。第三，采用2000~2017年中国31个地区的产业面板数据，对互联网技术进步对不同地区产业结构优化升级的影响进行实证研究，在此基础上，进一步选取三大产业各自的产值占比对31个地区进行聚类分析，研究互联网技术进步对不同区域的产业结构调整影响的同时，重点考察了区域产业结构特征所发挥的作用。

二、理论模型

本文借鉴 Duarte and Restuccia（2010）对经济体中的三大产业部门模型化的思路，创新性引入互联网技术这一变量，建立互联网技术驱动下的产业结构变迁一般均衡模型。假设一国经济由三大产业组成且每一时期只生产三种产品：农产品（第一产业）、工业品（第二产业）和服务业产品（第三产业）。

（一）互联网技术驱动下的产业结构变迁模型

1. 生产部门

假设三大产业代表性厂商的生产函数为：
$$Y_i = A^{\gamma_i} A_i f_i(L_i, K_i)，i=1，2，3 \tag{1}$$

其中，Y_i、L_i、K_i 和 A_i 分别表示第 i 产业的产出、劳动力、资本和除互联网技术之外的全要素生产率[①]，A 表示互联网技术进步率，γ_i 表示互联网技术进步对第 i 产业生产率的贡献，假设 $f_i(\cdot,\cdot)$ 是关于 L_i 和 K_i 的一阶可微的增函数。

设第 i 产业生产的代表性产品价格为 p_i；在不考虑劳动力流动壁垒的情形下，各产业工人的工资均相等，设为 w。于是第 i 产业的代表性厂商的利润最大化问题为：

$$\max_{L_i \geq 0} \{p_i A^{\gamma_i} A_i f_i(L_i, K_i) - wL_i\} \quad (2)$$

2. 家庭部门

假设一国经济的劳动力总供给量为 L。代表性家庭将从对农产品、工业品和服务业产品消费中获得效用，效用函数为如下 CES 函数形式：

$$U(c_1, c_2, c_3) = (\lambda_1 c_1^\rho + \lambda_2 c_2^\rho + \lambda_3 c_3^\rho)^{1/\rho}, \quad \lambda_1, \lambda_2, \lambda_3 \in (0, 1), \quad \rho < 1 \quad (3)$$

其中，c_i 和 λ_i 表示代表性家庭对第 i 产业产品的消费量和消费效用权重，ρ 为替代参数。从而代表性家庭的效用最大化问题为：

$$\max_{c_i \geq 0} \{(\lambda_1 c_1^\rho + \lambda_2 c_2^\rho + \lambda_3 c_3^\rho)^{1/\rho}\} \quad (4)$$

预算约束为：

$$p_1 c_1 + p_2 c_2 + p_3 c_3 = wL \quad (5)$$

3. 经济均衡

在上述假设条件下，产业结构变迁模型的均衡解（$\{p_1, p_2, p_3\}$，$\{L_1, L_2, L_3\}$，$\{c_1, c_2, c_3\}$）满足如下均衡条件：第一，给定各产业产品的价格集合 $\{p_1, p_2, p_3\}$，代表性厂商对各产业劳动资源的配置组合 $\{L_1, L_2, L_3\}$ 使得厂商的利润函数式（2）实现最大化；并且代表性家庭对三种产品的消费组合 $\{c_1, c_2, c_3\}$ 使得家庭的效用函数式（4）在预算约束式（5）下实现最大化。第二，市场出清，即劳动力市场出清 $L_1 + L_2 + L_3 = L$ 和商品市场出清 $c_i = Y_i$，i = 1，2，3。

首先，对于厂商利润最大化问题，由边际收益等于边际成本可得各产品的价格为：

$$p_i = \frac{w}{A^{\gamma_i} A_i \partial_{L_i} f_i(L_i, K_i)}, \quad i = 1, 2, 3 \quad (6)$$

其次，对于家庭部门的效用最大化问题，构造 Lagrange 函数：

$$f(\lambda, c_1, c_2, c_3) = (\lambda_1 c_1^\rho + \lambda_2 c_2^\rho + \lambda_3 c_3^\rho)^{1/\rho} + \lambda(wL - p_1 c_1 - p_2 c_2 - p_3 c_3) \quad (7)$$

在式（7）中分别对 λ 和 c_i 求一阶偏导数，并令其等于零，整理可得：

$$\frac{c_i}{c_j} = \left(\frac{\lambda_j A^{\gamma_j} A_j \partial_{L_j} f_j(L_j, K_j)}{\lambda_i A^{\gamma_i} A_i \partial_{L_i} f_i(L_i, K_i)}\right)^{\frac{1}{\rho-1}}, \quad i, j = 1, 2, 3 \quad (8)$$

[①] 为了便于表述，本文不再对全要素生产率和技术进步率做严格区分，下文将 A_i 简称为第 i 产业的技术进步率。

最后，将式（5）、式（6）和式（8）联立，即可解得经济均衡时的劳动力资源的配置组合 $\{L_1, L_2, L_3\}$，以及产品价格集合 $\{p_1, p_2, p_3\}$ 和最优消费组合 $\{c_1, c_2, c_3\}$。

（二）互联网技术进步对产业结构优化升级的影响

为了研究互联网技术进步对产业结构调整的影响，本文主要从产业结构高度化和合理化两个方面展开讨论。

1. 互联网技术进步对产业结构高度化的影响

借鉴干春晖等（2011）的做法，定义高度化指标 $HR = Y_3/Y_2$，即第三产业与第二产业产值之比来衡量产业结构升级。如果 HR 上升，说明产业结构实现了高度化，即产业结构在升级。

在式（8）中，令 $i = 3$，$j = 2$，并对 A 求一阶偏导数，可得：

$$\frac{\partial HR}{\partial A} = \kappa(\gamma_3 - \gamma_2) A^{\frac{\gamma_3 - \gamma_2}{1-\rho} - 1} \qquad (9)$$

由于式（9）中的 κ 为大于零的常数，从而互联网技术进步对产业结构高度化的影响取决于互联网技术对二、三产业生产率的贡献：当 $\gamma_3 > \gamma_2$ 时，$\frac{\partial HR}{\partial A} > 0$；当 $\gamma_2 > \gamma_3$ 时，$\frac{\partial HR}{\partial A} < 0$。说明当互联网技术进步对第三产业生产率的贡献超过第二产业时，互联网技术的应用会提升第三产业与第二产业的产值之比，从而促进产业结构实现高度化；反之则相反。

2. 互联网技术进步对产业结构合理化的影响

仍然借鉴干春晖等（2011）的做法，本文分别采用结构偏离度 RS 和泰尔指数 RT 来度量产业结构合理化指标：

$$RS = \sum_{i=1}^{3} |[(Y_i/Y)/(L_i/L)] - 1| \qquad (10)$$

$$RT = \sum_{i=1}^{3} (Y_i/Y) \ln[(Y_i/L_i)/(Y/L)] \qquad (11)$$

其中，总产出 $Y = Y_1 + Y_2 + Y_3$。当 RS 和 RT 处于下降状态时，意味着产业结构愈加合理，即产业结构实现了优化。

当式（1）的生产函数为适当的 Cobb–Douglas 型生产函数时，可以计算得到互联网技术驱动下的产业结构变迁模型的均衡解满足：

$$(Y_i/L_i)/(Y_j/L_j) = \left(\frac{A^{\gamma_i} A_i}{A^{\gamma_j} A_j}\right)^{\frac{1}{1-\rho}}, \quad i, j = 1, 2, 3 \qquad (12)$$

根据古典经济学假设，当经济处于均衡状态时，三大产业的生产率水平相等，即：$Y_1/L_1 = Y_2/L_2 = Y_3/L_3 = Y/L$。此时，$RS = RT = 0$，并且有 $A^{\gamma_i} A_i = A^{\gamma_j} A_j (i, j = 1, 2, 3)$，取对数后可得：

$$\gamma_1 \ln A + \ln A_1 = \gamma_2 \ln A + \ln A_2 = \gamma_3 \ln A + \ln A_3 \qquad (13)$$

然而，这种理想情况下的均衡状态在现实中很难实现。这意味着，当经济趋于均衡状态，三大产业的生产率趋于相等时，结构偏离度和泰尔指数将趋近于零，此时产业结构趋向合理；反之，当三大产业的生产率差距增大时，结构偏离度和泰尔指数会上升，此时不利于产业结构优化。

在上述分析的基础上，本文通过比较三大产业生产率是否趋同来研究互联网技术进步对产业结构合理化的影响。具体而言，在 $A_3 > A_2 > A_1$ 的前提条件下，由式（13）可知，当 $\gamma_3 > \gamma_2 > \gamma_1$ 时，$\frac{\partial RS}{\partial A} > 0$，$\frac{\partial RT}{\partial A} > 0$，这是由于随着互联网技术进步率 A 的增大，三大产业生产率之间的差距会进一步拉大，此时互联网技术进步会导致产业结构偏离度和泰尔指数增大，不利于产业结构优化；当 $\gamma_1 > \gamma_2 > \gamma_3$ 时，$\frac{\partial RS}{\partial A} < 0$，$\frac{\partial RT}{\partial A} < 0$，这意味着互联网技术进步能够缩小三大产业间生产率的差距，促使三大产业的生产率出现趋同的趋势，有利于结构偏离度和泰尔指数减小，能够推动产业结构趋于合理化；在 γ_1、γ_2 和 γ_3 的其他关系情形下，互联网技术进步则会导致一些产业间生产率的差距变小，而拉大另一些产业间的生产率差距，因而对产业结构合理化的影响无法确定。对于其他情形，也可以进行类似的分析。

综上分析可知，互联网技术进步对产业结构高度化的影响仅取决于互联网技术对二、三产业生产率的贡献；对产业结构合理化的影响则取决于三大产业的技术进步率以及互联网技术进步对各产业生产率的贡献。互联网技术进步对产业结构调整影响的结果如表1所示。

表1　　　　　不同情形下互联网技术进步对产业结构调整的影响

三大产业的技术进步率	互联网技术进步对三大产业生产率的贡献	互联网技术进步对产业结构合理化的影响	互联网技术进步对产业结构高度化的影响
$A_3 > A_2 > A_1$	$\gamma_1 > \gamma_2 > \gamma_3$	√	×
	$\gamma_3 > \gamma_2 > \gamma_1$	×	√
$A_3 > A_1 > A_2$	$\gamma_2 > \gamma_1 > \gamma_3$	√	×
	$\gamma_3 > \gamma_1 > \gamma_2$	×	√
$A_2 > A_3 > A_1$	$\gamma_1 > \gamma_3 > \gamma_2$	√	√
	$\gamma_2 > \gamma_3 > \gamma_1$	×	×
$A_2 > A_1 > A_3$	$\gamma_3 > \gamma_1 > \gamma_2$	√	√
	$\gamma_2 > \gamma_1 > \gamma_3$	×	×

续表

三大产业的 技术进步率	互联网技术进步对 三大产业生产率的贡献	互联网技术进步对产业 结构合理化的影响	互联网技术进步对 产业结构高度化的影响
$A_1 > A_2 > A_3$	$\gamma_3 > \gamma_2 > \gamma_1$	√	√
	$\gamma_1 > \gamma_2 > \gamma_3$	×	×
$A_1 > A_3 > A_2$	$\gamma_2 > \gamma_3 > \gamma_1$	√	×
	$\gamma_1 > \gamma_3 > \gamma_2$	×	√

注："√"表示互联网技术进步会驱动产业结构实现合理化或高度化；"×"表示不利于产业结构优化或升级。

技术进步率和贡献率之间的组合共有 $36(6 \times 6)$ 种情形，表 1 仅列出了其中 12 种情形，在这些情形下，基于理论模型均可得到互联网技术进步对产业结构合理化和高度化的确切影响。对于其余 24 种情形，互联网技术进步对产业结构高度化的影响依然确定，但对合理化的影响无法从理论模型中得到确切结果，需要进一步通过实证分析进行研究。

三、互联网技术进步率的测算及对产业结构调整影响的理论分析

（一）互联网技术进步率的测算

对互联网技术进步指标进行科学量化是研究其对产业结构调整的关键，也为测算互联网技术进步对三大产业生产率的贡献奠定了基础。从目前能检索到的资料来看，尚无时间跨度较长，并且能够准确反映各地区"互联网+"发展状况的相关指标。鉴于当前"互联网+"的发展与信息化过程的推进息息相关，互联网技术进步从某种程度上说就是信息化水平的提升。国家统计局在信息化发展指数（Ⅰ）的基础上提出了信息化发展指数（Ⅱ），该指数分别从"基础设施、产业技术、应用消费、知识支撑、发展效果"5个方面测度了我国信息化的总体水平，能够对我国信息化发展状况做出综合性评价。因此，本文将基于信息化发展指数来测算互联网技术进步率。

由于我国在"十一五"和"十二五"期间对信息化发展指标的计算做过调整，而本文的样本期设定为 2000～2017 年，时间跨度涉及这两个期间；并且，本文的研究样本为全国 31 个省份，在该样本区间内部分年份的信息化发展指数数据无法检索获得。因此，为了确保研究数据的连续性和一致性，本文参考信息化发展指数（Ⅱ）的计算方法①，对 2000～2017 年全国

---

① 信息化发展指数（Ⅱ）的详细计算方法可参见国家统计局统计科研所信息化统计评价研究组于 2011 年公布的《信息化发展指数优化研究报告》。

31个地区的信息化发展指数进行了重新计算,具体方法如下:

信息化发展指数的计算采用了简单线性加权的方法,计算公式为:

$$IDI = \sum_{i=1}^{12} w_i P_i \quad (14)$$

其中,IDI(information development index)为地区的信息化发展指数,P_i为第i个指标准化后的值,w_i为其对应的权重。各指标的选取、数据标准化方法及相应权重如表2所示。

表2 信息化发展指数的计算体系

总指数	分类指数		指标	标准化方法	权重
信息化发展指数	基础设施指数	1	电话拥有率(部/百人)	一般标准化	1/15
		2	电视机拥有率(台/百人)	一般标准化	1/15
		3	计算机拥有率(台/百人)	一般标准化	1/15
	产业技术指数	4	人均电信业产值(元/人)	对数标准化	1/10
		5	每百万人发明专利申请量(个/百万人)	一般标准化	1/10
	应用消费指数	6	互联网普及率(户/百人)	一般标准化	1/10
		7	人均信息消费额(元/人)	对数标准化	1/10
	知识支撑指数	8	信息产业从业人数占比重(%)	一般标准化	1/10
		9	教育指数:成人识字率×2/3+平均受教育年限×1/3	一般标准化	1/10
	发展效果指数	10	信息产业增加值占比重(%)	一般标准化	1/15
		11	信息产业研发经费占比重(%)	一般标准化	1/15
		12	人均国内生产总值(元/人)	对数标准化	1/15

其中,一般标准化和对数标准化的计算公式分别为:

$$Z_i = \frac{X_i - X_{min}}{X_{max} - X_{min}}; \quad Z_i = \frac{\ln X_i - \ln X_{min}}{\ln X_{max} - \ln X_{min}} \quad (15)$$

在式(15)中,每个指标的最大阈值和最小阈值分别为该指标在全国31个地区2000~2017年的最大值和最小值。基于上述方法计算出各地区每年的信息化发展指数后,本文将使用信息化发展指数的增长率来测算互联网技术进步率,即:

$$A_t = \frac{IDI_t}{IDI_{t-1}} \quad (16)$$

其中,A表示在2000~2017年全国31个地区的互联网技术进步率。

（二）互联网技术进步对全国 31 个地区产业结构调整的异质性影响分析

为了研究互联网技术进步对全国 31 个地区产业结构调整的影响，本文并不需要测算出 31 个地区三大产业除互联网技术进步之外的全要素生产率 A_i 以及互联网技术进步对各地区三大产业生产率的贡献 γ_i 的确切取值，仅需要判断各个地区的 A_1、A_2 和 A_3 以及 γ_1、γ_2 和 γ_3 之间的序关系，然后根据表 1 就可以从理论上推导出互联网技术进步对各地区产业结构合理化和高度化的影响。

具体而言，本文通过对式（12）进行对数变换可得：

$$\ln\left(\frac{Y_i}{L_i}\bigg/\frac{Y_j}{L_j}\right) = \frac{1}{1-\rho}(\gamma_i - \gamma_j)\ln A + \frac{1}{1-\rho}\ln\frac{A_i}{A_j}, \quad i, j = 1, 2, 3; \ i \neq j \quad (17)$$

由式（17）可知，当截距项大于零时有 $A_i > A_j$，当斜率项大于零时可得 $\gamma_i > \gamma_j$。于是，通过对每个地区使用最小二乘法估计即可得到各地三大产业技术进步率之间的序关系，以及各地互联网技术进步对三大产业生产率贡献之间的序关系。

在式（17）中，Y_i 和 L_i 分别表示各地区第 i 产业的产出和就业水平，分别使用各地区三大产业的国内生产总值和就业人员数来衡量。A 表示互联网技术进步率，使用式（16）计算出的信息化发展指数的增长率来衡量。在此基础上，对每个地区使用最小二乘法对式（17）的截距项和斜率项进行估计，并将结果与表 1 的情形进行对照，进而从理论上推导出互联网技术进步对 31 个地区产业结构合理化和高度化的异质性影响，结果如表 3 所示。

表 3 互联网技术进步对中国 31 个省份产业结构合理化和高度化的影响

情形分类	三大产业技术进步率之间的关系	互联网技术进步对三大产业生产率贡献之间的关系	省份	互联网技术进步对合理化的影响	互联网技术进步对高度化的影响
情形 1	$A_3 > A_2 > A_1$	$\gamma_3 > \gamma_2 > \gamma_1$	上海、江苏、浙江、广东	×	√
情形 2	$A_2 > A_3 > A_1$	$\gamma_3 > \gamma_2 > \gamma_1$	北京、天津、福建、湖北、海南、重庆、贵州、西藏	—	√
情形 3	$A_2 > A_3 > A_1$	$\gamma_2 > \gamma_1 > \gamma_3$	内蒙古、黑龙江、安徽、江西、山东、河南、四川、云南、青海、新疆	—	×
情形 4	$A_2 > A_3 > A_1$	$\gamma_2 > \gamma_3 > \gamma_1$	河北、山西、辽宁、吉林、湖南、广西、陕西、甘肃、宁夏	×	×

注："√"表示互联网技术进步会推动产业结构实现合理化或高度化；"×"表示不利于产业结构优化或升级；"—"表示对产业结构调整的影响并不确定。

从表3可以看出,由技术进步率与贡献率的关系搭配可以得到4种情形,并均可得出对产业结构高度化的确切影响,但对北京、天津和福建等18个地区结构合理化的影响并不确定。下文将依据表3对31个地区的分类进行实证研究,同时对理论模型的结论进行验证。

四、实证研究设计

(一) 变量定义和描述性统计

1. 被解释变量

本文使用结构偏离度和泰尔指数作为产业结构合理化的衡量指标,参见式(10)和式(11)。如果市场结构是完全竞争的,生产要素可以自由流动,则各产业的产值比例和就业比例趋于匹配,RS 和 RT 均趋于0;RS 和 RT 的值越大,表明产业结构越偏离均衡状态,资源的配置效率越低,产业结构越不合理。本文采用2000~2017年全国31个地区三大产业的国内生产总值和就业人员数来测算结构偏离度和泰尔指数。

本文采用第三产业与第二产业的产值之比作为产业结构高度化的衡量指标。HR 上升意味着产业结构具有技术密集度不断上升且朝着服务化方向演进的趋势,产业结构实现了高度化。本文采用2000~2017年全国31个地区二、三产业的国内生产总值来测算该指标。

2. 核心解释变量

本文使用上文计算出的2000~2017年全国31个地区信息化发展指数的增长率来衡量互联网技术进步率,参见式(16),记为 INT。

3. 控制变量

互联网技术进步只是影响产业结构调整的部分因素,为了更好地研究互联网技术进步与产业结构变迁之间的关系,需要控制其他因素对产业结构调整的影响,通常做法是引入控制变量。中国的经济发展水平、对外开放程度、市场化水平以及政府干预程度(傅元海等,2014,2016)也是影响产业结构调整的重要因素,因而选取这4个指标作为控制变量。

(1) 选取2000~2017年全国31个地区经过上一年 CPI 调整后的人均国内生产总值来度量各地区的经济发展水平,并对该变量取对数以规避异方差问题,记为 lnPGDP。(2) 采用31个地区的进出口总额占 GDP 的比重来度量对外开放程度,记为 OPEN。(3) 选取31个地区的城镇非国有单位就业人数占城镇就业人员年末人数的比值来度量市场化水平,记为 MARK。(4) 采用31个地区的 R&D 机构经费内部支出中政府资金的比值来衡量政府干预程度,记为 GOVE。各变量的定义及描述性统计如表4所示。

表 4　　　　　　　　　　变量设计与描述性统计

变量类型	变量名称	变量设计	变量符号	均值	标准差	最大值	最小值
被解释变量	产业结构合理化	结构偏离度	RS	1.9426	0.6871	3.6613	0.8212
		泰尔指数	RT	0.2503	0.1293	0.5399	0.0159
	产业结构高度化	第三产业和第二产业产值之比	HR	0.94641	0.5423	4.0355	0.4123
核心解释变量	互联网技术进步率	信息化发展指数增长率	INT	1.0939	0.0873	1.4372	0.7802
控制变量	经济发展水平	人均 GDP	lnPGDP	10.5328	0.6632	11.3243	8.4231
	对外开放程度	GDP 中进出口总额占比	OPEN	0.3780	0.4791	1.8429	0.0323
	市场化水平	总就业中非国有单位就业占比	MARK	0.7114	0.2012	0.9166	0.3581
	政府干预程度	R&D 经费支出中政府资金占比	GOVE	0.7123	0.1071	0.9975	0.4186

（二）实证模型设定与方法选择

为了实证检验互联网技术进步对产业结构优化升级的影响，设定实证模型如下：

$$RS_{it} = \alpha + \beta_{1i}INT_{it} + \beta_{2i}\ln PGDP_{it} + \beta_{3i}OPEN_{it} \\ + \beta_{4i}MARK_{it} + \beta_{5i}GOVE_{it} + \xi_i + \lambda_t + \mu_{it} \quad (18)$$

$$RT_{it} = \alpha + \beta_{1i}INT_{it} + \beta_{2i}\ln PGDP_{it} + \beta_{3i}OPEN_{it} \\ + \beta_{4i}MARK_{it} + \beta_{5i}GOVE_{it} + \xi_i + \lambda_t + \mu_{it} \quad (19)$$

$$HR_{it} = \alpha + \beta_{1i}INT_{it} + \beta_{2i}\ln PGDP_{it} + \beta_{3i}OPEN_{it} \\ + \beta_{4i}MARK_{it} + \beta_{5i}GOVE_{it} + \xi_i + \lambda_t + \mu_{it} \quad (20)$$

方程（18）~方程（20）是静态面板模型的一般表示形式。i 表示地区，t 表示年份；α 和 β 为待估参数；ξ 为个体效应，λ 为时间效应，μ 为误差项。

首先，忽略样本特征的混合回归（Pool）可能会使实证结果产生偏误，而考虑控制个体和时点特征的变截距（variable intercept，VI）或变系数回归（variable coefficient，VC）可以处理方程的异质性问题，因而采用 Pool、VI 和 VC 分别对方程（18）~方程（20）做静态回归，使用 F 检验确定方程的具体形式。其次，由于 VI 和 VC 模型均有固定效应回归和随机效应回归模型，因而对 VI 模型采用 Hausman 检验以判断使用固定效应回归（fixed effect，FE）或随机效应回归（random effect，RE）模型；对 VC 模型则采用 LM 检验确定使用似无关回归（seemingly unrelated regression，SUR）或 Swamy 随机系数（swamy random coefficient，SRC）模型。最后，通过 F 统计量以及模型的显著性来确定实证方程设定的合理性。

（三）数据来源

本文采用 2000～2017 年中国 31 个省份的面板数据进行研究。原始数据分别来源于各省份的统计年鉴、《中国统计年鉴》《中国劳动统计年鉴》《中国科技统计年鉴》《中国信息年鉴》。计算过程中个别缺失数据均通过插值法补齐。

五、实证结果与分析

（一）互联网技术进步对中国产业结构调整的影响分析

1. 互联网技术进步对情形 2、情形 3 中的地区结构合理化的影响

由表 3 可知，互联网技术进步对情形 2、情形 3 中的地区产业结构合理化的影响并不确定，下文首先通过实证分析确定影响，再对地区做具体分类，结果见表 5，实证研究使用 EViews8.0 完成。由表 5 可知，对于情形 2、情形 3 而言，F_2 检验和 F_1 检验分别在 1% 和 5% 的显著性水平上拒绝使用 Pool 模型及 VI 模型的原假设，初步认为应建立 VC 模型；LM 检验的结果进一步表明，应采用 SUR 对方程（18）和方程（19）进行参数估计；此外，方程的变量系数大多通过了显著性检验，R^2 表明整体拟合优度良好，因而实证方程的设定及方法的选取是合理的。

由表 5 可知，互联网技术进步率上升 1% 会显著促进情形 2-1 中的天津和福建的结构偏离度和泰尔指数下降 0.1424% 和 0.0154%；会导致情形 3-1 中安徽和四川的泰尔指数下降 0.0491% 和 0.0509%，以及山东的结构偏离度下降 0.0421%，说明互联网技术进步有利于这 5 个地区的产业结构优化。然而，对于情形 2-2 中的北京和湖北等 6 个地区，以及情形 3-2 中的内蒙古和黑龙江等 7 个地区而言，互联网技术进步不利于其结构优化。基于上述分析，并结合表 3，本文将中国 31 个省份按照 4 种情形划分为 6 类进行实证研究。

2. 互联网技术进步对各地区产业结构调整的影响

由表 6 和表 7 可知，对于文中的 6 类地区，F_2 检验分别在 1% 和 5% 的显著性水平上拒绝使用 Pool 模型的原假设，F_1 检验则接受使用 VI 模型的假设，初步认为应建立 VI 模型。进一步地，对于情形 1、情形 2-1 中的方程（18）和方程（19），以及情形 2-2 的方程（20），Hausman 检验的结果表明应建立 RE 模型；对于情形 1、情形 2 的其他方程以及情形 3、情形 4 的方程（18）～方程（20），Hausman 检验分别在 1% 和 5% 的显著性水平上拒绝了随机扰动项与解释变量无关的原假设，说明应建立 FE 模型。此外，方程的变量系数大多通过了显著性检验，R^2 和 F 统计量也表明方程的整体拟合优度良好。

表 5 互联网技术进步对中国产业结构合理化的影响——以情形 2 和情形 3 中的地区为研究对象

地区			方程 (18)				方程 (19)			
		INT	F_2 检验	F_1 检验	LM 检验	R^2	INT	F_2 检验	F_1 检验	LM 检验	R^2
情形 2 中的地区	情形 2-1	天津	-0.1424*** (-3.2210)				0.8152	-0.0047 (-1.1080)			0.9286
		福建	-0.0451 (-1.0541)				0.9823	-0.0154* (-1.7612)			0.9861
		北京	0.0287 (0.1721)				0.7023	0.0015 (0.1823)			0.6817
		湖北	0.1305* (1.8012)	9.71*** [0.0000]	2.03** [0.0213]	7.83 [0.1420]	0.7129	0.0350* (1.8520)	11.04*** [0.0000]	2.10** [0.0164]	7.24 [0.2992]	0.7920
		海南	0.2143 (0.8135)				0.6971	0.0357 (1.1889)				0.7529
	情形 2-2	重庆	0.1702* (1.9912)				0.9021	0.0467* (1.7234)				0.7769
		贵州	0.1321 (1.3421)				0.7193	0.0321 (1.4278)				0.7238
		西藏	0.1821* (1.7982)				0.8921	0.0391* (1.8723)				0.8002

续表

情形3中的地区	地区	方程(18) INT	F₂检验	F₁检验	LM检验	R²	方程(19) INT	F₂检验	F₁检验	LM检验	R²
情形3-1	安徽	-0.0637 (-0.9927)					-0.0491* (-1.8901)				0.7514
	山东	-0.0421** (-2.6011)				0.9812	-0.0032 (-0.9671)				0.9813
	四川	-0.0239 (-1.0234)				0.7023	-0.0509* (-1.9003)				0.7263
	内蒙古	0.1201** (2.6932)				0.8531	0.0081 (0.4512)				0.9024
情形3-2	黑龙江	0.0018 (0.0032)	11.19*** [0.0000]	1.89** [0.0312]	9.47 [0.1209]	0.8117	0.0523 (0.4368)	14.95*** [0.0000]	6.90*** [0.0000]	6.79 [0.3361]	0.8598
	江西	0.0926* (1.8902)				0.9549	0.0213* (1.7982)				0.9028
	河南	0.1079*** (3.9545)				0.9881	0.0132*** (2.9522)				0.9911
	云南	0.0621 (0.9221)				0.7045	0.0032 (0.6781)				0.7118
	青海	0.1298 (1.3902)				0.8524	0.0259*** (2.8625)				0.9282
	新疆	1.4582*** (3.6914)				0.7312	0.1752* (1.7809)				0.7814

注：()内的数值为t值，[]内的数值为p值，*、**和***分别表示通过了10%、5%和1%的显著性检验。受篇幅所限，这里不再汇报各控制变量的估计结果，感兴趣的读者可向作者索取。

表 6 互联网技术进步对中国产业结构调整的影响——以情形 1 和情形 2 中的地区为研究对象

变量	情形 1 中的地区			情形 2 中的地区			
	方程 (18)	方程 (19)	方程 (20)	方程 (18)	情形 2-1 方程 (19)	方程 (20)	方程 (18)	情形 2-2 方程 (19)	方程 (20)
INT	0.0221 (1.5821) [ ]	0.0181*** (3.0272)	0.2701*** (4.6182)	-0.1041* (-1.8912)	-0.0789** (-2.2414)	0.1507** (2.6521)	0.1369* (1.8105)	0.0503** (2.5695)	0.5932*** (2.9981)
lnPGDP	0.6892* (1.9850)	0.3544*** (5.4822)	-0.6061 (-0.8679)	-0.1162** (-2.3756)	-0.0670** (-11.9173)	-0.3080** (-2.5015)	0.1577 (0.7042)	0.0550 (1.1662)	-1.1891*** (-3.2861)
OPEN	0.2315*** (5.2654)	0.0380*** (4.6444)	0.3361*** (3.7442)	-0.6533*** (-3.6001)	-0.0786*** (-3.7708)	-0.3232*** (-3.0523)	0.0883 (0.6498)	0.6152*** (5.2243)	0.0905 (0.3581)
MARK	-0.4758*** (-10.0852)	-0.1610*** (-18.3318)	0.2681*** (2.7829)	-2.3158*** (-3.5697)	-0.1925** (-2.5840)	1.5866* (1.9871)	-1.9930* (-1.9384)	-0.2460*** (-5.3726)	1.5566*** (4.4393)
GOVE	-0.4072*** (-3.6577)	-0.1197*** (-5.7726)	1.2223*** (5.0003)	-1.4774*** (-4.1726)	-0.1858*** (-4.5691)	0.5680*** (2.9090)	-0.3692** (-2.3587)	-0.0585 (-1.0252)	1.7443** (2.5607)
F_2 检验	6.55*** [0.0000]	12.96*** [0.0000]	10.33*** [0.0000]	8.97*** [0.0004]	7.17*** [0.0012]	6.42*** [0.0020]	2.46** [0.0157]	5.75*** [0.0000]	9.03*** [0.0000]
F_1 检验	1.74 [0.1001]	1.69 [0.1113]	1.06 [0.4339]	1.61 [0.2224]	1.63 [0.2174]	2.22 [0.1097]	1.61 [0.1334]	1.63 [0.1290]	1.55 [0.1543]
Hausman 检验	4.55 [0.4729]	3.77 [0.5062]	40.30*** [0.0000]	4.57 [0.4700]	6.80 [0.2359]	13.23** [0.0213]	36.33*** [0.0000]	29.74*** [0.0000]	5.47 [0.3613]
F 统计量	56.75*** [0.0000]	115.93*** [0.0000]	11.20*** [0.0000]	19.69*** [0.0000]	75.58*** [0.0000]	11.79*** [0.0000]	59.59*** [0.0000]	30.66*** [0.0000]	34.77*** [0.0000]
R^2	0.8605	0.9265	0.8485	0.8311	0.9497	0.7882	0.9173	0.9388	0.7908

注：( ) 内的数值为 t 值，[ ] 内的数值为 p 值，*、** 和 *** 分别表示通过了 10%、5% 和 1% 的显著性检验。

表 7 互联网技术进步对中国产业结构调整的影响——以情形 3 和情形 4 中的地区为研究对象

变量	情形 3 中的地区 方程 (18)	情形 3-1 方程 (19)	情形 3-1 方程 (20)	情形 3-2 方程 (18)	情形 3-2 方程 (19)	情形 3-2 方程 (20)	情形 4 中的地区 方程 (18)	情形 4 中的地区 方程 (19)	情形 4 中的地区 方程 (20)
INT	-0.1402**	-0.1022**	-0.0961*	0.2702***	0.0525***	-0.1599*	0.1301***	0.0149**	-0.1231*
	(-2.4152)	(-2.3642)	(-1.8642)	(3.5451)	(2.9781)	(-1.8012)	(2.7021)	(2.0198)	(-1.7982)
lnPGDP	-0.0551	0.2116**	-0.3118	0.3068	-0.1122***	-0.2171*	0.4025**	0.1572***	-0.3700***
	(-0.3686)	(2.3204)	(-1.3891)	(1.6620)	(-2.6922)	(-1.8024)	(2.4987)	(6.2840)	(-5.1197)
OPEN	-1.5710***	0.3024***	0.4428***	-0.1883*	0.0178	0.1462***	-0.1767*	-0.0239	1.4872***
	(-7.0651)	(8.4410)	(3.0786)	(-1.7304)	(0.5174)	(3.8610)	(-1.7898)	(-1.0283)	(6.4499)
MARK	-1.0020**	-0.7543*	1.4407*	-2.5246***	-1.1209***	1.9635***	-2.9936***	-0.7462***	1.6310***
	(-2.7087)	(-1.9652)	(1.8164)	(-4.5914)	(-5.0368)	(3.0538)	(-3.8763)	(-6.2223)	(4.7078)
GOVE	0.0714	-0.1777*	0.1942*	-1.0258***	-0.3473***	0.7955***	0.0840	-0.1396**	0.4528***
	(0.2051)	(-1.8175)	(1.8222)	(-2.5749)	(-3.8605)	(3.0607)	(0.9074)	(-2.1426)	(2.4059)
F_2 检验	3.54**	3.94**	11.24***	14.38***	16.03***	8.46***	11.93***	9.52***	3.51***
	[0.0239]	[0.0163]	[0.0001]	[0.0000]	[0.0000]	[0.0000]	[0.0000]	[0.0000]	[0.0000]
F_1 检验	1.76	1.94	1.60	1.38	1.56	1.16	1.39	1.20	1.17
	[0.1849]	[0.1515]	[0.2238]	[0.1963]	[0.1203]	[0.3375]	[0.1523]	[0.2882]	[0.3105]
Hausman 检验	17.95***	22.13***	26.04***	26.30***	42.73***	68.53***	80.43***	98.89***	30.44***
	[0.0030]	[0.0005]	[0.0001]	[0.0001]	[0.0000]	[0.0000]	[0.0000]	[0.0000]	[0.0000]
F 统计量	28.87***	15.24***	11.54***	29.95***	16.83***	15.90***	43.74***	56.68***	12.02***
	[0.0000]	[0.0000]	[0.0000]	[0.0000]	[0.0000]	[0.0000]	[0.0000]	[0.0000]	[0.0000]
R^2	0.9012	0.9175	0.7169	0.8306	0.7336	0.7914	0.8590	0.8875	0.8332

注：（ ）内的数值为 t 值，[ ] 内的数值为 p 值，*、** 和 *** 分别表示通过了 10%、5% 和 1% 的显著性检验。

从表6可以看出，对于情形1中的地区，互联网技术进步率上升1%能推动泰尔指数和产值之比上升0.0181%和0.2701%，说明互联网技术进步不利于产业结构优化但有利于其升级。对于情形2-1的天津和福建，以及情形2-2的北京和湖北等6个地区，互联网技术进步率增长1%会显著促进前2个地区结构偏离度和泰尔指数下降0.1041%和0.0789%，拉动后6个地区上升0.1369%和0.0503%，说明对结构合理化的影响并不一致；却显著有利于产业结构升级，表现在技术进步率上升1%会推动这8个地区的高度化指标上升0.1507%和0.5932%。这与表3中有关情形1、情形2的理论模型的结论相吻合，也验证了表5互联网技术进步对情形2中的地区结构合理化产生影响的结论。

对于情形1、情形2中的12个地区，互联网技术进步有利于产业结构升级，这是由于互联网技术进步对第三产业生产率的贡献大于第二产业。当前，北京、上海、江苏和天津等地的第三产业发展迅速，这些地区服务业的快速发展主要是依靠生产性服务业的发展，而互联网技术与生产性服务业又有着天然的结合优势，使得互联网技术更能促进生产性服务业的发展。这主要体现在互联网技术正借助大数据、物联网、云计算等高科技平台，与物流仓储行业、网络商业平台、交通运输行业、金融保险业等进行深度融合，拥有信息化优势的生产性服务业显著提升了第三产业的竞争力。由于支持服务业发展的生产性服务业是生产率提高最快的部门（何德旭、姚战琪，2008），加之互联网技术本身所带动的生产率的增长，能够使高质量的生产要素迅速向第三产业转移，最终使得第三产业的产出增长超过第二产业，促进产业结构升级。

然而，互联网技术进步对情形1、情形2中的12个地区结构合理化的影响并不一致，这需要从互联网技术对三大产业生产率贡献的角度进行考察。为此，本文进一步讨论互联网技术对三大产业产出和就业的贡献。对于北京、上海和天津等12个地区而言，其当前的经济结构仍然以非农产业为重，农业生产所必备的劳动力、土地和资本等被快速推进的城镇化、工业化和信息化所挤占，与当地发展相对成熟的工业和具有迅猛发展势头的服务业相比，现阶段互联网技术对上述地区二、三产业产出的贡献会远超第一产业。但是，对于上述地区的二、三产业而言，传统的工业发展模式的弊端导致互联网技术的应用对劳动力投入增长的驱动作用滞后于对产业生产规模增长的驱动，并且服务业的市场化改革进程缓慢，导致通过市场化方式构建互联网与服务业创业相结合、线上与线下相结合的众创空间的难度加大，降低了互联网技术对就业增长的带动作用。综上可知，对于情形1、情形2的12个地区，虽然互联网技术进步对二、三产业产出的贡献超过第一产业，但二、三产业的发展弊端会导致互联网技术应用对产业就业的驱动弱于对产出增长的影响，造成互联网技术对二、三产业生产率的贡献大于第一产业。由此，互联网技术进步对三大产业生产率贡献的差距会导致产业间生产率的不趋同。

此时,对于情形1的上海、江苏、浙江和广东4个地区,互联网技术进步所引致的三大产业生产率的不趋同是造成其产业结构无法趋于合理化的主要原因;并且,从这些地区三大产业自身的技术进步率的关系来看,会进一步拉大三大产业生产率的差距,因而互联网技术进步不利于这4个地区的产业结构趋于合理化。然而,对于情形2-1的天津和福建而言,虽然互联网技术进步对三大产业生产率的贡献关系仍如上所述,但互联网技术进步和产业自身的技术进步对二、三产业生产率贡献的关系恰好相反,这种综合效应最终会造成二、三产业生产率差距缩小,因此,互联网技术进步能够在一定程度上驱动这2个地区实现产业结构优化。对于情形2-2的北京和湖北等6个地区而言,尽管互联网技术的应用会使二、三产业的生产率差距缩小,但从产业自身技术进步率的关系来看,却进一步拉大了第一产业分别与二、三产业生产率的差距,因而互联网技术进步不利于这6个地区的产业结构趋于合理化。

从表7可以看出,对于情形3的安徽、山东和四川3个省份,以及内蒙古和黑龙江等7个地区而言,互联网技术进步率上升1%会促进前3个地区的结构偏离度和泰尔指数下降0.1402%和0.1022%,拉动后7个地区的上升0.2702%和0.0525%,说明对产业结构合理化的影响并不一致;但一定不利于结构升级,表现为互联网技术进步率上升1%会导致上述地区的高度化指标下降0.0961%和0.1599%。对于情形4的地区,互联网技术进步率上升1%能够推动其结构偏离度和泰尔指数上升0.1301%和0.0149%,致使高度化指标下降0.1231%,说明不利于产业结构优化升级。这与表3中有关情形3、情形4的理论模型的结论相吻合,也进一步验证了表5互联网技术进步对情形3中的地区结构合理化的影响结论。

对于情形3、情形4中的19个地区,互联网技术进步不能促进产业结构升级,这是由于近年来,除了甘肃和黑龙江的产业出现比较显著的"服务化"势头之外,内蒙古、山西和辽宁等17个地区仍然具有以工业为主的经济结构,服务业发展速度较缓慢。由于互联网技术对产业发展的驱动作用是在该产业基础设施完善的基础之上产生的,上述地区的互联网技术依托于第二产业的基础设施和产业融合,能够促进第二产业更快的发展。同时,"互联网+"制造业也是促使传统制造业模式变革的动因,其能推进互联网技术在能源、机械、交通、建筑等方面应用,促使"传统制造"向"制造+服务"的模式转变。因此,以工业为主的地区依托第二产业良好的基础设施建设以及"互联网+"协同制造的发展,能够促使互联网技术进步对第二产业生产率的贡献大于第三产业,因而不会促进产业结构升级。

然而,互联网技术进步对上述19个地区产业结构合理化的影响并不一致,这仍需考察互联网技术进步对三大产业生产率贡献的关系。一方面,虽然黑龙江、湖南、广西和新疆等地的农业发展水平较高，但大部分地区仍然存在小农经营模式和粗放型生产过程，以及农业人口众多，耕地数量减少和生产技术制约的现状，导致依托互联网基础条件实现第一产业的技术升级及产值大幅增长需要很长时间才能实现，因而互联网技术对二、三产业产出的贡献仍然会超过第一产业。另一方面，互联网技术进步对上述地区的就业具有双重作用，这主要体现在，随着"互联网+"创业创新模式的开展，不仅能够增加各行业对劳动力的需求，更能开辟新的生产服务领域和新行业，从而创造新的就业岗位；然而，互联网技术在上述地区三大产业中的应用也出现了不断向资本替代劳动或技术替代劳动的路径偏差，资本或技术深化的趋势在加速，意味着互联网技术进步不能持续有效地驱动更多的劳动要素投入到生产过程中，因而对各行业就业增长的推动作用又大打折扣。结合上述关于互联网技术对三大产业产出的影响分析及对就业的双重作用可知，互联网技术进步对上述地区第二产业生产率的贡献最大，对一、三产业生产率贡献的差距在不断缩小。

此时，对于情形3中的黑龙江和新疆，农业的现代化水平处于高级发展阶段；内蒙古、山东和河南的农业生产方式也完成了从传统农业向现代农业的转变；安徽、四川、江西、云南和青海的农业现代化水平亦处于从中级向高级的过渡阶段。这10个地区较高的农业发展水平有利于当地依托互联网技术建立农业服务平台，可以利用大数据、云计算等互联网技术改造传统农业，这有利于提升第一产业的生产率和增值空间，因而互联网技术进步对上述10个地区第一产业生产率的贡献已逐渐赶超第三产业。具体而言，对于情形3-1的安徽、山东和四川，由于互联网技术和产业自身的技术进步对第一产业和第三产业生产率贡献的关系恰好相反，这会造成一、三产业的生产率趋同，因而互联网技术进步有利于产业结构优化。然而，对于情形3-2的内蒙古和黑龙江等7个地区，尽管互联网技术的应用使得一、三产业的生产率趋同，但从产业自身技术进步率的关系来看，却拉大了一、三产业与第二产业的生产率差距，因而不能驱动产业结构趋于合理化。对于情形4的山西、广西和宁夏等9个地区，农业总体的现代化水平相对较低，致使互联网技术在第一产业中的应用并不充分，互联网技术对第一产业生产率的贡献并未呈现赶超第三产业的趋势。进一步地，从这9个地区三大产业自身的技术进步率的关系来看，会进一步拉大三大产业生产率的差距，因而互联网技术进步亦不利于产业结构优化。

综上，通过互联网技术进步对上述6种情形的地区产业结构调整的影响可以看出，互联网技术进步对产业结构合理化和高度化的不利影响虽然是由互联网技术进步对三大产业生产率贡献的差距所引致的各产业生产率的不趋同，以及对第二产业生产率的贡献大于第三产业造成的，但由于互联网技术在各产业中的应用依托产业发展的基础条件，因而各地三大产业在发展过程中存在的矛盾与弊端是导致无法实现产业结构优化升级的根本原因。

(二) 互联网技术进步对具有不同产业结构特征的地区结构调整的影响分析

为了考察区域产业结构特征在互联网技术进步影响地区结构调整的进程中发挥的作用，本文使用各产业产值占三大产业总产值的比重这一指标来对全国31个地区进行分类。经统计可知，在2000~2017年，各个地区第一产业产出的占比均比第二、三产业的占比小。

对于河北、山西、内蒙古、吉林、辽宁、安徽、福建、山东、江西、湖北、河南、湖南、广西、四川、陕西、青海、宁夏和新疆而言，在绝大多数年份第二产业产出占比大于第三产业，因而产业结构有明显的"工业化"特征；北京、上海、重庆、海南、贵州和西藏第三产业的产出比重在绝大多数年份最高，具有明显的"服务化"特征；而黑龙江、天津、浙江、江苏、广东、云南和甘肃虽然在之前的十余年内，第二产业的产出比重较高，但近几年出现反向逆转势头，第三产业产出比重超过第二产业产出占比，因而产业结构具有趋向"服务化"发展的特征。

在对31个地区进行分类后，本文建立静态面板模型，使用INT作为核心解释变量进行参数估计，结果如表8所示。Hausman检验和F检验表明，除了具有"工业化"特征的地区应当建立RE模型，其他地区均应建立FE模型进行估计。

从表8可以看出，对于具有不同产业结构特征的地区，互联网技术进步均不能促进产业结构优化；但除了具有"工业化"特征的区域之外，均有利于其他两类地区的产业结构升级。对于产业结构具有"服务化"特征的地区而言，互联网技术进步对产业结构高度化的驱动效应要远大于产业结构趋向"服务化"发展的地区。具体而言，互联网技术进步率每上升1%会推动具有"服务化"特征地区的产值之比上升0.2809%，是对趋向"服务化"地区推动作用0.0908%的3倍之余。

对于产业结构具有"工业化"特征的地区而言，由于其信息产业基础设施不完善，信息整合困难，使得互联网技术与传统产业融合困难，难以打通经济社会发展的信息"大动脉"，致使互联网技术对该地区产业结构调整的路径受阻，最终导致互联网技术难以促进其产业结构升级。然而，产业结构具有"服务化"特征和具有"服务化"倾向的地区却拥有良好的信息基础设施建设，在此基础之上可以加快互联网技术的应用和普及，并能降低网络运营成本，从而可以促使互联网技术与众多产业的良好融合，进而能够打造出"互联网+"产业的新业态，这极大地推动了当地传统产业的转型升级。由此，互联网技术进步对产业结构调整的驱动作用是建立在当地信息基础设施完善的基础之上。

表 8 互联网技术进步对具有不同产业结构特征地区结构调整的影响

变量	产业结构具有"工业化"特征的地区 方程(18)	方程(19)	方程(20)	产业结构具有"服务化"特征的地区 方程(18)	方程(19)	方程(20)	产业结构具有"服务化"倾向的地区 方程(18)	方程(19)	方程(20)	产业结构具有"服务化"特征的地区 方程(18)	方程(19)	方程(20)
INT	0.0491 (1.0469)	0.0865* (1.8915)	−0.0261* (−1.8139)	0.2702*** (4.5291)	0.0613*** (4.8142)	0.0908* (1.8002)	0.0901 (0.9923)	0.0342* (1.8891)	0.2809** (2.5799)
lnPGDP	0.2156** (2.5644)	0.0671*** (4.9589)	−0.2626*** (−6.4350)	0.7887 (0.7075)	0.4520* (1.8745)	−0.0573 (−1.5027)	−0.0197 (−0.0989)	−0.0059 (−0.1724)	0.5442 (1.6187)
OPEN	−0.3617 (−0.4517)	−0.1794* (−1.7516)	0.8178*** (2.3904)	0.6530 (0.8024)	−0.0020 (−0.0111)	−0.9299* (−1.7515)	0.3872 (0.5566)	0.5253* (1.9512)	−0.5051 (−1.2028)
MARK	−2.2433*** (−4.5645)	−0.6528*** (−9.4515)	1.3158*** (6.2671)	−0.1549 (−1.0601)	−0.1847*** (−3.8612)	0.5272** (2.3835)	−1.5816*** (−1.8315)	−0.1603 (−1.0924)	0.2366* (1.7628)
GOVE	1.1643*** (3.5094)	−0.2150*** (−4.0231)	0.2826** (2.5690)	−0.5701** (−2.0326)	−0.1540** (−2.5379)	0.4192*** (3.8456)	−0.2173 (−0.7750)	−0.0871* (−1.8273)	0.9838*** (2.0846)
F_2检验	11.63*** [0.0000]	9.96*** [0.0000]	7.21*** [0.0000]	11.21*** [0.0000]	12.11*** [0.0000]	8.27*** [0.0000]	3.41*** [0.0018]	8.60*** [0.0000]	12.25*** [0.0000]
F_1检验	1.21 [0.1981]	1.27 [0.1440]	1.15 [0.2640]	1.54 [0.1053]	1.25 [0.2541]	1.45 [0.1429]	1.44 [0.1967]	1.51 [0.1689]	1.39 [0.2176]
Hausman 检验	5.25 [0.3859]	6.88 [0.2299]	4.72 [0.4116]	74.91*** [0.0000]	42.67*** [0.0000]	45.57*** [0.0000]	13.25** [0.0211]	47.46*** [0.0000]	12.83** [0.0235]
F统计量	44.85*** [0.0000]	57.46*** [0.0000]	10.29*** [0.0000]	123.71*** [0.0000]	89.49*** [0.0000]	15.29*** [0.0000]	63.24*** [0.0000]	85.66*** [0.0000]	58.61*** [0.0000]
R^2	0.7603	0.8201	0.7262	0.9486	0.9303	0.8125	0.9217	0.9410	0.9160

注：()内的数值为 t 值，[]内的数值为 p 值，*、** 和 *** 分别表示通过了 10%、5% 和 1% 的显著性检验。

综上分析可知，由于各地区的基础设施建设情况不同，互联网技术与各产业的融合程度也不尽相同，这就需要各地因地制宜，选择与自身发展特征相适宜的产业结构调整路径，从而利用互联网技术加快其产业结构转型升级，并避免产业结构出现空心化及产出过剩问题。一方面，对于产业结构具有"服务化"特征的地区，可以利用自身优势输出第三产业产能，提供相应的技术与服务支持产业结构升级较慢的地区，而发展速度较慢的地区应明确互联网技术驱动产业结构升级的路径机制，为自身发展提供明确的方向；另一方面，产业结构趋向"服务化"的地区应继续依托互联网技术作为创新驱动力，着力培养一支高素质的网络信息化人才队伍，构建雄厚的信息经济体。产业结构具有"工业化"特征的地区则应借助发达地区所输出的信息技术、资本和人才，整合出一套适合当地的发展路径，并以信息流带动资金流、人才流和物资流，促进资源合理化配置，促进全要素生产率大幅提升。此外，各地区还应架起产业间要素快速流动的桥梁，做好区域间产业的合理分工，使各产业按照合理的梯度发展，从而为各地区的产业结构优化升级提供契机。

（三）内生性讨论

由于基准回归结果可能存在互联网技术进步的内生性问题，这一问题的产生可能是由测度误差或者遗漏变量所导致，也可能是由反向因果关系的存在而造成，即产业结构的优化升级可能会对互联网相关产业的投入和产出产生影响，从而导致互联网技术进步率的变动。在文中，笔者已经对可能存在的内生性问题做了一些处理，采用国家或各地区统计局的权威数据，互联网技术进步率的测算则基于国家统计局公布的信息化发展指数的计算方法，尽量避免测度误差对估计结果的影响。并且，在估计过程中对经济发展水平、对外开放程度、市场化水平以及政府干预程度加以控制，以弱化遗漏变量所导致的内生性问题。

对于反向因果关系可能导致的内生性问题，由于产业结构调整指标的度量涉及各产业的产出和劳动力投入，几乎不可能获得横跨全国各地区、纵跨数十载的既与互联网技术进步率相关，又不受产业结构调整影响的工具变量。因此，本文选取滞后一期的互联网技术进步率作为当期值的工具变量。由于当期的产业结构调整对互联网技术进步率滞后一期的影响几乎不存在，并且相邻两期的互联网技术进步率之间具有较强的相关性，因而该工具变量的选取具有一定合理性。利用两阶段最小二乘回归得到的最终结果如表9所示[①]。

---

① 受篇幅所限，本文不再汇报各控制变量的估计结果，感兴趣的读者可向作者索取。

表9 互联网技术进步对产业结构调整的内生性检验

变量	情形1					情形2-1				
	方程(18)	方程(19)	方程(20)	方程(18)	方程(19)	方程(20)	方程(18)	方程(19)	方程(20)
INT	-0.0398	0.0351*	0.4202*	-0.4501*	-0.1602*	0.5002*	0.3408*	0.1401***	0.4109**
	(-0.7121)	(1.9931)	(1.9991)	(-1.8282)	(-1.8782)	(1.7612)	(1.9237)	(2.7291)	(2.3215)
Cragg-Donald检验	16.11	16.11	16.11	11.83	11.83	11.83	19.73	19.73	19.73
F统计量	39.71***	367.21***	12.54***	90.31***	61.81***	15.54***	60.43***	82.49***	71.40***
	[0.0000]	[0.0000]	[0.0000]	[0.0000]	[0.0000]	[0.0000]	[0.0000]	[0.0000]	[0.0000]
R^2	0.8613	0.9663	0.6495	0.8183	0.8452	0.8865	0.9052	0.8938	0.9185

变量	情形3-1					情形3-2				
	方程(18)	方程(19)	方程(20)	方程(18)	方程(19)	方程(20)	方程(18)	方程(19)	方程(20)
INT	-0.1918*	-0.1020*	-0.2381*	0.2312*	0.0487*	-0.1809*	0.1096*	0.0232*	-0.0431*
	(-1.8001)	(-1.7849)	(-1.8152)	(1.7621)	(1.7095)	(-1.9002)	(1.7248)	(1.8951)	(-1.8729)
Cragg-Donald检验	14.09	14.09	14.09	39.96	39.96	39.96	17.35	17.35	17.35
F统计量	16.09***	14.93***	15.24***	32.01***	19.18***	16.94***	43.48***	59.40***	19.46***
	[0.0000]	[0.0000]	[0.0000]	[0.0000]	[0.0000]	[0.0000]	[0.0000]	[0.0000]	[0.0000]
R^2	0.8036	0.7559	0.7715	0.8543	0.7849	0.7687	0.8781	0.9041	0.7587

变量	产业结构具有"工业化"特征的地区			产业结构具有"服务化"倾向的地区			产业结构具有"服务化"特征的地区		
	方程(18)	方程(19)	方程(20)	方程(18)	方程(19)	方程(20)	方程(18)	方程(19)	方程(20)
INT	0.0419	0.0261*	-0.0768*	0.2720***	0.0672*	0.1132***	0.1209*	0.1009*	0.4498*
	(0.9184)	(1.9498)	(-1.8001)	(2.9903)	(3.4108)	(2.9891)	(1.8919)	(1.8021)	(1.8219)
Cragg-Donald检验	25.65	25.65	25.65	28.26	28.26	28.26	15.62	15.62	15.62
F统计量	50.07***	46.52***	11.51***	140.85***	104.78***	19.77***	65.07***	82.21***	76.22***
	[0.0000]	[0.0000]	[0.0000]	[0.0000]	[0.0000]	[0.0000]	[0.0000]	[0.0000]	[0.0000]
R^2	0.8558	0.8269	0.7582	0.9519	0.9339	0.7413	0.9186	0.9241	0.9248

注：()内的数值为t值，[]内的数值为p值，*，**和***分别表示通过了10%、5%和1%的显著性检验。

本文选取工具变量处理内生性问题，由于方程可以恰好识别，所以不需要进行 Sargan 过度识别检验。Cragg – Donald 检验为弱识别检验，当检验值大于 Stock – Yogo 弱识别检验的阈值时则意味着工具变量是有效的，从表9可以看出，Cragg – Donald 检验值均大于 Stock – Yogo 弱识别检验对应的15%的阈值8.96，其中大部分检验值大于10%的阈值16.38，说明不存在弱工具变量问题。

与上文表6、表7和表8的基准回归结果对照可以发现，对于情形1中的地区，互联网技术进步率每增长1%会导致结构偏离度下降0.0398%，这与表6得出的会导致结构偏离度上升0.0221%的结论是相悖的，但这两个估计结果均不显著。此外，对于产业结构具有"服务化"特征的地区，经过工具变量法矫正内生性问题后，互联网技术进步率每上升1%会显著导致结构偏离度上升0.1209%，这与表8得到的结论相比显著性增强。然而，对于其他情形的地区而言，互联网技术进步对产业结构调整的影响符号一致，但显著程度略有差别。由此说明，内生性问题确实带来了某种程度上的偏差，但就总体而言，其造成的影响并不显著，与基准回归所得出的结论基本一致。

六、结论与政策建议

本文构建了互联网技术驱动下产业结构变迁一般均衡模型，以互联网技术进步对三大产业生产率贡献为视角，考察了互联网技术进步对产业结构优化升级的影响，并使用2000~2017年中国31个地区的产业静态面板数据进行实证研究，主要结论如下：

（1）互联网技术进步对各地区产业结构高度化的影响取决于互联网技术进步对二、三产业生产率的贡献；对结构合理化的影响则要考虑对三大产业生产率的贡献及三产技术进步率的差异。（2）对于情形1、情形2的地区，第三产业的迅猛发展及"互联网+"新业态的蓬勃兴起促使互联网技术进步对第三产业生产率的贡献大于第二产业，能够驱动产业结构升级；然而，除天津和福建外，其他地区二、三产业工资制度改革滞后、产业市场化进程缓慢以及消费性服务业发展滞后导致互联网技术对二、三产业产出的驱动大于对就业增长的影响，致使三大产业生产率不趋同，因而不利于结构优化。（3）对于情形3、情形4的地区，以工业为主的经济结构和发展相对滞后的第三产业，致使互联网技术进步对第三产业生产率的贡献小于第二产业，不利于产业结构升级；然而，安徽、山东和四川较高的农业现代化水平为"互联网+"现代农业的发展奠定了基础，这会极大提升第一产业生产率并缩小与二、三产业生产率的差距，从而有利于结构优化。（4）对于产业结构具有"服务化"特征的地区，互联网技术对其产业结构升级的驱动作用大于产业结构具有"服务化"倾向和"工业化"特征的地区，可能的原因在于，产业结构具有"服务化"特征的地区拥有相对成熟的信息基础设施，这为互联网技术与各产业的融合奠定了基础，"互联网+"产业这一新业态的繁荣发展正推动着当地产业结构的不断调整。

本文的结论能够带来如下政策启示：

第一，对于北京、上海和天津等产业结构合理化亟待调整的地区，应充分利用互联网技术提升农业生产、经营、管理和服务水平，培育一批网络化、智能化、精细化的现代生态农业新模式，并形成示范带动效应；加快完善新型农业生产经营体系，培育多样化农业互联网管理服务模式，逐步建立农副产品、农资质量安全追溯体系，促进农业现代化水平明显提升。这能够增强互联网技术对第一产业生产率的贡献，有利于改善产业结构不合理的现状。

第二，对于辽宁、山东和湖南等产业结构高度化亟须提升的地区，一方面，应积极发展信息基础设施建设，使互联网技术能够作为创新驱动力改革传统服务业；另一方面，应逐步扭转过度依赖生产性服务业发展的现状，加快信息化普及工作，强化信息整合力度，利用互联网的规模效应促使技术创新的引领作用生效，并以信息流带动资金流、人才流，促进资源配置优化，从而促进产业结构不断升级。

第三，打破全国各地区第二、三产业的垄断力量，加快产业市场化建设和工资制度改革，促使各产业的生产要素自由流动，并依托信息整合建设与信息基础设施建设，按照价格机制对生产要素进行合理配置。此外，改进"重工业，轻服务业"的传统发展模式，在着力推进互联网与实体经济紧密结合的同时，以服务业带动制造业的发展，促使制造业以市场为导向型，整合产业内资源，提升产品的价值层次，从而促进第二、三产业的融合，进而强化互联网技术进步对产业结构优化升级的驱动作用。

第四，重视各地区自身的产业结构特征，构建一套适合各地发展的产业结构新模式。产业结构趋向"服务化"的地区应继续依托互联网技术作为创新驱动力，着力培养一支高素质的网络信息化人才队伍，构建雄厚的信息经济体。产业结构具有"工业化"特征的地区则应率先解决信息整合程度不完善，信息基础设施建设不发达的问题，进而探索出一条适合当地的产业结构调整路径。同时，还应促进互联网技术与其他产业的深度融合，形成产业发展的合理梯度，从而为全国的产业结构调整提供更大的潜力空间。

参 考 文 献

[1] 蔡昉、王德文、曲玥：《中国产业升级的大国雁阵模型分析》，载《经济研究》2009年第9期。

[2] 陈勇、李小平：《中国工业行业的技术进步与工业经济转型——对工业行业技术进步的DEA法衡量及转型特征分析》，载《管理世界》2007年第6期。
[3] 傅元海、叶祥松、王展祥：《制造业结构变迁与经济增长效率提高》，载《经济研究》2016年第8期。
[4] 傅元海、叶祥松、王展祥：《制造业结构优化的技术进步路径选择——基于动态面板的经验分析》，载《中国工业经济》2014年第9期。
[5] 干春晖、郑若谷、余典范：《中国产业结构变迁对经济增长和波动的影响》，载《经济研究》2011年第5期。
[6] 干春晖、郑若谷：《改革开放以来产业结构演进与生产率增长研究——对中国1978～2007年"结构红利假说"的检验》，载《中国工业经济》2009年第2期。
[7] 郭家堂、骆品亮：《互联网对中国全要素生产率有促进作用吗？》，载《管理世界》2016年第10期。
[8] 何德旭、姚战琪：《中国产业结构调整的效应、优化目标和政策措施》，载《中国工业经济》2008年第5期。
[9] 黄茂兴、李军军：《技术选择、产业结构升级与经济增长》，载《经济研究》2009年第7期。
[10] 李小平、卢现祥：《中国制造业的结构变动和生产率增长》，载《世界经济》2007年第5期。
[11] 潘珊、龚六堂、李尚骜：《中国经济的"双重"结构转型与非平衡增长》，载《经济学（季刊）》2017年第1期。
[12] 唐荣、顾乃华、谭周令：《产业政策、市场结构与企业价值链定位》，载《产业经济研究》2019年第1期。
[13] 王海兵、杨蕙馨：《创新驱动与现代产业发展体系——基于我国省际面板数据的实证分析》，载《经济学（季刊）》2016年第4期。
[14] 王可、李连燕：《"互联网+"对中国制造业发展影响的实证研究》，载《数量经济技术经济研究》2018年第6期。
[15] 肖静华、谢康、吴瑶：《从面向合作伙伴到面向消费者的供应链转型——电商企业供应链双案例研究》，载《管理世界》2015年第4期。
[16] 谢康、肖静华、周先波：《中国工业化与信息化融合质量：理论与实证》，载《经济研究》2012年第1期。
[17] 阳立高、龚世豪、王铂：《人力资本、技术进步与制造业升级》，载《中国软科学》2018年第4期。
[18] 杨天宇、刘贺贺：《产业结构变迁与中印两国的劳动生产率增长差异》，载《世界经济》2012年第5期。
[19] Acemoglu, D., and Guerrieri, V., 2008: Capital Deepening and Non-balanced Economic Growth, *Journal of Political Economy*, Vol. 116, No. 3.
[20] Alvarez–Guadrado, F., Van Long, N., and Poschke, M., 2017: Capital-labor Substitutions, Structural Change and Growth, *Theoretical Economics*, Vol. 12, No. 3.
[21] Angeles, R., 2009: Anticipated IT Infrastructure and Supply Chain Integration Capabilities for RFID and Their Associated Deployment Outcomes, *International Journal of Information Management*, Vol. 29, No. 1.

[22] Badescu, M., and Garces-Ayerbe, C., 2009: The Impact of Information Technologies on Firm Productivity: Empirical Evidence From Spain, *Technovation*, Vol. 29, No. 2.

[23] Cardona, M., Kretschmer, T., and Strobel, T., 2013: ICT and Productivity: Conclusions from the Empirical Literature, *Information Economics and Policy*, Vol. 25, No. 3.

[24] Ceccobelli, M., and Gitto, S., 2012: Mancuso P. ICT Capital and Labor Productivity Growth: A Nonparametric Analysis of 14 OECD Countries, *Telecommunications Policy*, Vol. 36, No. 4.

[25] Dosi, G., Gambardella, A., and Grazzi, M., 2008: Technological Revolutions and the Evolution of Industrial Structures: Asse-ssing the Impact of New Technologies upon Size and Boundaries of the Firms, *Capitalism and Society*, Vol. 3, No. 1.

[26] Duarte, M., and Restuccia, D., 2010: The Role of the Structural Transformation in Aggregate Productivity, *Quarterly Journal of Economics*, Vol. 125, No. 1.

[27] Foellmi, R., and Zweimüller, J., 2008: Structural Change, Engle's Consumption Cycles and Kaldor's Facts of Economic Growth, *Journal of Monetary Economics*, Vol. 55, No. 7.

[28] Gaputo, A., Marzi, G., and Pellegrini, M., 2016: The Internet of Things in Manufacturing Process Innovation, *Business Process Management Journal*, Vol. 22, No. 2.

[29] Ghosh, S., 2017: Broadband Penetration and Economic Growth: Do Policies Matter, *Telematics & Informatics*, Vol. 34, No. 5.

[30] Giudice, M., 2016: Discovering the Internet of Things (IoT) within the Business Process Management, *Business Process Management Journal*, Vol. 22, No. 2.

[31] Hofmann, C., and Orr, S., 2005: Advanced Manufacturing Technology Adoption: The German Experience, *Technovation*, Vol. 25, No. 7.

[32] Kongsamut, P., Rebelo, S., and Xie, D., 2001: Beyond Balanced Growth, *The Review of Economic Studies*, Vol. 68, No. 4.

[33] Mao, R., and Yao, Y., 2012: Structural Change in A Small Open Economy: An Application to South Korea, *Pacific Economic Review*, Vol. 17, No. 1.

[34] Miyazaki, S., Idota, H., and Miyoshi, H., 2012: Corporate Productivity and the Stages of ICT Development, *Information Tech-nology and Management*, Vol. 13, No. 1.

[35] Ngai, R., and Pissarides, A., 2007: Structural Change in A Multi-sector Model of Growth, *American Economic Review*, Vol. 97, No. 1.

[36] Xie, K., Wu, Y., and Xiao, J., 2016: Value Co-creation between Firms and Customers: Big Data-based Cooperative Assets, *In-formation & Management*, Vol. 53, No. 8.

Progress of Internet Technology and Optimization and Upgrading of China's Industrial Structure: Theory and Evidence

Weicheng Xu   Tian Zhou

Abstract: This paper constructs the model of industrial structure optimization and upgrading driven by internet technology. In use of rate of internet technological progress calculated by information development index, this paper infers the order of contribution of internet technological progress to productivity of three major industries in every region, and theoretically examines the heterogeneous influence of internet technology progress on industrial structure adjustment in various places, then makes use of provincial panel data of China from 2000 to 2017 to carry out empirical research. The study found that: (1) In region where tertiary industry is booming, contribution of internet technology to productivity of the tertiary industry exceeds the secondary industry, which can drive industrial structure upgrading, however, in some areas, slow process of marketization and lagging development of consumer service industry lead to a lack of convergence on contribution to productive in three major industries, which is not conducive to structural optimization. (2) For regions with industrial structures, internet technology is not conducive to industrial upgrading, while areas whose agricultural modernization is higher, development of "internet plus agriculture" has narrowed the gap between the contribution to productivity in the first industry and in the second and third industries, which is conducive to structural optimization. (3) For regions where industrial structure is characterized by "service", the driving effect of internet technology on its structure is much greater than that on regions with tendency of "service" and "industrialization".

Keywords: Internet Technology Process Model of Industrial Structure Change Optimization and Upgrading of Industrial Structure Contribution to Productivity Characteristics of Industrial Structure

JEL Classification: O33 L16 D24

担保物权法改革、人力资本投入与民营企业生产率*

——一项以制度环境为视角的企业行为研究

何毛毛**

摘　要：《物权法》的出台改善了我国长期以来物权不明的问题，为信贷市场提供了制度保障，有效降低了企业的外部融资约束。以这一事件作为自然实验，利用 2002~2017 年 A 股民营上市公司，选择全要素生产率和员工人均产出作为企业生产率的代理变量，采用双重差分法和中介效应模型探究《物权法》出台对企业投资行为以及企业生产率的影响。实证结果表明，《物权法》出台显著提高了企业生产率，这一影响随时间推移逐渐递减。进一步引入人力资本投入和固定资产投资两个路径变量分析发现，担保物权制度改革通过改变企业投资行为，促进企业人力资本投入增加，进而促进了企业生产效率的提升。本文的研究不仅补充了法律制度改革如何影响企业微观行为，也为我国经济迈向高质量发展阶段提供参考依据。

关键词： 外部融资约束　《物权法》　民营企业　企业投资行为　企业生产率　人力资本投入

一、引　言

近年来，世界经济形势错综复杂，中美贸易摩擦波澜不断，国内经济下行风险仍然存在。同时，我国人口老龄化压力不断提升，人口红利消失。在这样的背景下，以投资和出口拉动的经济发展模式已不可持续。党的十九大报告中提出要"推动经济发展质量变革、效率变革、动力变革，提高全要素生产率"，由过去的高速增长阶段转为高质量发展阶段。迈入高质量发展阶段，要提升全要素生产率，提高资源配置效率，用尽可能少的资源生产出数量更多质量更好的产品，创造更大的价值。这就要求企业由原有的要素积累

---

* 本文受国家自然科学基金项目"基于投资者业绩敏感度的我国基金隐性行为研究"（71271108）、江苏省研究生科研创新计划项目"风险因子定价中风险与收益异象：基于投资者行为偏好研究"（KYCX19_0004）资助。
感谢匿名审稿人的修改建议。

** 何毛毛：南京大学商学院；地址：江苏省南京市鼓楼区汉口路 22 号，邮编：210093；E-mail：18202726225@163.com。

发展模式向全要素生产率驱动的发展模式转换，加大技术创新投入，提升企业生产率。

然而，民营企业面临较强的外部融资约束，这使其难以应对外部经济环境波动带来的冲击，从而抑制了民营企业的人力资本投入和技术创新，难以提升其生产率。2015年中央经济工作会议已把"降成本"作为五大任务之一，并提出要确实降低企业成本。融资成本作为企业经营成本中一重要组成部分，如何降低企业的融资约束，减少企业融资成本是亟待解决的问题。要解决这个问题，目前主要有两个途径。第一个途径是利率市场化改革，放松的信贷政策。近年来，央行不断引导金融机构加大对小微企业的贷款支持力度，2019年第一季度，普惠小微贷款新增5529亿元，2019年3月末余额增速为19.1%，高出全部贷款增速5.4%。但由于大型民企更受银行青睐，部分小微企业难以获得有效贷款。第二个途径是供给侧结构性改革，提高信息的透明度，完善破产制度，提高法律执行效率等方式提高金融服务实体经济的意愿，降低中小企业民营企业的实际融资成本。通过法律制度的改革，可以疏通货币政策传导机制，打破信贷市场上的隐形壁垒，缓解民营企业融资难融资贵的问题。

2007年3月16日，《物权法》正式出台，标志着我国正式建立了系统的担保物权制度。《物权法》明确规定了包括所有权、用益物权和担保物权在内的物权归属，构建了系统的担保物权制度。《物权法》的出台，改善了我国长期以来物权不明的问题，为融资市场提供了制度保障。这可以缓解借贷市场上信息不对称，降低实际融资过程中的摩擦，进而减少企业外部融资约束，降低企业融资成本。现有文献表明，我国法律制度环境的改善可以提升银行的信贷规模（郑志刚、邓贺斐，2010），同时还可以提高公司治理水平（陈德球、魏刚，2013），提升公司经营业绩（钱雪松、方胜，2017）。那么，法律制度环境的改善以及企业外部融资约束的降低能否提高企业生产率？现有研究表明，外部市场环境和内部企业因素均都会对企业生产率产生重要影响。法律制度改革对金融经济运行的影响，已经得到了学术界和业界广泛的认可。良好的法律制度可以提高经济运行效率，完善市场资源配置。然而法律制度改革如何影响企业的微观行为，是否会影响生产率的这方面研究，目前仍需要补充。

为了研究外部制度环境与企业生产率的关系，本文选取民营上市公司作为研究对象，基于《物权法》出台这一外生事件，采用双重差分法和中介效应模型检验担保物权制度改革对企业生产率的影响，同时分析其内在作用机理。本文首先选择全要素生产率和员工人均产出作为企业生产率的代理变量，检验《物权法》出台是否会改变企业的微观行为，对企业生产率是否存在显著影响，并进一步从时间维度上进行了检验，这一问题的研究对我国迈向高质量发展阶段具有重要意义。

本文后续安排如下:第二部分为文献综述,对现有研究企业生产率的文献进行回顾和分析;第三部分为理论分析及研究假设;第四部分为研究设计,包括数据来源、模型构建以及变量的定义和计算方法;第五部分为实证检验与分析,采用双重差分方法以及中介效应模型考察《物权法》出台如何影响企业微观行为,改变企业生产率;第六部分为稳健性检验;最后为本文的结论。

二、文 献 综 述

企业生产率受何种因素影响一直是学术界关注的热点。现有文献主要从员工自身因素、公司治理和市场外部环境三个方面进行了研究。大量研究发现,企业员工的自身能力是影响其生产效率的一大重要因素。员工自身能力越强,人力资本水平越高,其劳动生产效率越高。Barro(1991)研究了98个国家在1960~1985年的数据发现,实际人均GDP增长率与人力资本呈现显著正相关关系。Black and Lynch(1996)考察美国1993年的调查数据,结果发现企业人力资本投入增加可以提升员工劳动生产效率。张海峰等(2010)参考Behrman and Birdsall(1983)提出的有效教育这一概念,实证检验了教育数量(平均教育年限)和教育质量(平均师生比率)对地区员工劳动生产率的影响,结果发现教育质量对劳动生产率有显著的正向影响,教育数量对劳动生产率的促进作用则取决于教育质量的高低。李平(2016)认为企业技术进步和效率提升取决于企业对人力资本投入的高低。

很多学者还从公司治理角度进行了研究。Kruse(1992)发现降低员工与管理层间的委托代理问题,可以显著提升员工的劳动生产率。Schmitz(2005)认为外部市场竞争会显著影响企业员工劳动生产率,外部竞争越高,员工代理问题越少,劳动生产率则会越高。Kale et al.(2016)发现,通过债务这一外部公司治理机制可以降低员工的代理问题,进而提高公司员工劳动生产率。孔东民等(2015)研究了企业上市前后生产效率的差异,结果发现,企业上市后的全要素生产率显著低于其上市前的全要素生产率。企业上市后导致股权分散,技术创新激励不足。这会导致企业委托代理问题加剧,减少企业创新,从而降低了企业的生产效率。秦伟平等(2016)基于中介性调节作用模型检验了领导职责个人特征与员工创造力及生产效率的关系,结果发现领导者的个人品质与对员工的生产效率间存在显著的相关关系。李广众等(2018)研究了企业资本结构和员工劳动生产率间的关系,实证结果表明企业债务水平越高,其员工劳动生产率越低。他们认为,这一结果是由于债务融资导致代理成本的上升大于债务融资的治理效应。

在外部环境方面,国内外学者发现劳动力市场、企业竞争环境、经济集聚程度以及法律制度环境均会显著影响企业生产率。在法律环境如何影响生产效率方面，Nerlove et al.(1993)发现，在劳动收入和资本收入同时应用综合个人所得税会对人力资本的累积产生不利影响，降低生产效率。郑宝红、张兆国（2018）以2008年新所得税税法作为一项自然实验，研究企业所得税降低对全要素生产率的影响，结果表明所得税率降低显著促进了企业全要素生产率的提升。上述研究都具有较高的学术价值和现实意义，但在担保制度改革对生产效率的影响方面，仍需进一步深入研究。

《物权法》正式出台前，信贷市场上的担保品主要是不动产，大量低固定资产占比的企业缺乏抵押品，融资困难，难以获得其经营发展足够的资金。2007年颁布的《物权法》扩大了担保资产的范围，将过去抵押时存在争议的流动资产，如存货、应收账款、基金份额等，纳入担保品范围。这显然会减少企业外部融资的约束，提高企业运用担保物权进行负债融资的操作空间。这一法律的推出进一步完善了我国市场交易秩序，降低了企业在运作担保物权时的交易成本，增加了企业资金来源的渠道。现有研究发现，制度的完善和对债权的保护可以显著提高信贷市场规模。Porta et al.(2012)研究多国数据发现，政府对债权的保护力度越高，其国家信贷规模越大。Qian and Stranhan(2007)发现对所有权的保护越完善，市场上负债融资的成本也越低。Bae and Goyal(2009)以及Haselmann et al.(2010)研究了法律制度与企业融资的关系，结果发现法律制度越完善，对所有权的保护程度越高，企业越容易获得外部融资。Lilienfeld-Toal et al.(2012)和Vig(2013)发现印度抵押债权制度完善后，为减少抵押品被债权人提前清偿的风险，企业更偏向于减少抵押贷款。Campello and Larrain(2016)研究了罗马尼亚抵押品改革前后企业负债融资的差异，结果发现，动产密集型行业的公司显著地提高了其杠杆率，在东欧其他国家也发现了同样的结果。江伟、姚文韬（2016）以中国《物权法》实施为切入点，研究《物权法》的完善与质押贷款的关系，实证结果发现2007年《物权法》实施后，企业应收账款质押融资的行为显著增多。钱雪松、方胜（2017）以中国《物权法》出台作为背景，采用双重差分法检验了《物权法》出台前后企业的负债融资行为。结果发现，《物权法》出台后，固定资产占比较低的企业负债显著增加。

已有文献多研究担保制度改革对企业融资行为的直接影响，鲜有延伸至探究担保制度改革对生产效率的影响。此外，对企业员工劳动生产效率的研究，在法律制度环境方面，国内学者多集中于分析税收制度对生产效率的影响，鲜有从物权担保制度的角度出发，研究企业外部制度环境对生产效率的影响。本文以担保制度改革作为自然实验，研究民营企业外部制度环境和融资约束与其员工劳动生产力的关系，从而补充了《物权法》外部治理效应与生产效率关系的研究。文本的贡献主要体现在以下两个方面：（1）丰富了企业生产率方面的研究。已有研究法律制度对企业生产效率的文献主要考察税收政策对企业生产效率的影响，本文选择《物权法》出台这一外生事件，分析企业微观行为层面因素，研究物权担保制度改革对企业员工生产率的影响。（2）引入人力资本投入和固定资产投资两个路径变量，研究法律法规变化与企业外部融资约束如何影响企业投资行为，进而如何影响生产效率，并探究其传导机制。本文的研究对政策制定者和企业均有一定的参考价值和现实意义，为如何提高企业生产率，使我国经济由高速增长阶段转向高质量发展阶段提供参考依据。

三、理论分析与研究假设

缓解企业融资约束有助于提升资源配置效率，提升企业生产效率。民营企业融资难、融资贵一直是各国亟待解决的问题。融资约束会降低企业资产设备更新速度和创新投入水平（肖文、薛天航，2019），使得企业生产效率难以提高。《物权法》的出台减少了企业的融资约束，企业可以通过抵押其应收账款、基金份额等流动资产进行负债融资，减轻企业的资金压力，从而缓解了企业投资不足的问题，为提高其生产效率创造条件。

人力资本投入是影响员工劳动生产效率的关键性因素，人力资本投入越高，员工劳动生产效率越高。然而，我国民营企业普遍存在人力资本投入不足的问题，造成这一现象主要有两方面的原因：一方面，在不完全金融市场上，民营企业受到的融资约束会更加严重，只有具有稳定现金流量和充足抵押物的企业才可能得到银行贷款的支持。如果企业自有资金不足，且难以从外部获取足够的资金，或是获取资金的成本过高，企业会难以推行提高人力资本投入的举措。另一方面，与企业固定资产投资等相比，企业人力资本投入具有投入产出关系不明显、投资回收期长、投资风险大等特点。当企业自有资金不足且外部融资困难时，民营企业对风险的承受能力更低，在投资时也会更为谨慎，投资项目的选择也更偏向于保守。这会导致民营企业人力资本投资不足等非效率投资现象。另外，与固定资产投资不同，人力资本投入难以形成对银行有吸引力的抵押物。因此，在民营企业可用资金一定时，民营企业会更倾向于固定资产投资，减少人力资本的投入。但是，这会严重影响了企业投资结构的优化，影响产业结构优化和经济增长。

担保物权制度改革提升了金融机构的放贷意愿，增加了整个市场的信贷规模，促进了我国上市公司的负债融资行为。《物权法》出台后，一方面信贷市场规模扩大，企业贷款可抵押的资产增加，这提高了企业融资能力，缓解了其投资资金不足的问题；另一方面，《物权法》进一步完善了我国市场交易秩序，降低了企业在运作担保物权时的交易成本，缩减了企业获取贷款的申请流程。这也使得企业急需资金时可以更容易地获得资金，增强企业承担风险的能力，增强其对高风险项目的投资意愿，从而使民营企业从事或增加风险更高的投资，提升人力资本投入。上述两个方面会促使企业提高其人力资本的投入，进而提升企业生产率。图1给出了《物权法》出台对企业生产率影响的作用机理，据此，本文提出如下假设：

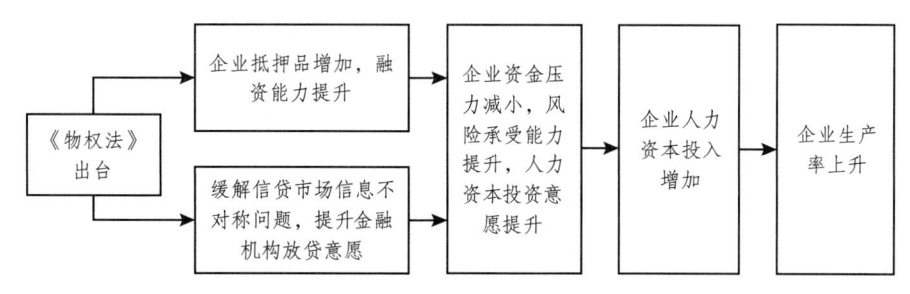

图1 《物权法》出台与企业生产率

《物权法》的出台可以通过提高民营企业的人力资本投入，进而提高企业生产率。

四、研究设计

（一）数据样本

本文以民营上市公司作为研究对象，选取2002～2017年民营上市公司的财务数据及生产运营数据进行实证分析。为了减少样本极端值的影响，对数据进行如下处理：（1）剔除了所有金融类的上市公司；（2）剔除了2006年之后退市的公司；（3）剔除总资产小于0或等于0的样本；（4）剔除了所有者权益小于0或等于0的样本；（5）剔除了营业收入小于0或等于0的样本。由此得到1033家上市公司。本文选择2002～2017年的年度数据，得到样本观察数量为16528家的面板数据。本文数据来源于Wind金融资讯终端。

（二）模型构建与变量说明

本文使用双重差分模型研究《物权法》出台对民营企业生产效率的影响。在微观企业层面上看，《物权法》出台是一项外生事件。参考Campello and Larrain（2016）的构造方法，本文以上市公司的固定资产占比作为分组标准，构造实验组和对照组。具体方法如下：第一步，计算样本企业2005年和2006年（《物权法》出台前两年）固定资产占总资产比率的平均值；第二步，将固定资产占比最高的1/3的企业作为对照组，将固定资产占比最低的1/3的企业设定为实验组。其中，根据申万行业分类，实验组中企业多为家用电器、房地产、电气设备、计算机和通信等行业，对照组企业多为公用事业、化工、建筑材料、采掘和钢铁等行业。

为研究《物权法》出台对民营企业员工生产效率的影响，本文构建如下回归模型（1）：

$$Y_{i,t} = \beta_0 + \beta_1 Low_i \times Policy_t + \beta_2 Size_{i,t} + \beta_3 Salesg_{i,t} + \beta_4 Nape_{i,t} + \beta_5 Profit_{i,t}$$
$$+ \beta_6 Age_{i,t} + \beta_7 Leverage_{i,t} + Year + Industry_{i,t} + \varepsilon_{i,t} \quad (1)$$

其中，$Y_{i,t}$ 为企业生产效率，选取全要素生产率 TFP 和员工人均产出的自然对数 Lprod 两个指标作为代理变量。参考 Schoar（2002）、黎文靖、胡玉明（2012），全要素生产率定义为模型（2）的回归残差：

$$Output_{i,t} = \beta_0 + \beta_1 Capital_{i,t} + \beta_2 Labor_{i,t} + Year + Industry_{i,t} + \varepsilon_{i,t} \quad (2)$$

其中，Output 为公司销售收入与存货变动之和的自然对数，Capital 为固定资产的自然对数，Labor 为员工人数总和的自然对数。本文选择的另一个衡量企业生产率的指标为员工人均产出的自然对数 Lprod，参考 Kale et al.（2016）和 Bender et al.（2016），本文将 Lprod 定义为销售收入与存货变动之和除以员工总人数的自然对数。

本文的核心解释变量为交叉变量 Low × Policy，其中 Low_i 是指示变量，表明第 i 个样本是否属于实验组，若该样本属于实验组，则取值为 1，若该样本属于对照组，则为 0；$Policy_t$ 是政策的指示变量，当样本的观测值为 2007 年《物权法》出台后则为 1，否则取值为 0。控制变量包括公司总规模 Size、销售收入增长率 Salesg、资本密集度 Nape、公司盈利能力 Profit、公司成立时间的自然对数 Age、公司财务杠杆率 Leverage 和时间及行业因素。

为进一步分析《物权法》出台对企业生产率的影响机制，本文引入人力资本投入和固定资产投资两个路径变量，检验路径变量的中介效应。本文采用逐步法：首先，检验解释变量是否对被解释变量存在显著影响，即模型（1）中 Low × Policy 的系数是否显著；然后，检验解释变量对路径变量是否存在显著影响，即模型（3）中 Low × Policy 的系数是否显著；最后，检验解释变量和路径变量是否均对被解释变量有显著影响，即模型（4）中 Low × Policy 的系数是否显著。具体模型的构建和变量说明如下。

在模型（1）的基础上，构建模型（3），分析解释变量对路径变量是否存在显著影响，具体模型（3）和模型（4）如下：

$$XE_{i,t} = \beta_0 + \beta_1 Low_i \times Policy_t + \beta_2 Size_{i,t} + \beta_3 Salesg_{i,t} + \beta_4 Nape_{i,t} + \beta_5 Profit_{i,t}$$
$$+ \beta_6 Age_{i,t} + \beta_7 Leverage_{i,t} + Year + Industry_{i,t} + \varepsilon_{i,t} \quad (3)$$

$$FI_{i,t} = \beta_0 + \beta_1 Low_i \times Policy_t + \beta_2 Size_{i,t} + \beta_3 Salesg_{i,t} + \beta_4 Nape_{i,t} + \beta_5 Profit_{i,t}$$
$$+ \beta_6 Age_{i,t} + \beta_7 Leverage_{i,t} + Year + Industry_{i,t} + \varepsilon_{i,t} \quad (4)$$

其中，模型（3）中的路径变量人力资本投入 XE，人力资本投入 XE 为人均薪资水平，即公司支付给职工的薪资除以员工总数，并进行对数化处理。模型（4）中的路径变量固定资产投资 FI，固定资产投资 FI 为固定资产增长量，即当年固定资产减去前一年固定资产。

进一步，在模型（1）的基础上加入路径变量固定资产投资 FI 和人力资本投入 XE，构建模型（5）：

$$Y_{i,t} = \beta_0 + \beta_1 Low_i \times Policy_t + \beta_2 Path_{i,t} + \beta_3 Size_{i,t} + \beta_4 Salesg_{i,t} + \beta_5 Nape_{i,t}$$
$$+ \beta_6 Profit_{i,t} + \beta_7 Age_{i,t} + \beta_8 Leverage_{i,t} + Year + Industry_{i,t} + \varepsilon_{i,t} \quad (5)$$

具体变量定义如表1所示。本文对连续变量在1%水平上进行了 Winsorize 缩尾处理，检验结果的统计标准误在企业层面进行了聚类调整。

表1 变量定义汇总及说明

变量	变量符号	变量定义及度量
被解释变量		
全要素生产率	TFP	模型（2）的回归残差
员工人均产出自然对数	Lprod	（销售收入＋存货变动）/员工总人数，取自然对数
解释变量		
固定资产占比	Low	属于实验组则为1，属于对照组则为0
《物权法》出台	Policy	2007年《物权法》出台后则为1，否则取值为0
控制变量		
公司总规模	Size	总资产的自然对数
销售收入增长率	Salesg	当年销售收入/上一年销售收入
资本密集度	Nape	固定资产/员工人数
盈利能力	Profit	净利润/总资产
公司成立时间	Age	公司成立时长，取自然对数
公司财务杠杆率	Leverage	总负债/总资产
行业	Industry	
年份	Year	
路径变量		
人力资本投入	XE	支付职工以及为员工支付的现金/员工人数，单位万元
固定资产投资	FI	固定资产增长量，当年固定资产－上一年固定资产，单位亿元

（三）变量描述性统计

表2为变量的描述性统计。根据模型（2）的回归结果，公司全要素生产率均值为－0.0002，对数化的人均产出均值为13.6469。公司资产回报率平均为0.001%，中位数为－0.0372，表明选择的样本中，一半以上的公司盈利为负。公司财务总杠杆均值为0.5529，即样本公司的资产负债率平均达到50%以上。公司人力资本投入中位数为6.4582，标准差为54.9988，表明不同公司的人力资本投入差异很大。不同企业的固定资产

投资也存在较大不同。

表2　　　　　　　　　　变量的描述性统计

变量	均值	标准差	最小值	中位数	最大值
TPF	−0.0002	0.8409	−2.3688	−0.0373	2.5645
Lprod	13.6469	1.2226	7.8626	13.5593	19.7073
Size	21.8842	1.3327	16.5083	21.7588	28.0982
Salesg	1.1853	0.4961	0.2980	1.1081	6.4422
Nape	12.5708	1.0899	9.6496	12.4779	16.0428
Profit	0.00001	0.9413	−5.4021	−0.0372	4.4931
Age	2.6754	0.4460	0.0000	2.7518	4.2055
Leverage	0.5529	0.5755	0.0071	0.5304	46.1594
XE	11.7843	54.9988	0.0077	6.4582	2548.1740
FI	3.3317	30.6609	−1574.8900	0.0646	1429.3030

五、实证检验与分析

（一）统计分析

1. 存款准备金率对企业负债行为及生产率的影响

央行通过调整存款准备金率，可以影响金融机构的信贷扩张能力，从而间接调控货币供应量，同时也是传递货币政策信号的一大方式。降低金融机构存款准备金率作为传统的经济刺激途径，可以提高货币信贷规模，缓解民营企业的融资难融资贵问题。

图2为存款准备金率和企业负债与企业生产效率的走势图，横坐标为年份，其中0为2007年（《物权法》出台年份）。根据图2可知，民营企业的整体负债规模逐渐上升，负债率随着存款准备金率的上升而有所下降。准备金率越高，企业外部融资受阻，负债率随之下降。随着准备金率的上升，企业全要素生产率和单位员工劳动生产率增长幅度略有放缓，这表明企业融资受阻，会影响企业的投入，进而降低其生产效率。但整体来看，存款准备金率与企业生产效率走势相关程度不高。这在一定程度上体现出央行货币政策传导不畅，金融机构放贷意愿不高。部分民营企业规模有限，合格抵押品不足，难以获取足够的信贷支持。这导致这类企业因融资约束而被"低端锁定"，造成我国民营企业创新能力不足，难以提升其生产率和竞争力。

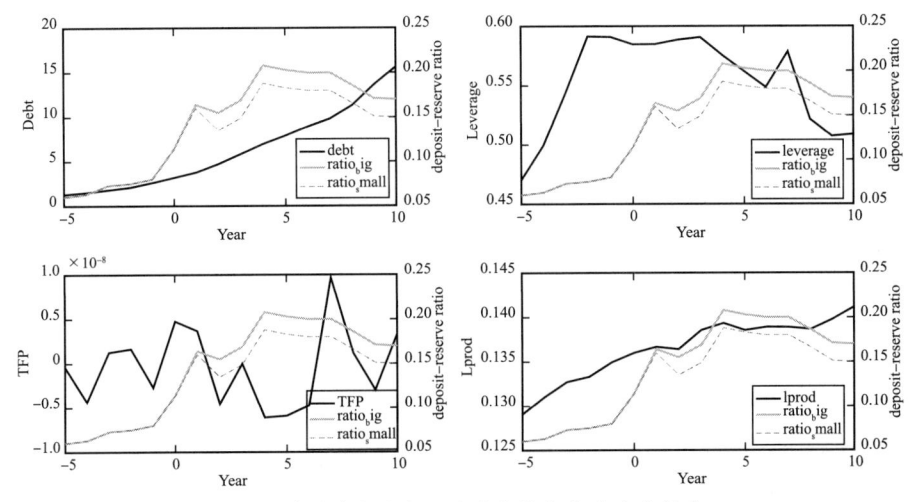

图 2 存款准备金率、企业负债与企业生产效率

资料来源：Wind 金融资讯终端。

2. 不同固定资产占比的企业负债行为及生产率的差异

2007 年《物权法》出台前，很多民营企业缺乏足够的抵押品，难以在借贷市场上获取足够的资金。《物权法》出台后，扩大了担保物，把应收账款等非固定资产纳入抵押品范围，这无疑降低了企业的外部融资约束。这一结论也被众多学者所证实（郑志刚、邓贺斐，2010；钱雪松、方胜，2017；祁怀锦、万滢霖，2018；等等）。那么，《物权法》出台后是否提高了企业生产率，对不同类型的企业影响是否相同呢？

根据图 3 可知，高固定资产占比组的负债规模及杠杆率在 2007 年（图中横轴 0 点）后逐渐低于低固定资产比率组，这体现出《物权法》出台后，流动资产占比高的企业的负债规模和负债比率有所上升，与现有文献结论一致（钱雪松、方胜，2017）。在全要素生产率和员工人均产出方面，两组之间趋势和差异并不明显。下面使用双重差分模型进一步深入分析《物权法》出台与企业产出效率的关系。

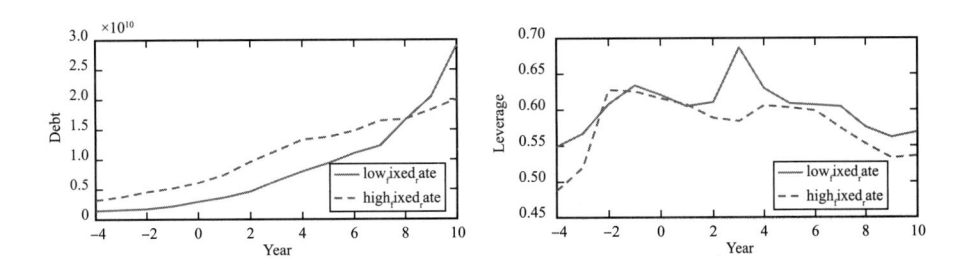

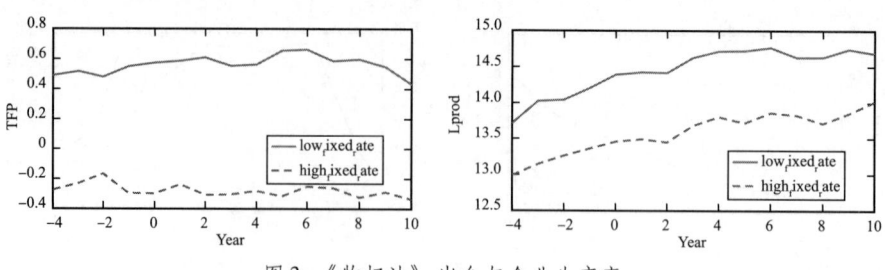

图 3 《物权法》出台与企业生产率

资料来源：Wind 金融资讯终端。

（二）双重差分模型同趋势检验

在使用双重差分模型前，首先需要检验实验组和对照组在政策实施之前具有相同趋势，这是双重差分估计的一个重要前提假设。本文构建出实验组和对照组，分别计算在《物权法》出台前，两组企业的全要素生产率 TPF 和员工人均产出 Lprod 的平均变化。然后，计算实验组和对照组的差值，并对两组差值进行检验，以此检验样本是否满足同趋势假设。根据表 3 可知，在《物权法》出台 1 年前、2 年前、3 年期和 4 年前，实验组和对照组全要素生产率变化的差值均小于 0.1，且统计检验表明两组的变化趋势不存在显著差异。实验组和对照组的企业生产率变化趋势也不存在显著差异。因此，实验组和对照组在《物权法》出台前的趋势基本一致，满足同趋势假设。

表 3   同趋势检验

全要素生产率 TPF			
时间	实验组	对照组	差值	p 值
1 年前	−0.0404	0.0173	−0.0577	0.17
2 年前	0.0207	−0.0395	0.0603	0.25
3 年前	0.0232	−0.0376	0.0608	0.29
4 年前	0.0429	−0.0127	0.0555	0.39
员工人均产出 Lprod				
时间	实验组	对照组	差值	p 值
1 年前	0.0866	0.1363	−0.0498	0.24
2 年前	0.2457	0.3059	−0.0601	0.27
3 年前	0.2739	0.3682	−0.0943	0.20
4 年前	0.4798	0.5948	−0.1150	0.14

(三) 担保物权制度改革对企业效率的影响

本文使用双重差分模型检验担保物权制度改革是否会影响企业生产率，结果如表4所示。表4第（1）列可知，Low×After 的系数在1%的显著性水平上显著为正，进一步加入控制变量发现，Low×After 系数的估计值仍在1%的显著性水平上显著为正，即担保物权制度改革显著提升了企业的全要素生产率。表4第（4）列可知，Low×After 的系数在1%的显著性水平上显著为正，进一步加入控制变量发现，Low×After 系数的估计值仍在1%的显著性水平上显著为正，即担保物权制度改革显著提升了企业的员工人均产出。《物权法》的出台减少了企业的外部融资约束，企业可以通过抵押其应收账款、基金份额等流动资产进行负债融资，缓解了企业投资不足的问题，进而提升了企业生产率。

表4 担保物权制度改革对企业生产率的影响：中介效应第一步回归结果

	TFP			Lprod		
	(1)	(2)	(3)	(4)	(5)	(6)
Low×Policy	0.3683***	0.5522***		0.7019***	0.6788***	
	(7.41)	(8.92)		(11.77)	(10.04)	
Low×Year2007			0.6388***			0.7679***
			(9.79)			(10.89)
Low×Year2008			0.5768***			0.6949***
			(9.17)			(10.11)
Low×Year2009			0.5492***			0.6614***
			(8.35)			(9.21)
Controls	No	Yes	Yes	No	Yes	Yes
R^2	0.0314	0.2411	0.2176	0.0691	0.4502	0.4282

注：*** 表示1%的显著性水平，括号内为T值。表中所有结果均采用公司聚类稳健标准误。

为进一步分析担保物权制度改革对企业效率的影响，本文引入 Low×Year2007、Low×Year2008 和 Low×Year2009 时间变量，研究《物权法》改革对企业效率影响的动态效应。Year2007 表示在2007年取1，其他年份取0；Year2008 表示在2008年取1，其他年份取0；Year2009 表示在2009年取1，其他年份取0。根据表4第（3）列和第（6）列可知，Low×Year2007、Low×Year2008 和 Low×Year2009 的系数均在1%显著水平上显著为正，且随着时间推移，Low×Year2007、Low×Year2008 和 Low×Year2009 的系数单调下降，其显著性也依次降低。这一结果体现出随着时间推移，制度法律的改革对全要素生产率和员工人均产出的提升效应逐渐减弱。这也反映出《物权法》出台缓解了企业过去投资不足的问题。《物权法》出台，企业过去投资不足的问题得以改善，从而提升了企业生产率，但法律法规对生产效率的影响是间接的。物权制度改革无法直接影响企业生产率，企业投资不足的问题得以改善后，物权制度改革对企业生产率的影响能力下降。

整体来看，担保物权制度的改革显著影响了企业的生产效率，对于固定资产占比低的企业来说，它们的企业生产效率显著上升，随着时间推移会逐渐减弱。这一实证结果表明，法律制度的改革和完善不仅可以改变企业的负债融资行为，还会进一步影响企业员工的生产效率。

（四）路径影响

上述结果表明，担保物权制度的改革可以显著影响企业员工生产效率，那担保物权制度的改革是如何影响员工生产效率，其内在作用机制是什么呢？为理清其影响路径，本文引入人力资本投入和固定资产投资两个路径变量，检验其中介效应。

表5为中介效应第二步回归结果。根据表5第（1）列和第（2）列可知，Low × After 的系数在1%水平上显著为正，表明担保物权制度改革能够提高企业人力资本的投入。根据第（4）列和第（5）列结果可知，Low × After 的系数在10%水平上显著为负，即担保物权制度改革降低了企业的固定资产投资。从第（6）列可知，随着《物权法》的出台，法律变化对企业的固定资产投资的缩减效应不断增强。这一结果有两种可能的解释，一方面，《物权法》出台使得企业提高了对人力资本投入的意愿，人力资本等无形资产投入占比逐渐上升；另一方面，物权担保制度改革明确了应收账款等流动资产可用于抵押担保，降低了传统固定资产密集型企业的融资优势，这也导致企业固定资产投资水平降低。同时，随着技术进步和经济的发展，社会资源逐步从传统产业流向新兴产业，固定资本形成的增长动力也由传统产业转向新兴产业。相比于传统产业，所属新兴产业的公司其自身固定资产占比往往更低，从而固定资产投资也会有所下降。

表5　担保物权制度改革对企业效率的影响路径：中介效应第二步回归结果

	XE			FI		
	（1）	（2）	（3）	（4）	（5）	（6）
Low × Policy	0.5807***	0.3792***		-3.6066***	-2.1817*	
	(16.81)	(8.96)		(-3.80)	(-1.88)	

续表

	XE			FI		
	(1)	(2)	(3)	(4)	(5)	(6)
Low × Year2007			0.4455*** (8.36)			1.3078 (1.19)
Low × Year2008			0.4571*** (9.14)			−3.7227 (−0.85)
Low × Year2009			0.3903*** (8.00)			−4.8974** (−2.34)
Controls	No	Yes	Yes	No	Yes	Yes
R^2	0.0872	0.4845	0.4731	0.0033	0.0962	0.0962

注：*、**、***分别表示10%、5%和1%的显著性水平，括号内为T值。表中所有结果均采用公司聚类稳健标准误。

为检验人力资本投入和固定资产投资的中介效应，本文继续进行模型（4）的回归。

表6为模型（3）的回归结果。根据表6第（4）列和第（5）列可知，Low × After 的系数显著为正，人力资本投入 XE 系数显著为正，固定资产投资 FI 系数不显著或者显著为负，说明人力资本投入和固定资产投入产生了一定的中介作用。对比引入路径变量前后的回归结果发现，引入人力资本投入 XE 和固定资产投资 FI 后，Low × After 系数及其显著性明显下降，表明路径变量降低了 Low × After 对企业全要素生产率的影响。此外，根据表6第（2）列和第（5）列可知，加入路径变量后，模型的 Adj − R^2 由0.2411上升到0.5017，即引入人力资本投入 XE 和固定资产投资 FI 大大提高了模型的解释力度。上述结果表明人力资本投入 XE 和固定资产投资 FI 发挥了一定的中介作用。

表6　担保物权制度改革对TFP的影响路径：中介效应第三步回归结果

	(1)	(2)	(3)	(4)	(5)	(6)
Low × Policy	0.3683*** (7.41)	0.5522*** (8.92)		0.1261*** (2.70)	0.2656*** (5.04)	
Low × Year2007			0.6388*** (9.79)			0.2988*** (5.77)
Low × Year2008			0.5768*** (9.17)			0.2216*** (4.55)

续表

	(1)	(2)	(3)	(4)	(5)	(6)
Low × Year2009			0.5492 *** (8.35)			0.2437 *** (4.45)
XE				0.4222 *** (18.13)	0.7503 *** (27.81)	0.7671 *** (27.97)
FI				0.0008 (1.16)	-0.0012 *** (-2.77)	-0.0013 *** (-2.78)
Controls	No	Yes	Yes	No	Yes	Yes
R^2	0.0314	0.2411	0.2176	0.1777	0.5017	0.4959

注：*** 表示1%的显著性水平，括号内为 T 值。表中所有结果均采用公司聚类稳健标准误。

表7为模型（4）的回归结果。根据表7第（5）列可知，加入控制变量和中介变量后，Low × After 的系数显著为正，XE 系数显著为正，FI 系数显著为负，说明人力资本投入和固定资产投入产生了一定的中介作用。对比引入前后的回归结果发现，引入路径变量 XE 和 FI 后，Low × After 系数及其显著性明显下降，表明 XE 和 FI 降低了 Low × After 对企业生产率的影响。此外，根据表6第（2）列和第（5）列可知，加入 XE 和 FI 后，模型的 Adj - R^2 由 0.4502 上升到 0.6641，即引入路径变量后提高了模型的解释力度。上述结果表明 XE 和 FI 发挥了一定的中介作用。上述结论验证了本文的假设，《物权法》出台后，企业资金压力减小，提升了企业可支配资金，并提高了企业风险承受能力，促使企业提高其人力资本的投入，进而提升企业生产率。

表7 担保物权制度改革对 Lprod 的影响路径：中介效应第三步回归结果

	(1)	(2)	(3)	(4)	(5)	(6)
Low × Policy	0.7019 *** (11.77)	0.6788 *** (10.04)		0.1377 *** (2.99)	0.3305 *** (5.98)	
Low × Year2007			0.7679 *** (10.89)			0.3497 *** (6.56)
Low × Year2008			0.6949 *** (10.11)			0.2630 *** (5.12)
Low × Year2009			0.6614 *** (9.21)			0.2944 *** (5.12)

续表

	(1)	(2)	(3)	(4)	(5)	(6)
XE				0.9800***	0.8918***	0.9146***
				(43.95)	(31.73)	(31.62)
FI				0.0010*	-0.0013***	-0.0013***
				(1.70)	(-2.87)	(-2.88)
Controls	No	Yes	Yes	No	Yes	Yes
R^2	0.0691	0.4502	0.4282	0.5380	0.6641	0.6585

注：*、***分别表示10%、1%的显著性水平，括号内为T值。表中所有结果均采用公司聚类稳健标准误。

六、稳健性检验

（一）改变实验组和对照组构建方法

本文将固定资产占比最低的1/3作为实验组，占比最高的1/3作为对照组，为保证本文结论的稳健性，下面改变实验组和对照组的构建方法。将对照组保持不变，选择固定资产占比位于中间的1/3的企业作为实验组，进行稳健性检验。表8中第（1）列到第（3）列为固定资产占比最低的1/3作为实验组，占比最高的1/3作为对照组的构建方法，第（4）列到第（6）列为固定资产占比位于中间的1/3作为实验组，占比最高的1/3作为对照组的构建方法。由表8中第（5）列可知，加入控制变量后，Low × After 系数在1%水平上显著为正，即新的构建方法下，《物权法》的出台对企业全要素生产率和员工劳动生产率存在显著的提升作用。

表8　　　　　　　实验组和对照组构建方法的稳健性检验

Panel A：TFP					
	C1 ~ C3			C2 ~ C3		
	(1)	(2)	(3)	(4)	(5)	(6)
Low × Policy	0.3683***	0.5522***		0.0418	0.1735***	
	(7.41)	(8.92)		(1.08)	(3.70)	
Low × Year2007			0.6388***			0.1863***
			(9.79)			(3.63)
Low × Year2008			0.5768***			0.1198**
			(9.17)			(2.25)

续表

Panel A: TFP

	C1 ~ C3			C2 ~ C3		
	(1)	(2)	(3)	(4)	(5)	(6)
Low × Year2009			0.5492 *** (8.35)			0.1764 *** (3.46)
Controls	No	Yes	Yes	No	Yes	Yes
R^2	0.0314	0.2411	0.2176	0.0006	0.2263	0.2214

Panel B: Lprod

	C1 ~ C3			C2 ~ C3		
	(1)	(2)	(3)	(4)	(5)	(6)
Low × Policy	0.7019 *** (11.77)	0.6788 *** (10.04)		0.2537 *** (4.92)	0.2259 *** (4.41)	
Low × Year2007			0.7679 *** (10.89)			0.2389 *** (4.36)
Low × Year2008			0.6949 *** (10.11)			0.1615 *** (2.82)
Low × Year2009			0.6614 *** (9.21)			0.2122 *** (3.82)
Controls	No	Yes	Yes	No	Yes	Yes
R^2	0.0691	0.4502	0.4282	0.0124	0.5231	0.5186

注：**、***分别表示5%和1%的显著性水平，括号内为T值。表中所有结果均采用公司聚类稳健标准误。

对比两种构建方法的实证结果发现，第（4）列、第（5）列和第（6）列 Low × After 系数及其显著性均小于第（1）列、第（2）列和第（3）列。这表现出了剂量效应，即实验组和对照组的固定资产占比的差异越小，担保物权制度改革对企业生产率的影响也越小。这一结果进一步体现出本文识别策略的稳健性。

（二）缩小事件窗口

为消除担保物权制度改革以外的其他事件的影响，特别是我国在 2008 年推出的"四万亿"经济刺激计划的影响。本文缩小时间窗口，将样本期改为 2006~2007 年，进一步检验本文结论的稳健性，结果如表 9 所示。根据表 9 可知，Low × After 系数仍在 1% 的水平上显著为正，即"四万亿"经济刺激计划前，担保物权制度改革就对企业效率提升具有显著的促进作用。改变样本时间段不会影响本文的结论,这进一步保证了本文结论的稳健性。

表9 缩小事件窗口的稳健性检验

	TFP		Lprod	
	(1)	(2)	(3)	(4)
Low × Policy	0.4240 ***	0.7746 ***	0.5493 ***	0.9452 ***
	(7.69)	(10.67)	(7.90)	(12.02)
Controls	No	Yes	No	Yes
R^2	0.0321	0.2754	0.0327	0.4270

注:*** 表示1%的显著性水平,括号内为T值。表中所有结果均采用公司聚类稳健标准误。

七、结 论

本文利用我国2002~2017年A股民营上市公司,探究基于《物权法》出台的担保物权制度改革对企业生产率的影响。本文选择全要素生产率和员工人均产出作为企业生产率的代理变量,使用双重差分法,检验《物权法》这一政策实施的影响。此外,通过引入人力资本投入和固定资产投资两个路径变量,采用逐步法分析物权担保制度改革对企业生产率的影响机制。实证结果表明,《物权法》出台这一外生事件显著提高了企业生产率,且这一影响可以通过提高企业人力资本投入得以实现。进一步加入时间变量发现,《物权法》出台对全要素生产率和员工人均产出的提升效应逐渐减弱。

企业的行为和生产效率会受到外部法律环境影响,物权担保制度的完善可以显著提高企业人力资本投入,促进企业生产率的提升。随着时间推移,《物权法》出台对企业生产效率的影响程度逐渐减弱。因此,要长期提高我国企业劳动生产效率,需要足够的人力资本投入。如何提高企业人力资本投入,需要提供更加完善的激励机制,而非单一的资金支持。未来仍需进一步深化金融供给侧改革,提高信息的透明度和法律执行效率,完善破产制度,提高金融服务实体经济的质量和效率,适当运用结构性货币工具,发挥好"精准滴灌"作用,通过市场化的方式激励金融机构增加民营、小微企业信贷投放,降低民营、小微企业的实际融资成本。本文的研究有利于我们理清法律制度改革如何影响企业微观行为,进而影响企业生产效率,这是对现有研究成果的补充。同时,这也为如何提高员工生产率和企业生产效率,使我国经济由高速增长阶段转向高质量发展阶段提供参考依据。

参 考 文 献

[1] 陈德球、魏刚、肖泽忠:《法律制度效率、金融深化与家族控制权偏好》,载《经济研究》2013 年第 10 期。

[2] 江伟、姚文韬:《〈物权法〉的实施与供应链金融——来自应收账款质押融资的经验证据》,载《经济研究》2016 年第 1 期。

[3] 孔东民、王亚男、代昀昊:《为何企业上市降低了生产效率?——基于制度激励视角的研究》,载《金融研究》2015 年第 7 期。

[4] 李广众、叶敏健、郑颖:《资本结构与员工劳动生产率》,载《管理科学学报》2018 年第 2 期。

[5] 李平:《提升全要素生产率的路径及影响因素——增长核算与前沿面分解视角的梳理分析》,载《管理世界》2016 年第 9 期。

[6] 祁怀锦、万滢霖:《〈物权法〉、内部资本市场与企业融资约束》,载《经济学动态》2018 年第 11 期。

[7] 钱雪松、方胜:《担保物权制度改革影响了民营企业负债融资吗?——来自中国〈物权法〉自然实验的经验证据》,载《经济研究》2017 年第 5 期。

[8] 秦伟平、赵曙明、周路路、李晋:《真我型领导与员工创造力:中介性调节机制》,载《管理科学学报》2016 年第 12 期。

[9] 肖文、薛天航:《劳动力成本上升、融资约束与企业全要素生产率变动》,载《世界经济》2019 年第 1 期。

[10] 张海峰、姚先国、张俊森:《教育质量对地区劳动生产率的影响》,载《经济研究》2010 年第 7 期。

[11] 郑宝红、张兆国:《企业所得税率降低会影响全要素生产率吗?——来自我国上市公司的经验证据》,载《会计研究》2018 年第 5 期。

[12] 郑志刚、邓贺斐:《法律环境差异和区域金融发展——金融发展决定因素基于我国省级面板数据的考察》,载《管理世界》2010 年第 6 期。

[13] Bae, K. H., and Goyal, V. K., 2009: Creditor Rights, Enforcement, and Bank Loans, *The Journal of Finance*, Vol. 64, No. 2.

[14] Barro, R. J., 1991: Economic Growth in a Cross Section of Countries, *The Quarterly Journal of Economics*, Vol. 106, No. 2.

[15] Behrman, J. R., and Birdsall, N., 1983: The Quality of Schooling: Quantity Alone is Misleading, *American Economic Review*, Vol. 73, No. 5.

[16] Bender, S., Bloom, N., Card, D., Van Reenen, J., and Wolter, S., 2016: Management Practices, Workforce Selection, and Productivity, *Journal of Labor Economics*, Vol. 36, No. S1.

[17] Black, S. E., and Lynch, L. M., 1996: Human–Capital Investments and Productivity, *American Economic Review*, Vol. 86, No. 2.

[18] Campello, M., and Larraín, M., 2016: Enlarging the contracting space: Collateral menus, access to credit, and economic activity, *Review of Financial Studies*, Vol. 29,

[19] Haselmann, R., Pistor, K., and Vig, V., 2009: How Law Affects Lending, *Review of Financial Studies*, Vol. 23, No. 2.

[20] Kale, J. R., Ryan, H. E., and Wang, L., 2016: Outside employment opportunities, employee productivity, and debt discipline, *Journal of Corporate Finance*, Vol. 8, No. 5.

[21] Kruse, D. L., 1992: Profit Sharing and Productivity: Microeconomic Evidence from the United States, *Economic Journal*, Vol. 102, No. 410.

[22] Lilienfeld-Toal, U. V., Mookherjee, D., and Visaria, S., 2012: The distributive impact of reforms in credit enforcement: Evidence from Indian debt recovery tribunals, *Econometrica*, Vol. 80, No. 2.

[23] Nerlove, M., Razin, A., Sadka, E., and von Weizsäcker, R. K., 1993: Comprehensive income taxation, investments in human and physical capital, and productivity, *Journal of Public Economics*, Vol. 50, No. 3.

[24] Porta, R. L., Shleifer, A., and Vishny, R. W., 2012: Legal Determinants of External Finance, *The Journal of Finance*, Vol. 52, No. 3.

[25] Qian, J., and Strahan, P. E., 2007: How Laws and Institutions Shape Financial Contracts: The Case of Bank Loans, *The Journal of Finance*, Vol. 62, No. 6.

[26] Schmitz Jr, J. A., 2005: What determines productivity? Lessons from the dramatic recovery of the US and Canadian iron ore industries following their early 1980s crisis, *Journal of Political Economy*, Vol. 113, No. 3.

[27] Schoar, A., 2002: Effects of Corporate Diversification on Productivity, *The Journal of Finance*, Vol. 57, No. 6.

[28] Vig, V., 2013: Access to collateral and corporate debt structure: Evidence from a natural experiment, *The Journal of Finance*, Vol. 68, No. 3.

Reform on Security Interests System, Input in Manpower and Private Enterprise Productivity

—A Corporate Behavior Study from the Perspective of Institutional Environment

Maomao He

Abstract: The promulgation of the Property Law has improved the problem of unclear property rights in China for a long time, and provided institutional guarantee for the credit market, effectively reduced the external financing constraints of enterprises. Taking this event as a natural experiment, using the A-share private listed companies from 2002 to 2017, selecting the total factor productivity and the per capita output of employees as the proxy variables of the enterprise productivity, using the double difference method and the mediation effect model to explore the introduction of the Property Law. Corporate investment behavior and the impact of business productivity. The empirical results show that the introduction of the Property Law has significantly increased the productivity of enterprises, and this effect has gradually declined over time. Further analysis of the two path variables of human capital investment and fixed asset investment shows that the reform of the security interest system promotes the increase of human capital investment by increasing the investment behavior of enterprises, which in turn promotes the improvement of production efficiency. The research in this paper not only supplements how the reform of the legal system affects the micro-behavior of the enterprise, but also provides a reference for the development of China's economy towards a high-quality development stage.

Keywords: External Financing Constraints   Property Law   Private Enterprise   Corporate Investment Behavior   Employee Productivity   Input In Manpower

JEL Classification: G28   D21   D24

外商直接投资对京津冀城市职能专业化的影响*
——基于价值链分工的视角

张晓涛　易云锋**

摘　要： 以价值链分工为基础的城市职能分工是城市群形成与发展的重要特征，外商直接投资对城市职能分工具有显著影响。本文以价值链分工理论为基础构建了外商直接投资影响城市职能专业化的直接效应模型和间接效应模型。基于2003~2017年京津冀城市群数据实证发现，在直接效应方面，外商直接投资对城市的生产、研发、营销、管理四类职能专业化均具有非线性影响，具体而言，对生产职能专业化的影响呈现先增强后弱化的倒U型特征，而对研发、营销、管理等高端职能专业化的影响则呈现先弱化后增强的U型特征；在间接效应方面，外商直接投资通过促进产业结构高级化和人力资本水平提升，一方面，会弱化城市生产职能的专业化；另一方面，会增强研发、营销和管理等高端职能的专业化。

关键词： 京津冀城市群　外商直接投资　职能专业化　协同发展

一、引　言

城市专业化分工协作对于优化资源配置，实现区域协调发展意义重大。2015年，《京津冀协同发展规划纲要》明确将京津冀协同发展作为一项国家重大战略。2019年2月，国家出台《关于培育发展现代化都市圈的指导意见》，提出要坚持"功能互补、共建共享"的原则，促进城市功能互补、产业错位布局和特色化发展。在"创新、协调、绿色、开放和共享"的新型发展理念下，建立完整、开放和可持续的城市分工体系已成为城市协同发展的必然要求。近年来，随着我国社会分工的细化，作为新型区域分工形式的职能分工在城市群内部不断发展（张若雪，2009）。职能分工强调各地应根据比较优势在价值链或产业链的不同环节形成专业化分工，作为一种有别于部

---

* 本文受北京市社科基金项目"建设京津冀世界级城市群的对策与思路——基于城市职能分工与协调视角的研究"（17JDYJB004）资助。
感谢匿名审稿人的宝贵意见。
** 张晓涛：中央财经大学国际经济与贸易学院；地址：北京市海淀区学院南路39号，邮编：100081；E-mail：xiaotaozh@vip.sina.com。
易云锋：中央财经大学国际经济与贸易学院；地址：北京市海淀区学院南路39号，邮编：100081；E-mail：yyunf66@126.com。

门分工（或产业分工）的新型分工形式，职能分工在解决城市间产业过度同构、增强产业关联、推动城市功能互补和协同发展方面具有积极意义（魏后凯，2007）。

在全球化背景下，外商直接投资（FDI）作为国际产业转移的主要方式，在促进城市经济发展的同时，也塑造着相邻城市间的分工格局。一方面，外商直接投资推动各地政府不断降低开放门槛，在打破商品和要素流通壁垒的同时，也降低了产业链分离的制度成本（李靖，2015）；另一方面，基于交易成本的考量，外资企业通过生产扩张推动着产业链环节从中心城市向外围地区转移和扩散，从而将不同等级的城市纳入产业链分工体系中（程李梅等，2013）。此外，不断流入的外国资金、技术和设备等外部生产要素在缓解城市资源约束、促进要素积累和优化产业结构的同时，也为城市提升职能承接能力、改善分工地位提供必要条件。当前，京津冀城市群面临着产业链前后向关联脆弱、产品和要素市场发育不健全、产业过度同构和制度扭曲严重等问题（张晓涛等，2019）。随着我国外资准入限制大幅降低，如何利用外商直接投资优化京津冀城市职能分工，促进内部资源有效配置和充分流动，从而更好地服务于京津冀城市协同发展战略，已成为经济地理领域的一项重要课题。

基于以上，本文以京津冀城市群内所有地级（含）以上城市为研究对象，着重剖析外商直接投资对于京津冀地区城市职能专业化的直接和间接影响，同时，运用动态面板模型来系统地检验和比较外商直接投资对生产、研发、营销和管理这四类城市职能专业化水平的影响程度，从而揭示更深层次的因果关系。本文可能的边际贡献在于：（1）基于价值链分工思想，从外商直接投资这一全新视角来解释城市职能专业化的演变发展，其中，主要分析外商直接投资影响城市职能专业化的直接机制和间接机制；（2）以城市群为边界，基于熵值法构建城市的生产职能专业化指数、研发职能专业化指数、营销职能专业化指数和管理职能专业化指数，更为系统地测度城市在价值链分工中的职能专业化程度，进一步地，采用系统GMM（SYS-GMM）方法来实证检验外商直接投资对这四种类型城市职能专业化指数的影响效应。因此，后面的结构安排如下：第二部分是文献述评；第三部分是分析外商直接投资对城市职能专业化的直接影响机理和间接影响机理，并提出理论假说；第四部分是变量选取、数据来源与模型设计；第五部分是实证结果分析；第六部分是结论与启示。

二、文献综述

职能分工，又称为功能分工，是由各个地区在产品价值链或产业链中的不同职能环节、工序甚至模块进行专业化分工而形成，在这一分工下，虽然各地区都在生产同种产品，但所专注的环节、模块或工序并不相同（魏后凯，2007）。职能分工的产生与跨国企业的国际生产分割紧密相关。20世纪80年代初，由于跨国企业的蓬勃发展以及信息技术、交通条件的极大进步，片段化生产、模块化生产和业务外包等基于价值链的生产分工模式不断产生。学者们在关注这一现象的同时，先后提出了功能片段化（Helpman，1984；Markusen，1984）、生产碎片化（Jones and Kierzkowski，1990）、产品内分工（Arndt，1997）、全球价值链分工（Gereffi and Kaplinsky，2001）、垂直一体化（Feenstra，2003）等概念，尽管这些概念表述不同，但本质上都以价值链分工为内核。为探求这类现象的产生，部分学者早期通过建立理论模型来研究跨国企业在全球的多区段生产决策（Dixit and Grossman，1982），随着研究的增多，一些学者进而从"交易成本"说（Helpman，1984；Markusen，1984）、"贸易壁垒"说（Deardorff，1998）、"技术进步"说（Jones and Kierzkowski，2001）等方面对跨国企业在不同国家间的价值链分割行为进行开拓性研究。

随着研究的深入，关于价值链分工的研究尺度逐渐从国家转向地区和城市。如Duranton and Puga（2001）以城市为单元，将产业链研究与城市研究相结合，首次提出职能专业化（Functional Specialization）概念，并以城市的"管理型人员/生产型人员"与全国的"管理型人员/生产型人员"之差来构建城市职能专业化指数。类似地，Bade et al.（2004）则使用城市"白领工人数量/蓝领工人数量"与全国"白领工人数量/蓝领工人数量"之比来度量德国城市职能专业化水平。国内研究城市间基于价值链（或产业链）的职能分工起步较晚，魏后凯（2007）在研究中国大都市区产业冲突时，率先提出了基于城市功能专业化的冲突管理思路。苏红键、赵坚（2011）借鉴Durantou and Puga（2001）以及Bade et al.（2004）的方法，利用城市的"管理型人员/生产型人员"与全国的"管理型人员/生产型人员"之比来测度2003～2008年中国城市的职能专业化水平。在国内城市职能专业化的影响因素方面，张若雪（2007）认为城市间交通与通信成本的下降推动了城市的职能分工。贺灿飞、肖晓俊（2011）实证发现，跨国企业在城市的功能布局会受到市场潜力、城市级别、通信条件、服务业水平和前期功能布局的显著影响。祝树金等（2016）在探究中国金融发展与地区专业化时指出，金融发展效率和发展深度的提升也有助于促进地区职能分工。马燕坤（2016）则把城市职能专业化归因于职能分工利益与分工交易成本的折中。

从文献梳理情况看，目前还鲜有研究从FDI的视角来探究中国城市的职能专业化，事实上，改革开放以来，外资企业在华投资逐渐从单一的生产功能向全价值链拓展，其不同功能的空间布局与中国城市的比较优势相对应，深刻地影响着城市的职能专业化。鉴于此，本文将基于2003～2017年的京津冀城市群数据，从直接效应和间接效应两方面探究外商直接投资对城市职能专业化的影响，在衡量城市职能专业化方面，借鉴 Duranton and Puga（2001）、Bade et al.（2004）的方法，分别构建研发、生产、营销和管理等职能的专业化指数。

三、外商直接投资影响城市职能专业化的机理及理论假说

外商直接投资为城市经济发展增强动力的同时，也塑造着城市之间的职能分工格局。本部分将结合中国的对外开放实践，分别从直接效应和间接效应两方面阐释外商直接投资影响城市职能专业化的理论机理。

（一）外商直接投资对城市职能专业化的直接影响机理

外资企业根据区域比较优势在不同城市中分别设立生产、研发、营销和管理等职能部门，使得价值链环节实现空间分离的同时，也增强了地理相邻的不同城市在跨国企业价值链中的职能专业化水平。然而，在我国的改革开放实践中，制造业领先于服务业的外资开放格局却使得生产制造领域率先成为外资集聚的重点。在外商直接投资的"资本形成效应""自我强化效应""示范效应""基础设施效应"等多重影响下，外部资源和国内生产要素进一步向生产制造领域集聚，城市的生产职能得到优先发展并逐渐占据主导地位。然而，这种以制造业为重心的开放政策在增强城市生产职能的同时，却可能潜在地制约了研发、营销和管理等知识密集型职能的发展。

随着外资不断向生产制造领域集聚，由此引发的负面效应也给城市带来了诸如企业竞争加剧、要素价格攀升和资源供求矛盾突出等严峻挑战。鉴于此，一方面，多职能企业首先不得不将市场竞争力弱、成本敏感度高的劳动力密集型职能（如生产职能）向其他成本洼地外转移；另一方面，中心城市及经济发展水平较高的次级城市出于产业升级和集约增长的需要，率先对引资政策和引资领域进行调整，其中，研发、营销和管理等高附加值价值链环节由于契合城市转型发展目标，将逐步成为吸引外资布局的主要领域。随着外资企业将城市功能布局的重点从低端生产制造环节转向上下游高端职能环节，必将推动城市研发、营销和管理等高端职能的发展。

基于以上分析，提出假说 1：即外商直接投资对城市职能专业化会产生非线性的影响。

（二）外商直接投资对城市职能专业化的间接影响机理

产业结构升级是城市培育和发展高端价值链环节的重要途径，从已有的研究看，"竞争效应""技术外溢效应""产业关联效应"等都是外商直接投资促进产业升级的重要途径（Aitken and Harrison，1999；Maurice，2006）。

竞争效应方面，外商直接投资不断进入使得原有的市场均衡被打破，在新的均衡下，存活的企业不得不通过业务变革或技术创新来增强竞争力（桑瑜，2018），而企业的变革与创新又推动着城市研发、营销等服务的发展。技术外溢效应方面，外资企业通过推广新产品、新技术和先进管理经验而产生的"技术外溢"将激励和推动本土企业开展技术开发与创新活动（Crespo and Fontoura，2007），从而促进城市科技研发服务的发展。"产业关联效应"方面，外资企业向生产服务业集聚过程中，将通过前向关联、后向关联和旁侧关联增强行业高端要素的集聚（Guimaraes et al.，2007），而行业要素结构的高级化将直接推动城市技术研发、商务服务、咨询、管理等高附加值业务的发展。

进一步地，随着产业结构升级，一方面，金融服务、信息传输、交通运输以及研发设计等生产性服务业发展壮大，对于企业服务管理型职能的吸引力增加，而当企业运营管理机构在城市中不断集聚，城市的资源调配能力和控制能力增强，从而也意味着城市在区域价值链中的服务与管理职能专业化水平趋于提高；另一方面，随着传统制造业向产业链上下游环节纵向延伸，也会推动城市研发职能、营销职能和管理职能的发展。

基于以上分析，提出假说2：即外商直接投资可通过推动产业结构升级促进城市职能升级。

从已有的研究看，外商直接投资对人力资本水平的提升机制主要在于：一是知识溢出和"干中学"效应，表现为外资企业通过业务培训、交流指导等技术外溢方式帮助东道国劳动者提升技能（Jonathan，2002），特别是当外商直接投资流入高知识密集度的领域时，劳动者通过"干中学"掌握更先进的技能和经验，进而促进人力资本的积累。二是竞争效应，企业为应对外资企业在产品和技术方面的竞争，会通过加大资金投入来吸引人才和培养技术骨干，从而促进企业人力资本和技术实力的提升。三是带动技术偏向型进步，当一个地区的外资主要流向技术密集型领域时，专业设备和生产技术等对于技能型人才的互补性需求也会吸引高技能人才集聚（Slaughte，2002），从而逐步提升区域的人力资本水平。

人才和知识不断积累所产生的巨大动能和规模效应将深刻影响企业和城市的价值链。从企业层面看，人力资本的提升使得企业的知识吸收能力和创造能力增强，进而推动企业摆脱低端生产，并在研发、设计和营销管理等环节进行积累性变革或突破式创新（彭伟辉，2019）。从城市层面看，人力资本作为城市科技进步和技术赶超的内生动力，随着人力资本水平的积累，城市培育和承接高端职能的能力提升，城市职能将不断趋于高端化。

基于以上分析，提出假说3：即外商直接投资可通过带动人力资本水平提升而促进城市功能升级（见图1）。

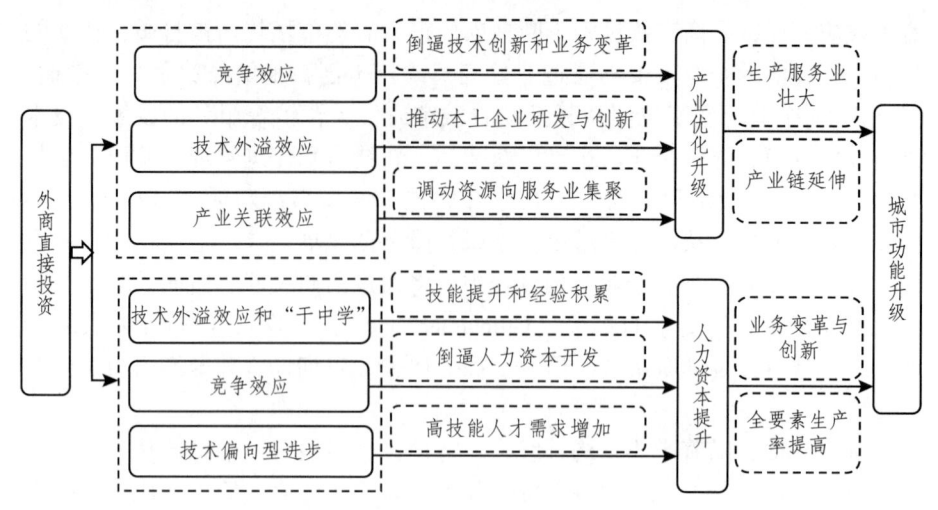

图 1 外商直接投资对城市职能专业化的间接影响机制

资料来源：笔者绘制。

四、变量选取、数据来源与模型设计

（一）变量选取与数据来源

1. 因变量

职能专业化指数（FS）是衡量城市职能专业化的主要指标，基于前述分析，为检验外商直接投资分别对京津冀城市群内部生产职能、研发职能、营销职能和管理职能的影响，首先参照 Duranton and Puga（2001）、Bade et al.（2004）的方法构造城市生产职能专业化指数（PROFS）、研发职能专业化指数（RESFS）、营销职能专业化指数（MARFS）和管理职能专业化指数（MANFS）（见表1），并将其作为实证模型的因变量。

表 1 城市职能专业化指数构建

序号	指标名称	计算方法	说明
1	生产职能专业化指数	$PROFS_i = (L_{iP}/L_{iE})/(L_{nP}/L_{nE})$	$PROFS_i$代表i城市的生产职能专业化指数；L_{iP}为i城市所有产业的生产制造人数；L_{iE}为i城市所有产业的从业人数；L_{nP}为城市群所有产业的生产制造人数；L_{nE}为城市群所有产业的从业人员总数
2	研发职能专业化指数	$RESFS_i = (L_{iT}/L_{iE})/(L_{nT}/L_{nE})$	$RESFS_i$代表i城市的研发职能专业化指数；L_{iT}为i城市所有产业的科技研发人数；L_{iE}为i城市所有产业的从业人数；L_{nT}为城市群所有产业的科技研发人数；L_{nE}为城市群所有产业的从业人员总数

续表

序号	指标名称	计算方法	说明
3	营销职能专业化指数	$MARFS_i = (L_{iS}/L_{iE})/(L_{nS}/L_{nE})$	$MARFS_i$代表i城市的营销职能专业化指数；L_{iS}为i城市所有产业的营销人数；L_{iE}为i城市所有产业的从业人数；L_{nS}为城市群所有产业的营销人数；L_{nE}为城市群所有产业的从业人员总数
4	管理职能专业化指数	$MANFS_i = (L_{iM}/L_{iE})/(L_{nM}/L_{nE})$	$MANFS_i$代表i城市的管理职能专业化指数；L_{iM}为i城市所有产业的管理人数；L_{iE}为i城市所有产业的从业人数；L_{nM}为城市群所有产业的管理人数；L_{nE}为城市群所有产业的从业人员总数

本文的研究对象是京津冀城市群中13个地级及以上级别城市，具体是指北京、天津两个直辖市和河北省的保定市、唐山市、廊坊市、石家庄市、秦皇岛市、张家口市、承德市、沧州市、衡水市、邢台市、邯郸市。参照苏红键、赵坚（2011）的做法，各城市的科技研发从业人数采用"科学研究、技术服务和地质勘查业"的从业人员数量，生产从业人数采用"采矿业""制造业""电力、热力、燃气及水的生产和供应业"的从业人员数量，营销从业人数采用"批发和零售业"的从业人员数量，管理从业人数采用"租赁和商业服务业"的从业人员数量。城市群层面的从业人员数量为13个城市相应指标的总和，各城市从业人员数据来源于《中国城市统计年鉴》。鉴于2003年国家统计局对"按行业分组的单位从业人员"进行调整，从原来的15个行业调整为19个行业，为保证数据统计口径的一致性，本文主要选取2003~2017年的数据。

2. 核心解释变量

本文以京津冀各城市的实际外商直接投资存量相对规模作为核心解释变量，即以各城市的实际外商直接投资存量与京津冀城市群平均实际外商直接投资存量之比来衡量，该指标以FDK表示。之所以采用存量指标而不是流量指标，主要是为考察外商直接投资的"滞后效应"和"累积效应"，从而更充分地反映外商直接投资对于城市职能专业化的持续性影响。本文以永续盘存法计算城市各年度的实际外资存量，具体而言，实际外资存量（fdk）的计算公式为：

$$fdk_{it} = fdiflow_{it}/P_{it} + (1-\delta)fdk_{it-1}$$

式中，fdk_{it}为i城市第t年的实际外资存量，$fdiflow_{it}$为i城市第t年的外资实际流入量，P_{it}为北京、天津及河北第t年以2003年为基期的固定资产投资价格指数，fdk_{it-1}为i城市第t-1年的实际外资存量。δ为资本折旧率，参照赵奇伟（2009）的做法，本文将δ设定为5%，同时，将2003年基期的外商直接投资存量以当年的外商直接投资流量除以10%确定。为将外资额转化为人民币计价,本文采用相应年度的外汇平均中间价换算。

3. 中介变量及控制变量

本文选择产业结构高级化程度（IND）、人力资本水平（HUM）作为中介变量的同时,还引入资金密集度（ROA）、人口密度（POP）以及交通基础设施条件（ROA）、内部市场潜力（MAR）等反映城市特征的变量作为模型的控制变量。具体而言,各变量的含义和表示方法如下:

产业结构高级化（IND）采用城市第三产业产值与第二产业产值之比来衡量。人力资本水平（HUM）采用城市每万人中的高中及大学在校生数量来衡量。资金密集度（PCA）使用城市固定资产投资与城市常住人口的比值（即人均固定资产投资金额）来表示（单位为：元/人）。城市交通水平（ROA）使用年末城市公路面积与城市常住人口之比（即人均城市道路面积）来衡量（单位为：平方米/人）。内部市场潜力（MAR）主要借鉴 Harris（1954）的方法计算,计算方式为:

$$MP_{it} = \sum_{j \neq i}^{N} (Y_{jt}/d_{ji}) + Y_{it}/d_{ii}$$

其中,Y_{it} 是城市 i 在 t 年的市场需求,用该城市的实际 GDP 代表;d_{ji} 为城市 j 到城市 i 的距离,鉴于数据的可得性,本文主要采用城市之间的最短公路距离代替,单位为公里;d_{ii} 是目标城市 i 的内部距离的折算值,计算方式为 $d_{ii} = 2/3 \sqrt{area_i/\pi}$,它主要结合城市的行政面积（area）和圆周率（π）共同计算得到,其中 π 取值为 3.14。

4. 数据来源

本文的研究对象为京津冀城市群 13 个地级（及）以上级别城市,研究的时间窗口为 2003~2017 年。以上各变量中,城市的各行业从业人员、二、三产业产值、高中与大学在校生数量、固定资产投资额、常住人口数量、城市公路面积、行政土地面积等均来源于《中国城市统计年鉴》,城市之间的最短公路距离来自谷歌地图（Google Map）。为缓解变量间量纲差异所产生的异方差问题,本文对全部自变量均作对数化处理。表 2 呈现了本文变量的描述性统计情况。

表 2　　　　　　　　　　　　变量描述性统计

变量	样本量	平均值	标准差	最小值	中位数	最大值
PROFS	195	1.131	0.280	0.566	1.130	1.867
RESFS	195	0.500	0.388	0.106	0.346	1.778
MARFS	195	0.741	0.284	0.196	0.686	1.409
MANFS	195	0.368	0.447	0.077	0.204	1.995
lnFDK	195	-1.038	1.305	-2.970	-1.153	1.786

续表

变量	样本量	平均值	标准差	最小值	中位数	最大值
lnIND	195	0.479	0.384	-0.217	0.504	1.546
lnHUM	195	1.564	0.175	1.041	1.570	1.845
lnMAR	195	4.902	0.556	3.879	4.801	6.482
lnPOP	195	6.159	0.725	4.427	6.303	7.188
lnPCA	195	9.543	0.831	7.743	9.615	11.442
lnROA	195	0.965	0.625	-0.132	0.792	2.371

(二) 模型设计

根据上述分析，该部分将构建实证模型以检验外商直接投资对城市职能专业化的影响，针对产业结构与人力资本水平的中介传导效应，本文参照陈斌开和林毅夫（2013）的做法，采用分步回归法进行检验。

1. 基准模型——综合效应检验

根据假说1，外商直接投资对于城市职能专业化水平可能产生非线性的影响，为验证这一假说，有必要将对数形式的外商直接投资（lnFDK）及其二次项（lnFDK²）一并引入基准模型中。值得注意的是，由于城市职能分工的延续性和动态性，使得城市当期的职能专业化水平，不仅受到系统外其他因素的影响，还受前期职能专业化水平的影响。为更加客观地分析，有必要将各因变量的滞后项纳入模型中，从而使得模型具有了动态特征。鉴于以上，在不考虑中介变量的情况下，可通过如下模型检验外商直接投资对于城市职能专业化水平的综合影响。

$$FS_{it} = \theta_0 + \theta_1 FS_{it-1} + \theta_2 \ln FDK_{it} + \theta_3 \ln FDK_{it}^2 + Z\gamma + u_i + \upsilon_t + \varepsilon_{it} \quad (1)$$

式（1）中，FS 为表1中四类职能专业化指数（PROFS、RESFS、MARFS、MANFS）的统称，lnFDK 和 lnFDK² 即城市外商直接投资对数形式的一次项和二次项（平方项），主要作为模型的核心解释变量，Z 代表各控制变量，以控制城市中对职能分工产生影响的相关特征，主要有本地市场潜力（lnMAR）、资金密集度（lnPCA）、人口密集度（lnPOP）、城市交通水平（lnROA）等指标。u_i、υ_t 和 ε_{it} 分别代表城市个体固定效应、时间固定效应和随机混合效应，θ_0、θ_1、θ_2、θ_3 和 γ 均为待估参数。依据前述分析推断，当城市吸收外商直接投资的水平越高，外商直接投资对于生产职能专业化将产生先增强后抑制的倒U型影响，而对于研发、营销和管理等职能将产生先抑制后增强的U型影响，也就是说，对于生产职能专业化指数（PROFS）而言，预期系数 θ_2 的符号将显著为正，θ_3 的符号显著为负；对于研发职能专业化指数（RESFS）、营销职能专业化指数（MARFS）和管理职能专业化指数（MANFS）而言，预期系数 θ_2 的符号应显著为负，而 θ_3 的符号应显著为正。

2. 扩展模型——中介效应检验

为考察产业结构和人力资本水平在外商直接投资影响城市职能专业化水平中的中介传导作用，具体检验步骤为：第一步，分别以产业结构高级化（lnIND）和人力资本水平（lnHUM）作为被解释变量，以外商直接投资（lnFDK）作为核心解释变量，分别检验外商直接投资对产业结构高级化和人力资本水平的影响；第二步，以产业结构高级化（lnIND）和人力资本水平（lnHUM）为核心解释变量，以城市的四类职能专业化指数（FS）为被解释变量，依次检验产业结构高级化和人力资本水平提升对每类职能专业化指数的影响。为反映各模型的动态性，所有的模型中均加入被解释变量的滞后一期。因此，对应的面板实证模型设定如下：

$$\ln IND_{it} \text{ or} \ln HUM_{it} = \alpha_0 + \alpha_1 \ln IND_{it-1} \text{ or} \ln HUM_{it-1} + \alpha_2 \ln FDK_{it} + Z\gamma + u_i + \upsilon_t + \varepsilon_{it} \quad (2)$$

$$FS_{it} = \beta_0 + \beta_1 FS_{it-1} + \beta_2 \ln IND_{it} \text{ or} \ln HUM_{it} + Z\gamma + u_i + \upsilon_t + \varepsilon_{it} \quad (3)$$

如果假说 2 和假说 3 成立，则预期 α_2 显著为正，且 β_2 满足：对于生产职能专业化指数（PROFS）而言，β_2 显著为负；对于研发职能专业化指数（RESFS）、营销职能专业化指数（MARFS）和管理职能专业化指数（MANFS）而言，β_2 显著为正。

最后，为检验产业结构和人力资本水平是否发挥完全的中介效应，进一步构建如下面板模型：

$$FS_{it} = \rho_0 + \rho_1 FS_{it-1} + \rho_2 \ln FDK_{it} + \rho_3 \ln FDK_{it}^2 + \rho_4 \ln IND_{it} \text{ or} \ln HUM_{it} + Z\gamma + u_i + \upsilon_t + \varepsilon_{it} \quad (4)$$

如果假说 1 成立，则 ρ_2 和 ρ_3 在统计学意义上应该分别满足：对于生产职能专业化指数（PROFS），ρ_2 显著为正，ρ_3 显著为负，ρ_4 显著为负；对于研发职能专业化指数（RESFS）、营销职能专业化指数（MARFS）和管理职能专业化指数（MANFS），ρ_2 显著为负，ρ_3 显著为正，ρ_4 显著为正。若这些条件满足，则说明外商直接投资对四类城市职能专业化水平均产生直接影响和间接影响，且产业结构和人力资本水平也产生了部分中介作用。应注意的是，在模型（4）中对于任意一种职能专业化指数，当 ρ_2 和 ρ_3 均不显著，而 ρ_4 显著，则说明产业结构或人力资本水平可被视为完全中介变量。

考虑到上述各模型中解释变量潜在的内生性问题，本文采用有助于克服解释变量内生性的广义矩估计（GMM）方法来估计，但由于差分广义矩估计（DIF-GMM）较易受小样本偏误与弱工具变量的影响，Blundell and Bond（1998）建议运用 SYS-GMM（系统广义矩估计）方法估计模型。同时，他们还指出，在有限样本条件下，两步（Two-Step）SYS-GMM 估计量的渐近标准误会严重下偏，从而影响统计推断，而一步（One-Step）SYS-

GMM 方法的渐进误差较小，回归结果更为可靠。鉴于此，参照 Blundell and Bond（1998）、杜运苏和彭冬冬（2019）的做法，本文主要基于一步（One-Step）SYS-GMM 方法的估计结果进行分析。

五、实证结果分析

（一）外商直接投资影响城市职能专业化的综合效应检验

表3呈现了外商直接投资影响城市职能专业化的综合效应检验结果。从核心解释变量看，外商直接投资（lnFDK）对于生产职能专业化的影响显著为正，而其二次项系数显著为负；对于研发职能、营销职能和管理职能，lnFDK 的一次项系数均显著为负，二次项系数均显著为正。这说明外商直接投资对生产职能产生倒 U 型的非线性影响，而对于研发、营销和管理等高端职能的影响则呈 U 型特征。从统计学意义看，假说1得以验证，即外商直接投资对于城市的职能专业化水平均产生非线性影响，但是对于低端职能（生产职能）和高端职能（研发职能、营销职能和管理职能）所产生的影响则存在显著区别。

表3 基准模型回归结果

解释变量	(1) PROFS	(2) RESFS	(3) MARFS	(4) MANFS
L.PROFS	1.04*** (0.054)	—	—	—
L.RESFS		1.10*** (0.048)		—
L.MARFS			1.01*** (0.079)	
L.MANFS				0.97*** (0.016)
lnFDK	0.06** (0.022)	-0.05*** (0.015)	-0.07*** (0.005)	-0.08* (0.04)
lnFDK^2	-0.02*** (0.006)	0.02* (0.009)	0.02*** (0.004)	0.05* (0.023)
lnMAR	0.13** (0.045)	0.06 (0.079)	0.09 (0.093)	0.05* (0.026)

续表

解释变量	(1) PROFS	(2) RESFS	(3) MARFS	(4) MANFS
lnPOP	-0.03*	0.03	0.001	0.01
	(0.017)	(0.020)	(0.033)	(0.009)
lnPCA	-0.01	0.03*	0.01	0.04*
	(0.029)	(0.013)	(0.075)	(0.020)
lnROA	0.03	0.04	0.02*	0.01
	(0.020)	(0.021)	(0.011)	(0.012)
常数项	-0.50	-0.05	-0.45	-0.62**
	(0.338)	(0.436)	(0.995)	(0.263)
样本量	182	182	182	182
城市固定效应	控制	控制	控制	控制
时间固定效应	控制	控制	控制	控制
AR2	-0.113	1.178	-0.290	-0.227
	(0.910)	(0.239)	(0.771)	(0.821)
Sargan	57.02	33.76	35.61	134.4
	(0.143)	(0.576)	(0.260)	(0.093)
F	279.5	184.2	66.27	157.95

注：(1) ***、**和*分别表示在1%、5%和10%的统计水平上显著；(2) 各变量系数下方的括号内为稳健标准误；(3) AR2检验统计量和Sargan检验统计量下方括号内为p值；(4) GMM检验中的工具变量分别为核心解释变量lnFDK及其平方项lnFDK^{2}的滞后一阶。

从控制变量看，各因变量一阶滞后项的系数都显著为正，说明城市的四类职能专业化水平存在明显的自我强化效应。内部市场潜力（lnMAR）对于四类职能均呈现正向影响，其中，对于生产职能和管理职能的影响分别在5%和10%的水平下显著，这意味着较大的市场潜力有利于吸引内外资企业进入，对于研发职能和营销职能的影响不显著，这可能由于京津冀内部市场分割限制了研发要素和商品的自由流动。人口密度（lnPOP）对生产职能的影响在10%的水平内显著为负，而对研发、营销和管理等职能则呈正向影响，但不显著，可见过高的人口密度会产生拥挤效应从而推高要素成本，生产职能容易受到抑制。资金密集度（lnPCA）在10%的显著性水平下对于研发职能和管理职能的专业化水平呈现显著的正向影响，这充分说明了研发、管理等职能的资本密集型属性。城市交通水平（lnROA）在10%的水平下对营销职能专业化产生显著的正向促进作用，说明了高度的城市道路发展水平有利于促进商品的流通和市场发展。

(二) 外商直接投资影响城市职能专业化的间接效应检验

上述实证检验了外商直接投资对于京津冀城市职能专业化的综合影响，由于综合影响中包含着直接效应和间接效应。为检验外商直接投资是否通过促进产业结构高级化和人力资本提升而对城市职能专业化产生间接影响，这就需要对模型（2）和模型（3）分别进行回归检验，表4和表5分别呈现了相应的回归结果。

表4　外商直接投资对产业结构高级化和人力资本水平的影响

解释变量	Panel A：产业结构高级化 FE检验	Panel A：产业结构高级化 GMM检验	Panel B：人力资本水平 FE检验	Panel B：人力资本水平 GMM检验
L.lnIND	0.81*** (0.062)	0.95*** (0.029)		
L.lnHUM			0.870*** (0.050)	0.60*** (0.072)
lnFDK	0.05*** (0.007)	0.03* (0.016)	0.04* (0.019)	0.08*** (0.026)
lnMAR	0.09* (0.040)	0.05 (0.029)	0.07** (0.026)	0.08* (0.041)
lnPOP	0.11 (0.133)	−0.00 (0.008)	−0.13 (0.148)	0.04*** (0.012)
lnPCA	0.04** (0.014)	0.01 (0.011)	0.02* (0.101)	0.02*** (0.005)
lnROA	0.01 (0.022)	0.04* (0.018)	−0.02 (0.036)	0.01 (0.021)
Constant	0.05 (0.528)	0.43* (0.226)	2.11* (1.045)	1.41*** (0.386)
样本量	182	182	182	182
城市固定效应	控制	控制	控制	控制
时间固定效应	控制	控制	控制	控制
R^2	0.999		0.960	
AR2		−1.849 (0.094)		(−2.865) (0.417)

续表

解释变量	Panel A：产业结构高级化		Panel B：人力资本水平	
	FE 检验	GMM 检验	FE 检验	GMM 检验
sargan		68.68 (0.261)		66.78 (0.193)
F		346.87		68.22

注：(1) ***、**和*分别表示在1%、5%和10%的统计水平上显著；(2) 各变量系数下方的括号内为稳健标准误；(3) AR2检验统计量和Sargan检验统计量下方括号内为p值；(4) GMM检验中的工具变量分别为核心解释变量lnFDK的滞后一阶。

表5　产业结构高级化和人力资本水平对城市职能专业化水平的影响

解释变量	Panel A：产业结构高级化的影响				Panel B：人力资本水平的影响			
	PROFS	RESFS	MARFS	MANFS	PROFS	RESFS	MARFS	MANFS
L. PROFS	0.89*** (0.086)				1.02*** (0.026)			
L. RESFS		0.89*** (0.059)				0.97*** (0.032)		
L. MARFS			0.97*** (0.098)				0.89*** (0.052)	
L. MANFS				0.93*** (0.021)				0.96*** (0.028)
lnIND	−0.32** (0.134)	0.12*** (0.030)	0.24* (0.122)	0.16*** (0.047)				
lnHUM					−0.20** (0.085)	0.10** (0.042)	0.15** (0.066)	0.01 (0.052)
lnMAR	0.001 (0.030)	0.05* (0.025)	0.06* (0.031)	0.03 (0.022)	−0.01 (0.032)	0.03 (0.012)	0.03 (0.049)	0.01 (0.029)
lnPOP	−0.01 (0.012)	0.03** (0.011)	0.04* (0.021)	−0.00 (0.007)	−0.01 (0.012)	0.01 (0.017)	0.05** (0.018)	0.03*** (0.009)
lnPCA	0.02 (0.023)	0.01 (0.033)	0.03* (0.014)	0.02 (0.020)	−0.01 (0.027)	0.00 (0.032)	0.04 (0.033)	0.04* (0.018)
lnROA	−0.01 (0.021)	0.00 (0.010)	0.03* (0.012)	0.02* (0.010)	−0.05** (0.018)	0.03 (0.022)	0.03* (0.013)	0.03* (0.016)

续表

解释变量	Panel A：产业结构高级化的影响				Panel B：人力资本水平的影响			
	PROFS	RESFS	MARFS	MANFS	PROFS	RESFS	MARFS	MANFS
常数项	1.37* (0.678)	-0.76 (0.861)	-1.51** (0.654)	-0.98*** (0.297)	-0.20 (0.200)	-0.19 (0.158)	-0.25 (0.226)	-0.23* (0.113)
样本量	182	182	182	182	182	182	182	182
城市固定效应	控制	控制	控制	控制	控制	控制	控制	控制
时间固定效应	控制	控制	控制	控制	控制	控制	控制	控制
AR2	-0.0900 (0.928)	1.230 (0.219)	-0.362 (0.717)	-0.322 (0.747)	-0.0841 (0.933)	1.208 (0.227)	0.139 (0.89)	-0.268 (0.789)
Sargan	66.04 (0.232)	66.28 (0.061)	50.19 (0.060)	56.18 (0.123)	79.22 (0.065)	35.91 (0.290)	48.10 (0.240)	55.25 (0.165)
F	170.81	486.32	143.90	427.95	121.10	913.57	57.53	38.35

注：（1）***、**和*分别表示在1%、5%和10%的统计水平上显著；（2）各变量系数下方的括号内为稳健标准误；（3）AR2检验统计量和Sargan检验统计量下方括号内为p值；（4）GMM检验中的工具变量分别为核心解释变量lnIND及lnHUM的滞后一阶。

在表4中，Panel A刻画了外商直接投资对产业结构高级化（lnIND）的影响，而Panel B则刻画外商直接投资对人力资本水平（lnHUM）的影响。从Panel A可知，借助固定效应（FE）模型和一步系统GMM两种检验方法，在1%和10%的水平下，外商直接投资对于京津冀城市产业结构高级化均产生显著的正向促进作用，从Panel B可知，在10%和1%的水平下，外商直接投资对于提升人力资本水平也具有显著的促进作用。因此，从促进产业机构高级化和提升人力资本水平这两方面的意义看，吸引外资显然是一种有效手段。从控制变量的系数和符号看，内部市场潜力、人口密度、资金密集度以及道路交通水平等对于产业结构高级化和人力资本水平提升均具有正向促进作用。

进一步地，表5中的Panel A和Panel B分别呈现了产业结构高级化（lnIND）、人力资本水平（lnHUM）对于四类职能专业化的影响。从Panel A可知，lnIND在5%的水平下对于生产职能的影响显著为负，而在10%的水平下对于研发、营销和管理等高端职能的影响显著为正，由此可见，城市产业结构升级使得生产职能不断弱化的同时，进一步强化了城市的高端职能。从Panel B可知，lnHUM在5%的水平下对生产职能产生显著的负向影响，而对于研发职能和营销职能产生显著的正向影响，同时，尽管lnHUM对管理职能的影响不显著，但仍表现为正向促进作用，符合本文的分析预期。通常，人力资本水平提升有利于城市生产率和知识创造能力的提高，进而使得城市增强培育和承接高端职能的能力。

为进一步验证产业结构和人力资本水平是否产生完全的中介效应，在基准模型（1）中分别加入产业结构高级化（lnIND）和人力资本水平（lnHUM）两项指标，从而得到模型（4）。表6中Panel A和Panel B分别呈现模型（4）中产业结构和人力资本水平是否为完全中介变量的检验结果。

表6　　　　　　　产业结构与人力资本水平的中介效应检验结果

解释变量	Panel A：产业结构的中介效应				Panel B：人力资本水平的中介效应			
	PROFS	RESFS	MARFS	MANFS	PROFS	RESFS	MARFS	MANFS
L. PROFS	0.89 *** (0.058)				1.00 *** (0.028)			
L. RESFS		0.99 *** (0.053)				0.95 *** (0.025)		
L. MARFS			0.76 *** (0.074)				0.72 *** (0.145)	
L. MANFS				0.94 *** (0.018)				0.97 *** (0.015)
lnFDK	0.05 ** (0.019)	-0.05 ** (0.019)	-0.04 * (0.018)	-0.07 *** (0.012)	0.02 (0.025)	-0.03 * (0.013)	-0.42 * (0.227)	-0.02 ** (0.009)
$lnFDK^2$	-0.01 ** (0.005)	-0.01 (0.004)	0.02 ** (0.008)	0.01 *** (0.002)	-0.01 *** (0.005)	0.01 (0.014)	0.14 * (0.067)	0.01 *** (0.003)
lnIND	-0.25 * (0.131)	0.05 *** (0.012)	0.21 ** (0.101)	0.09 ** (0.040)				
lnHUM					-0.14 *** (0.021)	0.27 ** (0.106)	0.44 *** (0.086)	0.17 ** (0.061)
lnMAR	-0.08 * (0.037)	0.07 *** (0.017)	0.01 (0.098)	0.03 (0.029)	0.07 (0.048)	0.09 ** (0.042)	0.06 ** (0.023)	0.03 (0.029)
lnPOP	-0.02 (0.017)	0.03 ** (0.014)	0.02 (0.031)	0.01 (0.008)	-0.04 * (0.021)	0.08 * (0.042)	0.04 (0.550)	0.03 ** (0.011)
lnPCA	0.02 (0.018)	0.06 * (0.031)	0.01 (0.066)	0.05 ** (0.017)	-0.00 (0.021)	0.09 ** (0.031)	0.04 ** (0.017)	0.02 (0.015)
lnROA	0.03 (0.018)	0.06 *** (0.017)	0.08 ** (0.035)	0.00 (0.016)	0.03 (0.021)	-0.04 (0.042)	0.03 ** (0.015)	0.01 (0.016)
常数项	0.62 (0.770)	-0.97 (0.923)	0.80 (0.869)	-0.67 ** (0.288)	0.14 (0.518)	-1.00 * (0.504)	1.49 (3.1)	-0.56 *** (0.154)

续表

解释变量	Panel A：产业结构的中介效应				Panel B：人力资本水平的中介效应			
	PROFS	RESFS	MARFS	MANFS	PROFS	RESFS	MARFS	MANFS
样本量	182	182	182	182	182	182	182	182
城市固定效应	控制	控制	控制	控制	控制	控制	控制	控制
时间固定效应	控制	控制	控制	控制	控制	控制	控制	控制
AR2	-0.134 (0.894)	1.160 (0.246)	-0.932 (0.993)	-0.312 (0.755)	-0.254 (0.800)	0.931 (0.352)	0.667 (0.505)	-0.209 (0.835)
Sargan	138.1 (0.114)	63.12 (0.707)	188.3 (0.106)	156.7 (0.119)	60.39 (0.076)	45.74 (0.359)	76.56 (0.072)	103.9 (0.091)
F	212.17	470.95	17.63	124.21	681.93	151.02	74.39	179.31

注：（1）***、**和*分别表示在1%、5%和10%的统计水平上显著；（2）各变量系数下方的括号内为稳健标准误；（3）AR2检验统计量和Sargan检验统计量下方括号内为p值；（4）GMM检验中的工具变量分别为核心解释变量lnFDK及其平方项lnFDK^{2}的滞后一阶。

Panel A 中，lnIND 在 10% 的水平下对于生产职能专业化的影响显著为负，而在 5% 的水平下对研发、营销和管理等职能的影响则显著为正。同时，从外商直接投资（lnFDK）及其二次项（lnFDK^2）的符号看，外商直接投资对于生产职能仍然呈现先上升后下降的显著倒 U 型影响，对于营销职能和管理职能则呈现先下降后上升的 U 型影响。值得注意的是，lnFDK 对于研发职能的负向影响显著，而其二次项（lnFDK^2）对于研发职能的正向影响不显著。显然，将产业结构高级化（lnIND）加入模型（4）的情况下，外商直接投资仍对城市职能专业化产生直接影响，同时还会通过促进产业结构高级化对四类职能专业化产生部分间接影响，即产业结构发挥了部分中介效应。鉴于此，本文的假说 2 得以验证。

Panel B 中，lnHUM 在 1% 的水平下对生产职能专业化的影响也显著为负，在 5% 的水平内对研发职能、营销职能和管理职能的影响则显著为正。同时，外商直接投资对四类职能的影响仍呈现显著差异：对于生产职能的影响中，尽管 lnFDK 的正值系数并不显著，但其二次项的负值系数在 1% 的水平下显著；对研发、营销和管理等职能的影响中，对于研发职能，lnFDK 的系数在 10% 的水平内显著为负，其二次项系数为正但不显著；对于营销职能和管理职能，lnFDK 的系数在 5% 的水平内均显著为负，其二次项的系数在 10% 的水平内均显著为正。由此可见，将人力资本水平（lnHUM）加入模型（4）的情况下，外商直接投资仍对城市职能专业化产生直接影响，同时还会通过促进人力资本水平提升而产生间接影响，即人力资本水平发挥了部分中介效应，鉴于此，本文的假说 3 得以验证。

由上述结论可知，外商直接投资对于生产、研发、营销和管理四类城市职能专业化均产生非线性的影响,这种影响又因职能类型不同而有差异。从京津冀地区外资开放的历史来看,生产制造领域率先开放直接推动了城市生产职能的优先发展,与此同时,城市生产职能的发展壮大又会产生资源"虹吸效应",从而使得城市高端职能会受到一定的抑制。随着外资的不断流入以及工业化、城市化的发展,一方面,日益严重的城市"拥挤效应"将抬升各种商务成本和生活成本,城市内低价值创造力的生产职能因不断外迁而由强转弱;另一方面,随着城市外资政策转型和需求结构改变,外商直接投资在科技研发、设计及商务管理等领域的规模和占比不断提高,从而推动着城市研发、营销和管理等高端职能由弱变强。

在中介效应方面,外商直接投资推动了城市产业机构升级和人力资本水平提升,一方面,城市产业结构升级意味着低端产业和低附加值业务环节在城市中的地位下降,而高附加值环节在经济中的地位提升,从而促进城市职能从低端向高端演变;另一方面,人力资本水平提升使得城市培育和承接研发设计、技术创新、品牌创建与商务管理等价值链高端环节的能力增强,从而有助于城市职能向高端跃进。

综上可知,外商直接投资对城市职能专业化产生了包含直接效应和间接效应的综合影响,而产业结构和人力资本就是间接效应中的两条传导途径。应注意的是,外商直接投资不仅推动城市产业结构升级和人力资本水平提升,在培育要素市场、促进技术进步和倒逼政策改革等方面也发挥了重要作用,尽管这些因素或机制关系到城市职能分工的演变,但由于缺乏合理的量化方式,导致难以在计量模型中加以控制。换言之,随着要素市场更加完善、技术效率提升以及制度壁垒降低,外商直接投资优化城市职能分工的作用还将进一步发挥。本文的政策含义在于,虽然外商直接投资对于促进城市职能分工的形成和提升具有重要的现实意义,但是,政府也需要在产业结构调整、人力资源开发等方面正确制定前瞻性的政策,才能高水平地利用外资以更好地促进城市职能的优化升级。

六、结论与建议

(一)主要结论

本文基于外商直接投资影响城市职能专业化的机制分析和理论假说,采用一步系统 GMM 方法对外商直接投资的综合效应进行检验。实证结果表明,外商直接投资对于京津冀城市群职能专业化分工的影响呈现异质性:对生产职能专业化的影响呈现先增强后减弱的倒 U 型特征,即外资的进入使京津冀城市群的生产职能专业化呈现由强转弱的趋势;对于研发、营销和管理等职能专业化的影响则呈现先抑后增的 U 型特征,即外资进入使京津冀城市群的研发、营销和管理职能专业化进入由弱变强的阶段。

在分别引入人力资本水平和产业结构高级化两个中介变量的情况下，不仅上述结论依然成立，而且还反映出人力资本水平和产业结构高级化在外资影响城市职能专业化时产生了中介效应。这种效应体现在，不断流入的外资通过竞争效应、技术外溢效应、产业关联效应等渠道促进了产业结构优化升级和人力资本积累，随着产业结构高级化以及人力资本水平的不断提升，城市生产职能专业化不断减弱，而研发、营销和管理等职能的专业化则不断增强。

（二）政策建议

一是中心城市北京应围绕"全国政治中心、文化中心、国际交往中心、科技创新中心"的建设，不断优化各类营商环境，着重提高科技研发、设计、咨询以及高端商务管理等职能的引资力度，推动北京城市功能的高端化和服务化。二是次级中心城市天津应把握"三区一基地"建设契机，在高端制造、服务型制造以及金融、会展、营销、仓储物流等领域加大引资力度，促进科技转化能力和生产服务水平不断提升，进而增强京津两地在生产、研发、营销和管理等职能上的协同效应。三是外围城市在淘汰高耗能、高污染等落后产能的同时，应着力引导优质外资向生产制造领域集聚，不断增强生产职能，避免产业过早地"空心化"和"服务化"。四是正确处理制造业与服务业的关系，合理发展城市生产职能和服务管理职能，中心城市通过培育总部经济和现代服务业以增强服务管理职能的同时，还要在智力、技术、信息和生产性服务等方面增强辐射效应，加大对外围城市制造业的支持。五是京津冀城市群不同城市均需加大教育投入，因地施策，发挥地区区域优势，提升与本地区发展定位相适应的人力资本质量，以吸引外商投资，促进产业集聚与升级。

参 考 文 献

[1] 程李梅、庄晋财、李楚、陈聪：《产业链空间演化与西部承接产业转移的"陷阱"突破》，载《中国工业经济》2013年第8期。

[2] 杜运苏、彭冬冬：《生产性服务进口复杂度、制度质量与制造业分工地位——基于2000～2014年世界投入产出表》，载《国际贸易问题》2019年第1期。

[3] 贺灿飞、肖晓俊：《跨国公司功能区位实证研究》，载《地理学报》2011年第66卷第12期。

[4] 李靖：《新型产业分工、功能专业化与区域治理——基于京津冀地区的实证研究》，载《中国软科学》2015年第3期。

[5] 马燕坤：《城市群功能空间分工形成的演化模型与实证分析》，载《经济管理》2016年第12期。

[6] 彭伟辉：《异质性创新人力资本对企业价值链的影响——基于我国制造业上市公司的实证检验》，载《财经科学》2019 年第 4 期。

[7] 桑瑜：《产业升级路径：基于竞争假设的分析框架及其推论》，载《管理世界》2018 年第 1 期。

[8] 苏红键、赵坚：《产业专业化、职能专业化与城市经济增长——基于中国地级单位面板数据的研究》，载《中国工业经济》2011 年第 4 期。

[9] 魏后凯：《大都市区新型产业分工与冲突管理——基于产业链分工的视角》，载《中国工业经济》2007 年第 2 期。

[10] 张若雪：《从产品分工走向功能分工：经济圈分工形式演变与长期增长》，载《南方经济》2009 年第 9 期。

[11] 张晓涛、易云锋、王淳：《价值链视角下的京津冀城市群职能分工演变：2003~2016——兼论中国三大城市群职能分工水平差异》，载《宏观经济研究》2019 年第 2 期。

[12] 赵奇伟：《东道国制度安排、市场分割与 FDI 溢出效应：来自中国的证据》，载《经济学（季刊）》2009 年第 8 卷第 3 期。

[13] 祝树金、刘子君、钟腾龙：《中国金融发展影响地区专业化的实证研究——基于省际面板数据》，载《财经理论与实践》2016 年第 37 卷第 203 期。

[14] Aitken, B. J., and Harrison, A. E., 1999: Do Domestic Firms Benefit from Direct Forieng Investment? Evidence from Venezuela, *American Economic Review*, Vol. 89, No. 3.

[15] Arndt, S. W., 1997: Globalization and the open economy, *The North American Journal of Economics and Finance*, Vol. 8, No. 1.

[16] Bade, F. J., Laaser, C. F., and Solwedel, R., 2004: Urban specialization in the internet age-empirical findings for Germany, *Kiel Working Paper*1215.

[17] Blundell, R., and Bond, S., 1987: Initial Conditions and Moment Restrictions in Dynamic Panel Data Models, *Journal of Econometrics*, Vol. 87, No. 1.

[18] Crespo, N., and Fontoura, M., 2007: Determinant Factors of FDI Spillovers - What Do We Really Know, *World Development*, Vol. 35, No. 3.

[19] Deardorff, A. V., 1998: Fragmentation Across Cones, *RISE Discussion Paper*.

[20] Dixit, A. K., and Grossman, G. M., 1982: Trade and protection with multistage production, *The Review of Economic Studies*, Vol. 49, No. 4.

[21] Duranton, G., and Puga, D., 2001: Nursery cities: Urban diversity, process innovation, and the life cycle of products, *American Economic Review*, Vol. 91, No. 5.

[22] Feenstra, R. C., 2003: Ownership and control in outsourcing to China, *NBER Working Paper*, No. 10198.

[23] Gereffi, G., and Kaplinsky, R., 2001: Introduction: Globalisation, Value Chains and Development, *IDS Bulletin*, Vol. 32, No. 3.

[24] Guimaraes, P., Figueiredo, O., and Woodward, D., 2000: Agglomeration and the location of foreign direct investment in Portugal, *Journal of Urban Economics*, Vol. 47, No. 1.

[25] Harris, C. D., 1954: The Market as a Factor in the Localization of Industry in the United

States, *Annals of the Association of American Geographers*, Vol. 44, No. 4.

[26] Helpman, E., 1984: A simple theory of international trade with multinational corporations, *Journal of Political Economy*, Vol. 92, No. 3.

[27] Jonathan, M., 2002: Foreign direct investment and "human capital enhancement" in developing countries, *Competition and Change*, Vol. 6, No. 4.

[28] Jones, R., and Kierzkowski, H., 1990: The role of services in production and international trade: a theoretical framework, *The Political Economy of International Trade*, Vol. 1.

[29] Jones, R. W., and Kierzkowski, H., 2001: A framework for fragmentation, *Tinbergen Institute Discussion Paper*.

[30] Markusen, J. R., 1984: Multinationals, multi-plant economies and the gains from trade, *Journal of International Economics*, Vol. 16, No. 3.

[31] Maurice, K., 2006: Spillovers from foreign direct investment: Within or Between industries, *Journal of Development Economics*, Vol. 80, No. 8.

[32] Slaughte, M. J., 2002: Does Inward Foreign Direct Investment Contribute to Skill Upgrading in Developing Countries, *Prepared for New School University's CEPA Conference*.

Influence of Foreign Direct Investment on the Functional Specialization of Beijing – Tianjin – Hebei Urban Agglomeration

—From the Perspective of Value Chain Division

Xiaotao Zhang   Yunfeng Yi

Abstract: Urban functional division is a new regional division of labor characterized by value chain division, which is closely related to foreign direct investment (FDI). Based on the theory of value chain division, this paper constructs direct effect model and indirect effect model to investigate the impact of FDI on urban functional specialization. By using the data of Beijing – Tianjin – Hebei (BTH) urban agglomeration from 2003 to 2017 for empirical analysis, we found that in terms of direct effect, FDI on four types of urban functional specialization level has nonlinear effect, to be specific, for specialization levels of production functions appear to weakened after increasing in the influence of theinverted "U" characteristics, and for the specialization level of high-end functions like R&D, marketing, management is enhanced after being weaken in the influence of the "U" type characteristics. In terms of indirect effects, with the optimization and upgrading of industrial structure and the improvement of human capital level, FDI will weaken the specialization level of urban production functions, and enhance the specialization level of high-end functions such as R&D, marketing and management.

Keywords: Beijing – Tianjin – Hebei Urban Agglomeration　Foreign Direct Investment　Functional Specialization　Coordinated Development

JEL Classification: F21　P25

《产业经济评论》投稿体例

《产业经济评论》是由山东大学经济学院、山东大学产业经济研究所主办，由经济科学出版社出版的开放性产业经济专业学术文集。它以推进中国产业经济科学领域的学术研究、进一步推动中国产业经济理论的发展，加强产业经济领域中海内外学者之间的学术交流与合作为宗旨。《产业经济评论》为中文社会科学引文索引（CSSCI）来源集刊。

《产业经济评论》是一个中国经济理论与实践研究者的理论、思想交流平台，倡导规范、严谨的研究方法，鼓励理论和经验研究相结合的研究路线。《产业经济评论》欢迎原创性的理论、经验和评论性研究论文，特别欢迎有关中国产业经济问题的基础理论研究和比较研究论文。

《产业经济评论》设"综述""论文""书评"三个栏目。其中："综述"发表关于产业经济领域最新学术动态的综述性文章，目的是帮助国内学者及时掌握国际前沿研究动态；"论文"发表原创性的产业经济理论、经验实证研究文章；"书评"发表有关产业经济理论新书、新作的介绍和评论。

《产业经济评论》真诚欢迎大家投稿，以下是有关投稿体例说明。

1. 稿件发送电子邮件至：rie@ sdu. edu. cn。
2. 文章首页应包括：

（1）中文文章标题；（2）200 字左右的中文摘要；（3）3~5 个关键词；（4）作者姓名、署名单位、详细通信地址、邮编、联系电话和 E-mail 地址。

3. 文章的正文标题、表格、图形、公式须分别连续编号，脚注每页单独编号。大标题居中，编号用一、二、三；小标题左齐，编号用（一）、（二）、（三）；其他用阿拉伯数字。

4. 正文中文献引用格式：

单人作者：

"Stigler（1951）……""……（Stigler，1951）""杨小凯（2003）……""……（杨小凯，2003）"。

双人作者：

"Baumol and Willig（1981）……""……（Baumol and Willig，1981）""武力、温锐（2006）……""……（武力、温锐，2006）"。

三人以上作者：

"Baumol et al. (1977)……""……（Baumol et al.，1977）"。

"于立等（2002）……""……（于立等，2002）"。

文献引用不需要另加脚注，所引文献列在文末参考文献中即可。请确认包括脚注在内的每一个引用均有对应的参考文献。

5. 文章末页应包括：参考文献目录，按作者姓名的汉语拼音或英文字母顺序排列，中文在前，word 自动编号；英文文章标题；与中文摘要和关键词对应的英文摘要和英文关键词；2～4 个 JEL（*Journal of Economic Literature*）分类号。

参考文献均为实引，格式如下，请注意英文书名和期刊名为斜体，中文文献中使用全角标点符号，英文文献中使用半角标点符号：

［1］武力、温锐：《1949 年以来中国工业化的"轻重"之辨》，载《经济研究》2006 年第 9 期。

［2］杨小凯：《经济学——新兴古典与新古典框架》，社会科学文献出版社 2003 年版。

［3］于立、于左、陈艳利：《企业集团的性质、边界与规制难题》，载《产业经济评论》2002 年第 2 期。

［4］Baumol, W. J. and Willig, R. D., 1981: Fixed Costs, Sunk Costs, Entry Barriers, and Sustainability of Monopoly, *The Quarterly Journal of Economics*, Vol. 96, No. 3.

［5］Baumol, W. J., Bailey, E. E., and Willig, R. D., 1977: Weak Invisible Hand Theorems on the Sustainability of Multiproduct Natural Monopoly, *The American Economic Review*, Vol. 67, No. 3.

［6］Stigler, G. J., 1951: The Division of Labor is Limited by the Extent of the Market, *Journal of Political Economy*, Vol. 59, No. 3.

［7］Williamson, O. E., 1975: *Markets and Hierarchies*, New York: Free Press.

6. 稿件不做严格的字数限制，《综述》《论文》栏目的文章宜在 8000 字以上，欢迎长稿。

7. 投稿以中文为主，海外学者可用英文投稿，但须是未发表的稿件。稿件如果录用，由本刊负责翻译成中文，由作者审查定稿。文章在本刊发表后，作者可以继续在中国以外以英文发表。

8. 在收到您的稿件时，即认定您的稿件已专投《产业经济评论》并授权刊出。《产业经济评论》已被《中国学术期刊网络出版总库》及 CNKI 系列数据库收录，如果作者不同意文章被收录，请在投稿时说明。

《产业经济评论》的成长与提高离不开各位同仁的鼎力支持，我们诚挚地邀请海内外经济学界的同仁踊跃投稿，并感谢您惠赐佳作。我们的愿望是：经过各位同仁的共同努力，中国产业经济研究能够结出更丰硕的果实！让我们共同迎接产业经济理论繁荣发展的世纪！